経営戦略の探究

ポジション・資源・能力の統合理論

白石弘幸 [著]

創成社

経営組織の研究

白桃書房

はじめに
PREFACE

　環境のなかで存続し成長する企業は，環境変化に対応できなければ組織体としての「死」を迎え，経営は破綻する。しかも企業環境の変化は加速度的で，場合によっては不連続でもある。

　また企業という組織体は環境において，色々な意味で「競争」をしている。なかでも特に重要なのは，収益をめぐる競合他社との競争である。この競争において優位性を維持できない場合も，いずれその企業は組織体としての「死」すなわち破綻を迎える。

　したがって企業は存続し成長するために，加速度的で不連続な環境変化にどのように対応し，また他社との競争においてどのように持続的競争優位を構築するかを考えなければならない。これらのことを考えるのが，企業における戦略策定の意義である（1章）。そして環境変化に対応し，持続的競争優位を構築するために取り組まなければならない問題には，今日大きくみて，有利なドメインの設定（2章），ポジション優位の構築（3章），有効な競争戦略の策定（4章），デファクト・スタンダードの獲得（5章），戦略的価値の高い資源と能力の蓄積（6章）の5つがある。企業における戦略，経営戦略とは，これらの取り組みに具体的内容を与えるものでなければならない。

　このように，本書の構成は基本的には，企業における戦略の意義を検討した上で（1章），どこで（2章），どのような位置から（3章），どのように（4章，5章）自社の存続と成長を図るかについて論じ，そのような戦略の策定と遂行の土台となる資源と能力の価値および蓄積について考察する（6章）という流れになっている。ただしこのうち「どこで」と「どのような位置から」については，資源と能力の活用や蓄積を行う広い意味でのポジションに関する議論であり，両者を合わせて広義のポジショニング論と考えることもできる。

そして企業はこれらのうちいずれかを優先して行うのではなく，同時並行的にこれらを進める必要があるというのが本書の立場である。すなわち企業は戦略を策定し，それに従って資源と能力を展開・活用しながら，両者を蓄積しなければならないのである。

これらの理論のうち，3章で検討するポジション優位の構築，5章で取りあげるデファクト・スタンダードの獲得，6章で扱う戦略的な資源と能力の蓄積は，経営戦略論としては比較的新しい領域である。

すなわちポジション優位の理論はポーターの5要因論，PPM理論，PIMS研究の成果を受け継ぎ，これらの意義を見直す形で近年登場したフレームワークである。端的に述べれば，ある種のポジションを得ることが高い収益性を獲得・維持する上で重要であると考える。

デファクト・スタンダードの理論は，ネットワーク外部性が強く働く製品市場を対象とした競争戦略論で，もともとは外部性概念を適用した通信業界に関する経済学的競争分析から始まり，それが経営学の領域で発展したものである。このネットワーク外部性に注目すると，従来の競争戦略論はこれが弱い製品市場を前提にしていたことになる。

資源と能力の理論すなわち資源アプローチの戦略論は1990年代初頭に本格的に議論が始まり，それ以降，主として *Strategic Management Journal* 誌など米国の理論誌を舞台に展開されてきた理論である。もっともその萌芽的な研究は1950年代にペンローズによって行われており，資源アプローチはその復活であるとする見方もある。しかしその理論的な深耕性（深み）と示唆は，ペンローズ理論を大きく超えている。

このような新しい3つの理論の登場により，経営戦略論は大きな転換期を迎えている可能性がある。その可能性と意義について検討し，またそのような経営戦略をめぐる新しい視座と議論を読者にいち早く伝えたいと考えて，敢えてこれらの理論に重点を置く本書を書いた。

また冒頭でも述べたように，企業環境は変化している。3つの理論を取りあげたのは，経営戦略の1つの含意が環境変化に対応するための指針である以上，

経営戦略論もそのような環境変化に合わせて進化しなければならないと考えたからである。

　本書を公刊するにあたり，このような趣旨と刊行の意義を理解してくださった株式会社創成社の塚田尚寛氏に，この場を借りて感謝を述べたい。

2005年9月

著　者

目次

CONTENTS

はじめに

第1章　企業経営と戦略 ―――――――――――――― 1
第1節　経営戦略の意義 ………………………………… 1
（1）経営戦略とは　1
（2）環境適応と経営戦略　4
（3）企業間競争と経営戦略　5
第2節　戦略体系の構築 ………………………………… 7
（1）環境のメタ変化と戦略策定　7
（2）戦略体系と資源・能力　11
（3）競争のルールと戦略体系の有効性　14
（4）論理と創発による戦略形成　19
第3節　デュアル・ストラテジーのパラダイム …………… 24
（1）戦略革新と資源・能力　24
（2）デュアル・ストラテジーによる持続的成長　28

第2章　ドメインの定義 ―――――――――――――― 36
第1節　企業とドメイン ………………………………… 36
（1）ドメイン定義の意義　36
（2）持続的成長をもたらすドメイン定義　39
第2節　ドメイン定義と経済的効果 ……………………… 44
（1）規模の経済性　45
（2）範囲の経済性　47

（3）シナジー効果　51
　第3節　業種の選択……………………………………………52
　　（1）専業戦略と多角化戦略　53
　　（2）垂直統合戦略　56
　第4節　成長ベクトルとしての多角化…………………………58
　第5節　ドメイン戦略の形態と業績……………………………61
　　（1）収益比率と技術・資源に基礎を置いた分析　61
　　（2）戦略的資産と能力のダイナミックな関連を重視した分析　71
　第6節　多角化企業における戦略的波及効果…………………79
　第7節　ドメイン戦略論の課題および競争戦略との関係………83

第3章　ポジショニングとポジション優位 ―――― 85
　第1節　ポジション優位とは……………………………………85
　　（1）高収益性の基盤としてのポジション　85
　　（2）ポジション優位のタイプ　87
　　（3）ポジション優位の個別ケース　90
　　（4）ポジション優位と慣性　93
　第2節　ポジション分析の理論…………………………………94
　　（1）市場における競争ポジションの類型　94
　　（2）PPM　97
　　（3）事業スクリーン分析　102
　　（4）ポジション理論の意義と限界　106
　第3節　能動的なポジショニング………………………………107
　　（1）バリューによるポジショニング　107
　　（2）戦略グループへのポジショニング　110
　第4節　PIMS研究………………………………………………114
　　（1）品質と収益性　114
　　（2）シェアと収益性　115

（3）資本集約度と収益性　116
　　（4）PPM的事業ポジションと収益性　117
　　（5）垂直統合度と収益性　117
　　（6）ROI向上要因と長期的事業価値　118
　第5節　ポジションの活用と競争 ……………………………… 119

第4章　競争優位の構築 ―――――――――――――― 124
　第1節　競争の目標と指向 ……………………………………… 124
　　（1）企業のバックグラウンドと競争上の指向　124
　　（2）リーダーの競争指向と戦略　125
　　（3）2位以下の競争指向と戦略　127
　　（4）ポジション別競争戦略論の限界　130
　第2節　競争優位の能力的土台と戦略選択 …………………… 131
　　（1）持続的競争優位と収益性　131
　　（2）基本競争戦略と能力　132
　　（3）戦略選択の重要性　133
　第3節　3つの基本競争戦略 …………………………………… 136
　　（1）コストリーダーシップ　136
　　（2）差別化　140
　　（3）集　中　143
　　（4）コストリーダーシップと差別化の両立可能性　146
　第4節　競争戦略の実行価値と情報技術 ……………………… 151
　　（1）競争戦略の実行価値　151
　　（2）5つの戦略スラスト　155

第5章　デファクト・スタンダードの獲得 ――――――― 160
　第1節　ネットワーク外部性 …………………………………… 160
　　（1）ネットワーク外部性と競争戦略　160

（2）需要の収穫逓増と相互依存　161
　　（3）一般的な外部性との相違　163
　　（4）ネットワーク外部性の源泉　164
　第2節　ネットワーク外部性が強い場合の競争 …………………… 165
　　（1）インストールド・ベースとは　165
　　（2）インストールド・ベースをめぐる競争　167
　第3節　デファクト・スタンダードと標準化決定因 …………… 170
　　（1）デファクト・スタンダードの本質　170
　　（2）標準化プロセスと決定因　172
　第4節　デファクト・スタンダード化の戦略 ………………………… 176
　　（1）クローズド・ポリシーとオープン・ポリシー　176
　　（2）製品のライフサイクルとスタンダード化戦略　178
　　（3）デルタ・モデルと連続的な「絆」の強化　186
　第5節　デファクト・スタンダードの活用 ……………………………… 189

第6章　資源と能力の価値および蓄積 ── 193
　第1節　資源と能力重視の視座 ……………………………………………… 193
　　（1）資源と能力の固まりとしての企業　193
　　（2）資源とドメインおよびポジショニング　197
　第2節　資源の分類 …………………………………………………………………… 200
　第3節　資源と競争優位性 ………………………………………………………… 207
　　（1）資源評価の一般的枠組　207
　　（2）資源間の相互作用と資源のネットワーク性　212
　第4節　多角化と戦略的資産 …………………………………………………… 216
　　（1）関連多角化の資産的優位性　216
　　（2）コンピタンスと戦略的資産　221
　第5節　コア・コンピタンスと資源のレバレッジ ………………… 223
　　（1）企業とコア・コンピタンス　223

（2）コア・コンピタンスの獲得　226

　（3）資源のレバレッジ　228

　（4）コア・コンピタンス軽視の危険性　230

第6節　資源と能力の柔軟性および汎用性 …………………………… 232

第7節　資源アプローチによる戦略策定 ……………………………… 235

　（1）戦略策定と資源および能力　235

　（2）資源・事業・組織の連携　238

引用文献　243

索　　引　253

第1章
企業経営と戦略

第1節　経営戦略の意義

(1) 経営戦略とは

　経営戦略ということばは，研究者にも実務家にも今日よく口にされ，現代社会にすっかり定着している感があるが，「戦略」(strategy) というのは，もともとは軍事との関連で使われていたことばである。語源は古代ギリシャの将軍を意味するstrategosであり，strategyはそれからの派生語で，「将軍の術」あるいは「将軍の策」を意味していた。中世まで，strategyは将軍が用いる技術や策略，あるいはそれらに関して将軍が身につけるべき知識をさしていた。

　王や皇帝が政治における最高権力者であるのに対し，将軍は軍隊の頂点に立ち，戦争において最高権限を担う立場を示す。したがって現実には，将軍の術や将軍の策といった場合に，それらの中心を占めていたのは，戦争における技術や策略であった。[1]

　実際，近代においては，「戦略」ということばが，特に「戦争の目的を達成するために軍隊を動かし，数個の戦闘を展開する技術」という意味で使われるようになる。たとえばクラウゼヴィッツ (1832) は，「戦略の旨とするところは，戦争の目的を達成するために戦闘を使用するにある」(Clausewitz, 1832, 邦訳上巻, p.252) とし，その機能を所定の目的達成のために戦闘を排排 (配置) し，戦争における一連の行動を結びつけることとした。現在でもこのような「戦略」概念はよく用いられ，用語法としてはかなり一般的となっている。

ただし現代においては，国の防衛全般に関する基本方針という意味でも，このことばは使われるようになっている。すなわち「戦略」ということばは，一国の平時と戦時を通しての安全保障に関わる政策全般をも意味するようになった（西川，1989, p.36）。

このように，多少意味が変わってきているとはいえ，「戦略」は軍事との関連で使われてきた用語なのである。そのような「戦略」という用語が経営学の領域で使われるようになったのは，1960年代のアメリカにおいてである。たとえばチャンドラー（1962）は，このことばを「一企業体の基本的長期目的を決定し，これらの諸目的を遂行するために必要な行動方式を採択し，諸資源を割り当てることと定義される」(Chandler, 1962, p.13；邦訳, p.29) としたうえで，組織構造と経営戦略の関係を考察した。またアンゾフ（1965）は，「戦略とは，(1) 企業の事業活動についての広範な概念を提供し，(2) 企業が新しい機会を探求するための個別的な指針を設定し，(3) 企業の選択の過程を最も魅力的な機会だけにしぼるような意思決定ルールによって企業の目標の役割を補足する」ものであると定義し（Ansoff, 1965, p.104；邦訳, p.129)，多角化戦略の意義と有効性について検討した。

企業の戦略に関連するこの2つの先駆的な研究が示した経営戦略の定義は，今日でも決して妥当性を失っておらず，多くの研究者によって引用されている。

---

(1) このような戦争における技術や策略は，中国古典の言う「兵法」に近い。たとえば最も体系的に兵法を扱っている孫武の『孫子』では，「詭道つまり敵の意表をつく」こと，あるいは「手薄な備えを攻め，敵の不意を襲う」ことを兵法の基本としつつ（『孫子』，邦訳, p.11），開戦前の敵・自国の情勢分析たとえば政治・経済・軍事力・地形・気候に関する比較分析，軍勢の増強，戦闘の配置，行軍，正攻法と奇襲法など戦闘の基本的あり方，地形や軍備に対応した戦闘方法，その他に言及がなされている。ただし，「戦わないで敵を屈服させることこそ，最高に優れたことなのである」という立場で，戦争をせずに自国を勝利に導く策略の重要性もそこでは指摘されている（前掲書，邦訳, p.21)。また戦争における情報の重要性が認識されており，間者（スパイ）を使った情報収集と情報戦に関する記述に，1つの章（第13篇）がすべてあてられている。

すなわち企業経営における戦略，経営戦略とは，包括的に定義するならば，現代においても「目標達成のために企業活動に指針を与えるもの」となる。

それでは，企業の究極的な目標とは何であろうか。それは取りも直さず，ゴーイング・コンサーン前提を持つ組織体として「存続し成長する」ということである。

これを実現するためには，企業は収益を獲得しなければならない。すなわち企業は収益をあげられないと，やがて組織体としての死すなわち倒産を迎えるのである。端的に言えば，「収益は（企業にとって）存続の条件である」(Drucker, 1974, p.114；邦訳, p.185, （　）内の補足は訳者による)。

そしてチャンドラーが戦略の定義に，「諸資源を割り当てる」ということばを入れているように，企業は資源および能力を用いることで収益を獲得する。したがって経営戦略は，後に述べるように企業における資源と能力の展開・活用を規定することになる。

そもそも企業には，なぜこのような経営戦略が必要なのであろうか。言い換えれば，企業における戦略の意義とはどのようなものであろうか。加護野(1985a)はその意義について，「めまぐるしく変化する環境ときびしい生存競争のなかで，1つの企業を長期にわたって存続させることは，きわめて困難な仕事である。そのカギになるのは経営戦略である」(加護野, 1985a, p.1)と述べている。

経営戦略の意義は，このような「変化する環境」と「きびしい生存競争」という2つのキーワードによって説明される。企業の収益性に最も大きな影響を与える外部要因は，環境と競争である。企業は変化する環境と他社との厳しい競争関係のなかで収益を獲得し，存続と成長を図らなければならないのである。すなわち変化する環境と企業間競争に有効に対応し，企業を存続と成長に導くのが経営戦略であると言える。換言すれば，経営戦略は環境に適応する方法，企業間競争において持続的な競争優位を構築する方法という意義を持つ。

（2）環境適応と経営戦略

　環境とは，広く捉えると組織体の外部にある無数のファクターからなる全体である。それはある組織体を中心に考えれば，当該組織体を除いた「残余の」(residual) 要素すべてということになる (Thompson, 1967, p. 27 ; 邦訳, p. 35)。このような環境は一般環境と呼ぶことができる。

　一方，これを狭義に解釈すると，組織体の目標達成に影響を及ぼす要素の集まりということになる。これは特定環境あるいはタスク環境と呼べる。[2]

　たとえば小林 (1981) は，企業の一般環境を構成する要素として自然，経済，政治，法律，社会，文化，技術の7つをあげている。またタスク環境の構成要素としては顧客，原材料供給者，競合者，調整者の4つを指摘している（小林, 1981, p. 48）。

　事業活動の有効性は，このような環境，特にタスク環境により変わってくる。経営戦略の1つの意義は，ある環境のもとで有効性が高まるように事業活動，換言すれば資源と能力の展開・活用に指針を与え，これを方向付けるということである。[3]　すなわち経営戦略は，組織体としての企業が環境に適応するための方法とみることができる。

　ただし企業はある特定時点の環境を前提に経営戦略を策定するとは限らない。換言すれば，「経営戦略は環境に適応するための方法である」といった場合のその「環境」は，企業環境の一時点の状況を必ずしもさすわけではない。むしろ経営戦略は中長期的な状況に適応する指針でなければならないし，現実企業においても経営戦略はそのような性格を持つことが多い。

---

[2]　いわゆるコンティンジェンシー・アプローチで一貫して議論の対象とされたのは特定環境，タスク環境であるとみることができる（加護野, 1980, p. 108）。

[3]　事業活動と環境との整合性を重視する研究者の場合，経営戦略の定義自体に「環境」ということばが入ってくる。「経営戦略とは，組織活動の基本的方向を環境とのかかわりにおいて示すもので，組織の諸活動の基本的状況の選択と諸活動の組みあわせの基本方針の決定を行うものである」（伊丹, 1984, p. 19）というのが，その典型例である。

というのは，後に述べるように環境は基本的には変化するからである。常に変化しているというのが，企業環境の実相と言ってもよかろう。したがって環境がどのように変化しているのか，あるいは変化しそうなのかということも考慮して，最大の収益をあげられるように資源と能力の展開・活用を方向付けるのが経営戦略であると言える。

　金井（1997a）のことばを借りるならば，「企業がどのような意図を持っているかには関係なく，環境は変化する」（金井，1997a, p.5）。したがって，「企業が成長し，発展していくためには，環境の変化に対応し，あるいは環境変化を先取りする形で，企業行動を変えていかなければならない」（金井，前掲書，p.5）。そして彼は前述した経営戦略の先駆的研究と同様の立場をとり，「この企業行動に一定の方向性や指針を提供するものが経営戦略である」（金井，前掲書，p.5）としている。

（3）企業間競争と経営戦略

　企業は存続と成長を図るために，環境の一部を自社の生存領域すなわちドメインとし，そこにおいて何らかのポジションを占める。しかし当該ドメイン内に他の企業が存在すれば，強弱や形態の差はあれ，不可避的にその企業との間に競争が発生する。

　前述したように，企業の究極的な目標は収益を獲得し，存続と成長を実現することにある。一方，他社が収益を拡大するために自社の顧客を奪えば，自社の収益は減少する。つまり自社の収益性は，他社の事業行為に大きな影響を受けるのである。

　このことを考えると，企業は存続し成長するために他社との競争関係において持続的優位を形成しなければならないし，また企業間競争の最も重要な側面は収益をめぐる競争であるということになる。4章で述べるように，ポーター（1985）はコストリーダーシップ，差別化，集中（フォーカス）のいずれに関しても，競争戦略の効果を「業界平均以上の収益を得ることができる」（Porter, 1985, pp.13-15；邦訳, pp.18-21）こととしている。これからもわかるように，

企業間の競争は結局は収益をめぐる競争なのである。

　このように企業は，自己の存続と成長を図るために収益をめぐって他社と競争する。そのような競争において，企業は持続的優位を構築しなければならない。

　4章で述べるように，ワイズマン (1988) によれば，競争優位とは企業間競争を支配することをさす。具体的には，「『Aにおいて，XはYに対して競争優位にある』(Aは競争の舞台，XとYは競争者) という表現の意味は，XはYにない能力もしくは能力の組合せを保有しており，その能力もしくは能力の組合せのおかげで，XはAにおける戦闘を支配することができるということである」(Wiseman, 1988, p.109；邦訳, p.101,（ ）内の補足はワイズマンによる)。

　そして彼によれば，「優位性はある明示的な戦略－すなわち，ある競争力を達成するための意識的な選択や行為－の直接的な結果である場合が多い」(Wiseman, ibid., p.109；邦訳, p.100)。したがって彼の立場では，「競争戦略は，競争優位を獲得あるいは維持するため，もしくはライバルの優位性を弱める(すなわち自己の劣勢を弱める) ための計画であると定義される」(Wiseman, ibid., p.104；邦訳, p.95,（ ）内の補足はワイズマンによる)。[4]

　このように，経営戦略のもう1つの側面，前述した環境に適応するための方法と区別される意義は，企業間競争において持続的優位を構築する方法というものである。

　もっとも後に述べるように，競争優位の源泉が環境変化により変わることもある。そのような場合には，新たな競争戦略の構築が必要となる。したがって持続的競争優位を形成するために経営戦略を策定するということにも，環境への適応という要素はあると考えることができる。

---

[4] 言い換えると，ワイズマンの立場では，「あらゆる競争戦略の目的は，独立した舞台 (arena) であれ関連した舞台であれ，そこでの自分自身の優位性を獲得・維持し，敵の競争力を弱めることにある」(Wiseman, 1988, p.104；邦訳, p.95) ということになる。

第2節　戦略体系の構築

（1）環境のメタ変化と戦略策定

　前述したように金井（1997a）によれば，「企業がどのような意図を持っているかには関係なく，環境は変化する」（金井，1997a, p.5）。彼が述べているように，企業環境の変化は異常現象ではなく，起こるべくして起こるもの，必然的な現象である。環境が長期にわたって変化しないというのは，むしろ非常に稀と言える。

　したがって，企業経営は環境変化を当然の与件として行われていると考えるのが現実的である。あえて誤解を恐れずに言うならば，環境が変化することはないと考えて事業活動を行っている経営者がいたとしたら，その人はよほど頭が固いか，度胸がすわっているかのどちらかであろう。さらにそれで事業活動が長期的にうまくいっているとしたら，その人は極めて幸運な経営者と言ってよかろう。

　このように，環境が変化するというのは企業経営においてはむしろ当然のことであるから，環境が変化するということだけでは，なぜ企業が戦略策定を繰り返し行うかを説明できない。環境に適応するための方策として経営戦略が必要としても，環境変化の速度が緩やかで内容が軽微だったり，これが連続的に変化するならば，戦略策定を何度も行う必要はない。企業は一定の戦略のもとで環境変化に合わせて業務遂行を調整し続けることで，あるいは従来の戦略を必要に応じて微修正することで，環境変化に対応しうるからである。

　しかし実際には，企業は戦略の策定し直しを度々迫られるし，多くの研究者はトップマネジャーの重要な職務を戦略策定としている（たとえばAnsoff, 1965, pp.5-8；邦訳, pp.6-13, およびAnthony, 1965, pp.15-21；邦訳, pp.21-27）。極端な言い方をすれば，オペレーションの調整や一度構築した戦略の微修正で環境変化に対応できるならば，トップマネジャーは不要ということになってしまう。

それでは，なぜ企業に経営戦略の策定という特別な行為が必要なのであろうか。しかも前述したように，企業はこれを一度ではなく，繰り返し行う。
　それは変化が不連続的に起こったり，「変化の速度」や「変化の仕方」が変化するからだと考えられる。変化するということはわかっていても，どのように変化するかという予測は必ずしも当たらない。そして予測と大きく異なる環境が出現したときに，企業は戦略の策定し直しを迫られるのである。
　たとえば経済が成長しているので，これに対応するために「設備投資を前年比で10％増やす」という戦略を立てたとしても，経済成長率が大きく変わったり，あるいはプラスからマイナスに転じれば，企業は新たな戦略の構築を迫られる。戦争等の突発的な要因により，景気循環のパターンが崩れ，経済が混乱状態に陥る場合もある。企業が対処しなければならないのは変化よりも，このような不連続的変化，変化速度の変化，変化パターンの変化であると考えられる。
　金井（1997a）によれば，「急速な技術革新の進展，経済のグローバル化，規制緩和の波，環境保全，成熟化・高齢化社会の到来など，いずれをとっても過去とは比べものにならないスピードで環境は変化している」（金井, 1997a, p.6）。そしてこれらの要因によって，企業環境は激動し，不透明になっており，不確実性がますます増加しているという。また彼は，このような近年の環境変化に特徴的なのは，変化の不連続性であるとしている（金井, 前掲書, p.20）。
　すなわち環境変化は何の前触れもなく不連続的に発生することがある。こういう不連続的変化が人為的に引き起こされることもある。たとえば1990年代に先進各国の政府が行った情報通信事業に関する規制緩和は多数の商用プロバイダーを生み，それはインターネットを一般家庭に身近なものにして，ネットワーク社会を出現させた。
　そのような環境の不連続的変化にともなって顕在化する問題は，「既存のやり方の延長線では解決困難なものが多く，企業者活動による新製品の開発および新事業や新市場の創造によって解決をはかることが必要である」（金井, 前掲書, p.21）。このような企業者活動は，安定的な企業環境のもとで既存の事業

を存続・成長させるための活動ではない。そういう結果的に現状を追認してしまう活動ではなく，現状を打破する活動なのである。すなわち，「企業者活動は，環境の変化の中に新しい事業の機会を発見し，その機会を活用するために新たな事業コンセプトの創造と社内外からの多様な資源の動員をはかり，革新的に事業を展開していくことを意味している」(金井，前掲書，p.21)。

奥村 (1989) はこのような環境の不連続的変化を「環境のサプライズ」と呼んでいる。近年の企業環境の変化は，マクロ的に言えば，技術革新の進展，グローバル化の加速，あるいは規制緩和(ディレギュレーション)の拡大，政治・経済の関連性の増大，成熟化社会の到来等によって特徴づけられる。しかし他方では，年を経るにつれ，環境の小変動と大変動の相互作用によって環境はますます流動的になっている。環境変化の複数の変動要因が複雑に絡み合いながら相乗効果を生み，何の前触れもなく，ある時環境が大きく変貌するようになってきているのである。このような突然の環境変化は環境のサプライズと呼ぶことができる (奥村，1989，pp.11-12)。

一方，環境変化の速度に対応することの重要性について，ビア (1981) は恐竜の比喩を用いて次のように述べている。「適応には何ら実際上の問題は存在しないという，いわゆる文化的，歴史的，そして哲学的な証拠に反して，依然としてあの恐竜たち (が絶滅したという実例) が存在している。恐竜が絶滅したのは水爆やその他の特殊な出来事によるものではなく，変化の速度 (rate of change) によってである」(Beer, 1981, p.6；邦訳, p.7，( ) 内の補足は白石による)。

当然のことながら，経営学およびサイバネティクスの研究者であるビアがここで強調したいのは，恐竜が滅亡したということ，あるいはその理由は何かということではなく，「変化の速度」への意識的対応を怠ると企業も恐竜と同様に滅ぶということである。すなわちビアの関心事は企業環境の変化速度が変化しているということと，そのようなノンリニアな環境変化，速度に関してゆらぎのある環境変化における企業の存続と成長である。彼はこの点について，「私たちが適応しなくてはならないのは変化それ自体に対してよりも，むしろ

変化の速度に対してなのである」(Beer, ibid., p.6；邦訳, p.7) と述べている。

連続的変化から不連続的環境変化への移行，環境サプライズの増大，環境変化速度の変化は，環境が変化しているだけでなく，環境変化の仕方が変わっていることを意味する。端的に言えば，それは「環境変化の変化」，環境のメタ変化である。

以上のように企業の環境は不連続に，場合によってはメタレベルでも変化するため，従来の経営行動を微修正することで環境変化を乗り切るというわけにいかず，新たな戦略の策定という意識的行為，突発的に出現した企業環境に対応した新しい経営戦略の立案，場合によっては環境変化にともなう不確実性を吸収するような戦略策定が必要となる。[5]

他方，組織の下部に権限が大幅に委譲され，環境が変化した際に臨機応変な対応が現場の社員に求められているような企業においては，戦略がそのためのある種の「枠組」ないし指針として機能する。経営戦略は，環境変化に際しての現場における行動修正を整合的で，矛盾のないものとする役割も担うのである。この点については，後に改めて取りあげる。[6]

---

[5] 戦略策定が環境の不連続的な変化，あるいはメタレベルでの変化にともなって行われることが多いため，「意思決定」としての戦略策定は次のような性格を持つ。「第1に，戦略決定は悪構造（ill-structured）で非定型的である。それぞれの決定は何らか独自であり，単純な決定ルールに任せることはできない。そこで公式を使って行われる在庫を補充するかどうかの決定は戦略決定ではないだろう。他方，パーソナルコンピュータ市場に参入するかどうかといったデジタルエクイップメントの決定は，戦略決定である。第2に，戦略決定はとりわけ組織にとって重要な決定である。すなわちそれは大きな資源への関与や，結果としての大きな利得や損失を伴う決定であるからである。時間給の雇用者を雇う決定は戦略決定ではない。しかし，テキサスインスツルメントがホームコンピュータを開発する決定は，戦略決定に他ならない。最後に戦略決定は，一般的にきわめて複雑である。この特徴は戦略研究を興味深いものとしているのである。戦略決定過程の規範モデルは，戦略決定が広範な環境動向，産業の競争動態，各機能領域での企業の強みと弱み，経営者の価値にもとづいて行われることを示唆している。こうした諸要因と一貫した戦略を開発することは，大変複雑な仕事だろう」(Schwenk, 1988, p.6；邦訳, p.6)。

(2) 戦略体系と資源・能力

　企業は存続し成長するために，自己の置かれている環境のもとで事業活動の有効性が高まるような指針をつくり，また他社との関係においてどのようにして持続的競争優位を構築するかを考えなければならない。このような環境適応の指針や競争優位構築の方法をデザインし明確にするのが，企業における戦略策定の意義である。

　より具体的には戦略策定とは，どこで（どの領域で），どのような位置から，どのように（どのような方法で）自社の存続と成長を図るかに関する意思決定であり，これらに具体的内容を与えるものでなければならない。そのようにしてでき上がるものが「戦略体系」である。

　たとえば戦略体系は「どこで，どのような位置から，どのように」の順に記すと，最も簡潔には「アパレル業界，高級ブランド保有者，子供服市場へのフォーカス」（ミキハウス），「歯磨き業界，後発ニッチャー，特殊成分による差別化」（サンギ），「ゲーム機業界，ソニーの子会社およびデファクト・スタンダード，インストールド・ベースの拡大」（ソニーコンピュータエンタテイメント）といったように表せる。

　ところで戦略を押し進めるのは企業の持つ一連の能力であるし（von Krogh & Cusumano, 2001, p. 270；邦訳，p. 158），また戦略に従って企業が実際に事業活動を行う際には資源と能力の展開・活用を必ずともなう。[7]　つまり戦略を遂行するためには資源と能力が展開されたり活用されねばならず，あらゆる戦略は資源と能力に裏打ちされている必要がある。そのため，戦略体系は既存の資源と能力を熟慮して形成されなければならない。環境適応や持続的競争優位形成のための方法として有効であるのみならず，自社が保有する資源と能力に合った戦略体系，保有資源・能力の観点で実行可能でさらにこれらの強みを活かす戦略体系を構築することが重要なのである。

---

[6]　本節の（4）で詳述するように，流動的な環境のもとでは企業はむしろ戦略を「枠組」的にせざるを得ない。

別の言い方をすれば，戦略策定においては，「戦略の実行に必要な資源の裏づけはあるか」ということが必ず検討されなければならず，もしこの検討がなされず，資源の裏づけがない戦略，あるいは保有資源との適合性を欠いた戦略を策定し実行したとしたら，それはいわば「死の行軍」を組織メンバーに強制することになる（伊丹，1984，pp. 212-213）。能力に関しても，全く同様のことが言える。遂行に必要な能力を欠いた戦略，保有能力と適合しない戦略を策定しても，それは単なる「かけ声」となってしまう可能性が大きい。

　企業は構築した戦略体系に従って実際に資源と能力を展開・活用することにより，変化する環境のなかで存続と成長を図り，企業間競争において持続的優位を得ようとする。すなわち戦略体系は，当該企業における資源と能力の展開・活用のあり方を規定するのである（図表1-1）。したがって戦略体系が適切であれば，この展開・活用の有効性も高まることになる。

---

(7)　海外の研究では，一般的には資源にresource，能力にcompetenceあるいはcapabilityという用語を用いるが，研究者によって定義や語法がやや異なる。そのなかには，資源を広義に捉え，能力は資源に含まれるとする立場もある。これについては6章で詳しく取りあげる。なお，組織構成要素には各々能力が備わっているが，組織の能力「組織能力」はそのような構成要素の能力を単に配列したものではなく，相互作用をともなうそれらの体系として存在する。たとえば組織メンバーにそれぞれコミュニケーション能力がある一方，組織はオープンなコミュニケーションにより新商品を次々と創造することもできる。組織能力は能力の単純総和ではなく，相乗効果を含むいわば能力の有機的統合体として存在するのである。本書では，個々のメンバーが持つ能力（個人的能力）とこの総体としての組織能力を合わせた広義の概念で「能力」ということばを使っている。いわゆるコア・ケイパビリティ，コア・コンピタンスは，組織能力のうちその企業の事業活動において中核的機能を果たすものとみなせる。能力とナレッジの関係についても，研究者により立場の相違があるが，レオナード・バートン（1992）の指摘が示唆に富む。彼女によれば能力の本質はナレッジであり，企業のコア・ケイパビリティとは競争優位の基盤となるナレッジのセットである（Leonard-Barton, 1992, p. 113）。

図表1-1　戦略体系と資源・能力

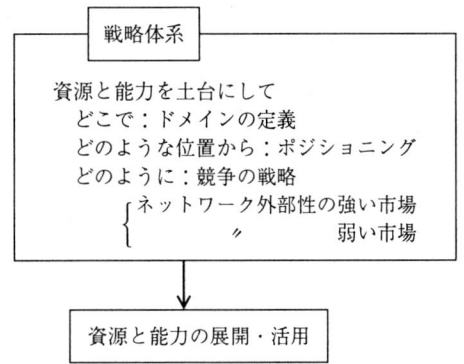

　戦略体系のうち，「どこで」に関する戦略は，これまでドメインの戦略として研究されてきた。「どのような位置から」については，いわゆるポジショニングの問題として考察されている。ただしこの両者を合わせて広義のポジショニング論とする考え方もある。「どのように」に関する戦略は，競争戦略の理論として研究されてきたが，従来の競争戦略論はネットワーク外部性の弱い製品市場を対象にしていた。近年は，ネットワーク外部性の強い製品が市場規模的にも，種類のうえでも増大しており，社会で果たす役割も大きくなっている。そのため，このような製品市場を前提にした競争戦略論も重要性を増している。(8)

---

(8) ドメインの戦略は2章で，ポジショニングは3章で，ネットワーク外部性の弱い製品市場における競争戦略は4章で，これが強い製品市場における競争戦略は5章で取りあげる。このほかに，後に取りあげる「デュアル・ストラテジー」のパラダイムでは，資源蓄積と能力育成も重要な問題となる。これについては6章で取りあげる。なお，多角化企業では事業別にポジショニングと競争戦略が立案され，事業ごとにこれらが異なることもある。すなわちドメインと資源蓄積・能力育成は全社レベルの戦略として議論されるのに対し，ポジショニングと競争戦略は事業レベルの戦略（事業戦略）として策定されることも多い。

どの企業も，このような「どこで，どのような位置から，どのように」存続し成長するのかという戦略体系を持たなければならない。自社にとって有利な場所で，有利な位置から，有利な方法で経営をする企業が，事業で成功し高い収益を得ることができるのである。このような戦略体系が優れていれば，たとえ規模的に劣る企業であっても，大規模なライバルに混じって存続し，高い収益をあげ続けることもできる。そして収益を最大化したいならば，企業は「最も有利な場所」「最も有利な位置」「最も有利な方法」で戦略体系を編成しなければならない。

（3）競争のルールと戦略体系の有効性

環境が大きく変化すると，一般的にはそれまでの戦略体系の有効性は低下し，企業は戦略の修正もしくは策定し直しを迫られる。しかも前述したように，環境は不連続にも，あるいはメタレベルでも変化する。つまり単に環境が変化するのではなく，想定外の環境が出現したり，環境変化の仕方が変わってしまうこともある。そのような時には，戦略体系も抜本的に改められなければならない。

このことは環境に適応する方法としての戦略のみならず，他社との関係において持続的競争優位を構築するための方法としての戦略に関してもあてはまる。というのは，環境が不連続に変化すれば競争優位の源泉，およびどのような企業が競争に勝つのかといういわば「ゲーム（競争）のルール」，競争の形態も変化することが多いからである。たとえば5章で述べるようなネットワーク外部性の強い製品が増えることにより，従来と異なる戦略のフレームワークが必要になっているのはその現れである。

一方，このような競争優位の源泉，ゲームのルールは企業の環境を構成する重要なファクターでもある。すなわち競争優位の源泉，ゲームのルールが変わった場合には，ある種の環境変化があった，あるいは部分的にせよ環境が変化したとみなせる。したがって環境が不連続に変化すれば競争優位の源泉，ゲームのルールも変わることが多いというのは，厳密に言えば優位の源泉やルール

以外の環境ファクターが不連続に変化すればこれらも変化することが多いということである。

　企業には，環境変化を受けて事後的に戦略を変える企業もある。環境が不連続に変化し，次にどのような環境が現れるのかわからない状況では，そうせざるを得ないという考え方も成り立つ。

　他方では，現在の環境に対応した戦略を遂行しつつ，どのように環境が変化するのかに関して広範に情報を収集し変化への備えを可能な限り行う企業，環境変化への対応力を高めるために多様な資源と能力を蓄積する企業，6章で述べるような柔軟で汎用性が高い資源と能力を形成することで環境変化にともなう不確実性を吸収しようとする企業もある。このように現在を戦いつつ，将来のための布石を打っておく考え方は後に述べるように，「デュアル・ストラテジー」のパラダイムと呼ばれる。

　さらには，このデュアル・ストラテジーの発展型として，現在の環境に有効な事業活動を行いながら，自己にとって理想的な競争のあり方と戦略を構想し，そのような競争形態を主体的に導こうとするような企業行動もありうる。環境が不連続に変化すれば，ゲームのルール，競争の形態も変化することが多いと先に述べたが，企業は自ら業界の競争ルールを一変させ，部分的にせよ環境を変えることもできるのである。

　このように，企業のなかには環境変化の影響を一方的かそれに近い形で受け続けるものもあれば，自己に有利なように環境を変えようと試みる企業もある。どのような影響を与えられるかは保有する資源と能力にもよるが，企業は環境変化に受動的に対応する存在であるばかりでなく，主体的に環境に影響を与える存在にもなりうるのである。特に，規制緩和と経済のグローバル化が進んでいる今日，これまでのルールや慣例にとらわれない企業が新規参入し，その業界における競争のあり方を一変させてしまう可能性は高くなっている。[9]

　そして一般的に言えば，そこそこの成功をおさめるのは既存の競争ルールに対応した戦略をとる企業である。大きな成功をおさめるのは，競争のルールを固定的な前提とせずに，自己に有利なようにこれを変えてしまう企業である。

言い換えれば，ルールに対して受動的ではなく，主体的な態度をとる企業が新たな業界リーダーとなるのである。ただしこのように主体的にルールを変更するためには，資源と能力の裏づけがなければならない。

たとえば情報技術が未熟で空港の規模と数が限られ，かつ政府・監督官庁による規制が強かった1970年代の航空業界では，競争上優位に立てる企業というのは，路線と便数を多数保有する航空会社であった。そのため1970年代の航空業界で有効な戦略とは，他社よりもたくさん新規路線を開拓し既存路線の増便認可を獲得するというものであった。そのような戦略で世界の航空業界の頂点に立っていたのは，アメリカの航空会社パンナムであった。

1980年代に入ると，情報技術が発達し，また空港の増大と規制緩和により新規路線と増便の獲得が比較的容易になった。この時ユナイテッド航空がアポロ，アメリカン航空がセイバーという座席予約システムを構築し，全米および先進各国の旅行代理店に端末を配置した。[10]

パンナムは多数の路線・便数を保有していたものの，座席販売をこの2社に握られてしまったために赤字に転落し，ついには1991年倒産した。路線・便数を多数抱えている企業が勝つというものから，座席予約システムでより多くの旅行代理店を囲い込んだ企業が勝つというものに，競争のルールが変わって

---

(9) 規制緩和とグローバル化が進んでいる現代では，他業界や他国から強力なライバルが新規参入してくる脅威が増している。また逆に，自社が他業界や他国に参入する機会も増えている。これらの新規参入の土台，基盤となるのは資源と能力である。このため企業は，変化する環境と企業間競争に有効に対応するために戦略体系を形成し，これに従って資源と能力を展開・活用する一方，将来に備えて資源と能力を獲得し蓄積する必要がある。このように資源と能力を獲得・蓄積するのは，ある種の組織能力（メタ能力）である。

(10) アポロ・システムとセイバー・システムではどの路線のページを呼び出しても，一番最初に自社便，すなわち前者ではユナイテッド，後者ではアメリカンの便が表示された。一般に旅行代理店の担当者は，最初に目にした便に空席があれば，それに予約を入れてしまう。そのため，どの路線でもユナイテッドとアメリカンは予約で埋まり，パンナムをはじめとする他の航空会社は空席だらけという状況が出現した。

しまったのである。あるいは路線と便数をめぐる競争から情報システムをめぐる競争へと，競争の形態が変化したと言ってもよい。

このような競争のルールや形態の変化を引き起こしたのは，前述したユナイテッドとアメリカンの2社である。そしてこの変化を引き起こせたのは，旅行代理店との信頼関係といった無形資源，情報システムの活用などに関する能力が両者にあったからである。

競争のルールを含めて企業を取り巻く外部環境が大きく変化することにより，従来の戦略体系が有効性を失っているのに，トップマネジャーの環境分析能力や戦略的意思決定能力の不足から新しい有効な戦略体系が構築されないと，その企業の業績は悪化する。そのような場合，往々にして企業は「目先の利益」を追い，戦略策定の重要性を忘れてしまう。

この点についてプラハラード＝ハメル（1994）は，戦略策定がうまく行かないと，トップマネジャーの関心は「とにかく実行せよ」ということに移るとしている。そして戦略の重要性に対する意識が弱まって，戦略策定をサポートするスタッフは削減されるという。かつて一部のコンサルティング会社において，戦略面の研究と助言が軽視され，代わりにリエンジニアリングとサイクルタイムに関する専門家の育成に力が入れられるということがあったが，これも変化した企業環境に適合的な戦略の策定ができなかったためである（Prahalad & Hamel, 1994, p.5）。

そしてこのような過程で，成功している企業は単に市場のニーズや国の政策といった環境の変化に業務を素早く対応させただけだとしてしまう誤解あるいは「ごまかし」も強まる。しかしプラハラード＝ハメルによれば，このように成功企業は業務オペレーションの修正で環境変化に対応していると考えるのは誤りである。ミドル以下の戦略遂行がいかに効率的であったとしても，戦略策定がまずければ企業は存続することも，持続的競争優位を形成することもできない。成功している企業は，新しく登場した環境に有効な戦略体系を構想し，形成しているのである。組織すなわち「肉体」が効率的であると同時に，戦略策定を行うトップすなわち「頭脳」が優れていなければ，企業は存続すること

も成長することもできない（Prahalad & Hamel, *ibid.*, p.6）。[11]

　先にも触れたが，環境分析や戦略的判断に関するトップマネジャーの能力が不足していると，有効な戦略体系が形成されない。また後に述べるように，策定された戦略を理解し意味化するナレッジが現場メンバーになかったり，ナレッジがあってもこれが戦略体系に反映されるプロセスが欠落したり働いていないと，戦略体系は内容的に貧弱となったり，実効性を欠くものとなってしまう。

　こういうように組織の戦略形成機能が十分でないと，戦略形成が拙劣で，でき上がる戦略体系は有効性の低いものとなり戦略体系が機能しなくなる。そのため，プラハラード＝ハメルが言うような「とにかく実行せよ」という風潮が強まり，戦略およびその形成が軽視されるようになる。それが戦略スタッフの削減，戦略的意思決定の先送り（いわゆるグレシャムの法則）[12] を招き，さらに組織の戦略形成機能を低下させる（図表1－2）。

　このような悪循環は，保有する資源と能力の不足によっても引き起こされる。戦略には資源と能力の土台がなければならない。このなかには，戦略遂行に必要な現場のナレッジも含まれる。しかしこれらが企業に十分保有されているとは限らず，不足していると戦略オプションは制限される。戦略上の選択肢が減

---

[11]　アイゼンハート（2001）によれば，戦略策定の能力は急変する環境を企業が生き抜くうえで極めて重要な意義を持つ。すなわち変化の激しい環境において，迅速で質が高く，かつ多くの組織メンバーから支持が得られるような戦略的意思決定を頻繁に行う能力こそが，企業が存続し成長するための基盤となる。スピード，質，支持はトレードオフの関係のようにみられがちだが，優良企業たとえばシリコンバレーで成功しているベンチャー，ヨーロッパ・アジア・北米にある高業績多角化企業のトップマネジャーは，迅速で質が高く，しかも支持の得られやすい戦略を策定しているという（Eisenhardt, 2001, pp.86－87；邦訳，pp.63－64）。なお，余談になるが，Prahaladについては「プラハラード」ではなく「プラハラッド」と表記されることも多い。

[12]　戦略策定をはじめとする非定型的意思決定は，積極的なナレッジの動員，創造的な問題解決能力の活用を必要とし，決定までに要するエネルギーや時間が定型的意思決定よりも大きい。このため組織においては，簡単に片づく定型的意思決定が優先され，非定型的意思決定は後回しにされることが多い。これをサイモン（1977）は，意思決定における「グレシャムの法則」と呼んだ（Simon, 1977, p.57；邦訳, p.72）。

図表1−2 戦略能力低下の悪循環

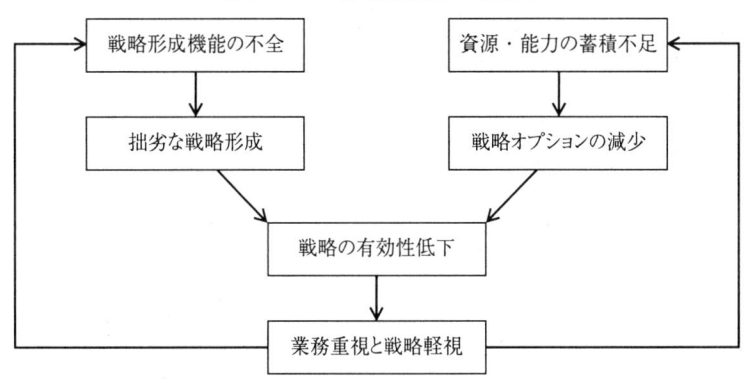

少することにより,戦略の有効性が低下し,それが戦略軽視を招いて,将来の戦略の土台となる資源と能力の蓄積も進まなくなるのである。

このように戦略形成機能の不全,戦略実行に必要な資源と能力の不足は,企業において戦略能力低下の悪循環をもたらす。そして現場における2タイプのナレッジ不足がこの悪循環を引き起こしうる。1つは策定戦略を実行戦略へと意味化するナレッジの不足で,もう1つは戦略を遂行するためのナレッジの不足である。前者は戦略形成機能の不全を引き起こす要因であり,後者は資源・能力の蓄積不足の典型例とみなせる。[13]

(4) 論理と創発による戦略形成

前述したように,企業の環境は流動的で,基本的には変化する。これが長期的に安定しているということは稀である。トップマネジャーが策定した戦略を現場が実行する段階で,前提としていた環境が変わっていることさえある。大きな変化ならばトップが戦略を策定し直さなければならない。

しかし小さな変化については,必ずしもそうすべきではない。小さな変化が

---

[13] 現場のナレッジが戦略の意味化と戦略実行に不可欠であることは次項でも取りあげる。

起こるたびにトップが戦略を策定し直していたら，戦略の遂行が困難になるからである。極端な場合，トップが戦略策定のやり直しを繰り返す間に，実行のタイミングを逸し，結局はどの戦略も実施されずに終わるということになりかねない。戦略の練り直しばかりやって実行をともなわない企業，戦略変更の会議に明け暮れている企業は，戦略を持たない企業と同様に，変化する環境にも企業間競争にも有効に対応できないであろう。

　成功している企業は，このような流動的な環境にどのように対応しているのであろうか。奥村（1989）によれば，成功している企業は継続的にダイナミックなプロセスを形成し，一連の行動のなかで長期的な適応を果たしているという。このようなことができるのは，論理性と創発性の統合型戦略形成を行っているからである。[14] これは，分析的視座とプロセス的視座，創造志向と適合志向，演繹的プロセスと帰納的プロセスを統合した戦略形成のあり方である。

　企業環境は常に流転していてその完全な予測は不可能であるし，また戦略の遂行には常に偶発事態がともなう。このような状況では，分析的・論理的に戦略の詳細を策定することは困難であり，トップマネジャーは形成する戦略体系を「枠組」的なものにせざるを得ない。これにあえて詳細な内容を持たせると，環境が小変化するつど，トップは戦略の策定し直しを迫られることになる。これは前に述べたように非効率である。

　ただし枠組的な戦略体系は，トップによって構築された後に実質的な内容の

---

[14] 経営戦略論に創発性の概念を導入したのは，ミンツバーグ（1978）が最初である。彼によれば，意図的戦略（intended strategy）が機能するのは，戦略策定者が十分な情報を保有しているか，少なくとも戦略実行者よりも豊富な情報を保有しており，かつ環境が安定しているか，予測可能である場合だけである（Mintzberg, 1978, p. 946）。創発戦略（emergent strategy）とは，ある潜伏期間を経た後組織のどこかから発現する戦略である。しかもそれは事業運営のプロセスで変容し，戦略遂行の最終段階では発現したときの内容，原型をとどめていないこともある。戦略については一般に策定（formulation）ということばが使われるが，創発戦略については意識的で慎重な考察の結果として生まれるわけではないので，このことばはなじまない（Mintzberg, ibid., pp. 947-948）。

付与とその継続的な修正が行われないと,形式的なものに終わり機能しない。枠組としての戦略体系の形成は重要であるが,「コンテントの創造があって初めて戦略は機能する」(奥村,1989, p. 185)のである。それでは,誰が枠組的な戦略体系に内容を与え,またこれを修正し続けるのであろうか。

戦略の形成に関して,従来のパラダイムはトップマネジャーによる分析と論理による策定を重視してきた。しかし市場やオペレーションと密接に関係するナレッジと情報を保有しているのは現場であり,したがって戦略に実質的内容を付与できるのも現場である。戦略と実際の業務遂行を結びつけるロジックは現場のマネジャーと従業員が持っているのである。[15]

したがって戦略形成に関しては,トップは枠組を策定するだけで,それに実質的な内容を与える役割は現場に期待するのが適切ということになろう。逆に言えば,トップの策定した戦略体系に盲目的に従うのではなく,保有するナレッジにより自ら「考える」ということが現場には要求される。環境を分析した結果から論理的に導かれた戦略に対し,実行プロセスに入る前に現場のナレッジが加えられることにより,戦略の内容は豊かになるのである。

しかし,もしトップにより策定された戦略を理解し解釈するナレッジが現場にないと,その戦略は表現された文言以上の何ものにもならない。1枚の紙に書き表された戦略から様々な意味や構想,アイデアや示唆を得て,具体的な戦術およびオペレーションへとブレークダウンしていくのは現場にいるマネジャーおよび従業員のナレッジである。現場のナレッジが,形式的である戦略を意

---

[15] 前項で述べたように,企業は往々にして環境の変化に受動的に対応し,ともするとこれに翻弄されがちであるが,デュアル・ストラテジーによって主体的にこれまでと違う状況を環境につくり出すのも戦略である。むしろ大きな成功はゲームのルール,競争の形態を一変させ,現状を打破する企業にもたらされるのである。つまり経営戦略の1つの本質は創造にあり,戦略は「これまでの既成の概念,制度,秩序を創造的に破壊してゆく」(奥村,1989, p. 179)機能を担いうる。しかし創造志向で戦略体系を構築しても不明部分や不確定要素が必ず残る。この不明部分を解明し,不確定要素を確定していくことができるのは現場である。

味化してこれを実質的にし、フレームワークである戦略に命を与えるのである。

したがって、このように論理と創発により戦略が形成されている場合には、「策定された戦略」と「遂行される戦略」が同じであるとは限らない。現場に当該戦略を理解し、これを意味化する豊富なナレッジがあれば、当然のことながら後者の内容は前者のそれよりも充実したものとなる（図表1－3）。

さらに戦略体系の内容は、継続的に環境との適合性が保たれなければならない。環境が変化するのに合わせて、枠組内部の中身も修正され続けねばならないのである。言い換えれば、企業が戦略により、より大きな成果をあげるためには、戦略はビジョンに主導された創造志向のものでなければならないが、短期的な時間幅のなかでは戦略を小刻みに環境に適合させることが必要となる。組織のなかで創造と適合とは極めてバランスよく共生しなければならないと言える。

そして、「現場が戦略ビジョンを共有し、しかも短期のオペレーションをそれに結合できている場合に、組織は有機的に適合と創造とをバランスすること

図表1－3　戦略の創発と現場ナレッジの役割

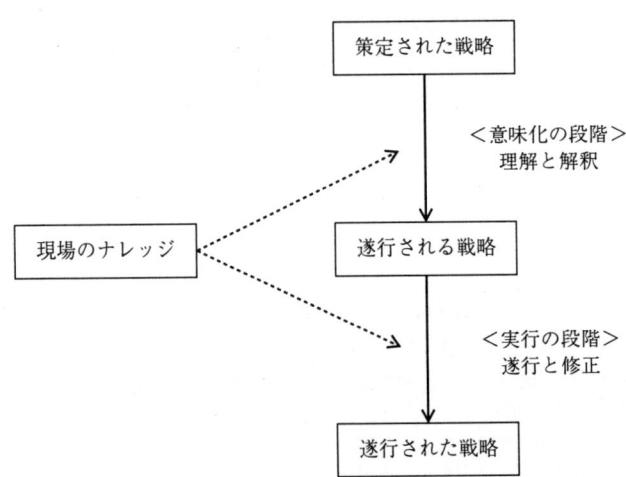

ができる」(奥村,前掲書,p. 185)。そのためには前述したように,戦略の詳細は与えられるものではなく自ら考えるものであるという意識を現場が持ち,また戦略を具体的な戦術,オペレーションにブレークダウンするナレッジを現場が保有していなければならない。

このように現場が戦略を実質的にするという意識とそのためのナレッジを保有し,枠組的な戦略体系への実質的内容の付与と,環境変化に合わせたその修正を行うことができるとき,現場は「戦略化」していると言えるだろう。あるいは現場の戦略化とは,戦略形成に関し積極的役割を果たす必要があることを現場に理解させ,ナレッジを蓄積させることにより現場が実際にそのような役割を担えるようにすることを言う。

以上のように,環境が流動的な状況では,トップマネジャーは枠組として戦略体系を構築した方がよい。これはまとめると,次の2つの理由による。

第1に,戦略体系に具体的戦術やオペレーションを詳細に盛り込むと,環境が小さく変化するつど,トップは戦略体系を見直さなければならなくなる。これは前述したように非効率である。

第2に,トップには戦略と実際のオペレーションを結びつけるロジック,戦略を日々の業務に反映させるナレッジがないということである。これを保有しているのは,現場のマネジャーと従業員である。このロジック,ナレッジを持っていないのに,トップが無理に戦略遂行に関わる詳細まで策定してしまうと,実際のオペレーションにそぐわない戦略体系となってしまう。詳細で具体的だが,現状に合っておらず有効でないという戦略体系ができてしまうのである。

これまでは戦略形成においてトップマネジャーによる分析と論理的判断のプロセスだけが重視されてきたが,流動的な環境のもとでは現場による意味化と修正のプロセスがなければ戦略は機能しない。戦略に実効性を持たせるためには,トップの策定する戦略は枠組的でなければならず,現場が保有するナレッジにより実質的な内容をこれに付与し,遂行プロセスで修正し続けなければならないのである。

遂行される戦略がそのときの環境と完全には適合的でないという場合に,臨

機応変に戦略を修正するのは，これまで述べてきたように現場の役割である。現場のマネジャーと従業員は，保有するナレッジによりこれを行う一方，戦略の修正を通じて新たなナレッジを蓄積する。戦略遂行は，当該戦略および戦略一般に関するナレッジが現場で蓄積される過程でもなければならないのである。[16]

　実行しては修正するということを繰り返すうちに，「遂行された戦略」が「遂行される戦略」と大きく変わってしまうこともあろう。すなわち現場のメンバーが戦略の内容を豊かにしたり，環境が小変化するつど内容を修正していく間に，戦略体系が内容的に大きく変化するということもありうる。大きな成果をあげたが，当初トップマネジャーが策定したものとは似ても似つかない戦略にいつの間にかなっていたということも，論理性と創発性の統合型戦略形成では大いにありうるのである。

第3節　デュアル・ストラテジーのパラダイム

（1）戦略革新と資源・能力

　環境の変化は企業に戦略体系の修正や策定し直しを強いる場合もあるが，それにとどまらず戦略体系の上位にあるパラダイムの革新をも時として要求する。実際には，戦略体系を変更する必要性には気づいても，パラダイムまで革新する必要があるということを認識できるマネジャーは少ない。[17]

---

[16]　このようなナレッジの蓄積は，「学習する組織」に企業がなっていれば，戦略体系の構築と同時に組織全体で始まる。デ・クルイヴァー＝ピアース2世（2003）は，この点について，「いったん方向を定めて進み出すと，すぐに学習が始まる。すなわち，選んだ方向がどの程度競争環境に適しているか，競合他社はどう反応するか，ミッションを達成するために自社はどの程度準備できているか，などである」（de Kluyver & Pearce II, 2003, 邦訳, p.21)。なお，ここで学習する組織とは，「組織内のあらゆる人々が，問題の発見と解決に取り組み，実験・変化・改善を繰り返し，それにより成長・学習・目標達成をする能力を高める組織」（Daft, 1997, p.751）をさす。

しかしプラハラード＝ハメル（1994）によれば，「戦略の分野に新しいパラダイムが必要だと認識することが最初の重要な一歩である。現在出現している競争状況と複雑な競争環境における成功の論理は，従来のパラダイムの守備範囲を明らかに超えている」(Prahalad & Hamel, 1994, p. 15)。[18]

このようなパラダイム革新の必要性は，金井（1997a）によっても指摘されている。彼は前述したように，近年の企業環境の変化は不連続性によって特徴づけられるとした。そして彼によれば，そのような不連続な環境変化により，「これまで有効であった経営戦略が環境との間で不適合を起こし，（さらにそのことが）企業の成果に悪影響を及ぼしてきている」(金井，1997a, p. 20, （ ）内の補足は白石による)。そしてこのような環境の不連続的な変化は，経営戦略のパラダイム自体の転換を要請しているという。彼によれば，不連続的，かつ構造的な企業環境の変化は，「従来の延長線上に戦略を構想する企業にとっては危険であるが，新たなものの見方にたって新しい戦略を構想する企業にとってはチャンスである」(金井，前掲書，p. 20)。

ところで前節で述べたように，環境が不連続に変化すれば企業の存続と成長を規定する要因，競争優位を築くうえで重要な要因自体が変わるということが

---

[17] そもそも企業になぜ戦略パラダイムが必要なのかは，次のように説明される。すなわち土屋（1984）によれば，「変化する環境に適応して存続していくためには，短期的波動にとらわれずに，貫徹させるものをもたなければならない。変化に適応するために，変化させないものをもつことが必要である」(土屋，1984, pp. 11–12)。企業が戦略パラダイムを長期的に持ち続けるということは，このような「変化させないもの」を内部に保有することにつながる。換言すれば，長期的に存続し成長するうえで，「右往左往するよりは，むしろ外部環境との間には一線を画して毅然として自ら予測し，自らの優先順位に基づいて自律的に行動することで，自らの能力や優位性を有効に発揮していこうという姿勢」(高橋，2003, p. 293)を持つことも企業には必要なのである。たとえて言うならば，環境変化への適応力は変温動物よりも恒温動物の方が優れている。企業が戦略パラダイムを持つということは，高橋（前掲書）のことばを借りるならば，「変温動物としてではなく恒温動物として，しかも服を着込むことも冷暖房をすることもできる知的動物としての生き方の延長線上にあるといっていい」(高橋，前掲書，pp. 293–294)。

多い。つまりゲームのルール，競争の形態自体が変わってしまうのである。そうであるのに，以前のルールを前提に戦略を形成しようとすると，有効な戦略は生まれない。

　一方では戦略の遂行は，前述したように資源と能力に裏打ちされていなければならない。企業が戦略に従って事業活動を行う際には，資源と能力の展開・活用を必ずともなう。言い換えれば，企業は保有する資源と能力を土台にして戦略を遂行するのである。したがって，これまでとは全く異なる環境，新しい競争ルールに対応した戦略体系を形成する必要に気づいても，戦略の遂行に必要な資源と能力を欠いていれば，企業はそのような戦略を現実化することはできない。

　厳密には，戦略遂行過程で生じうるあらゆる状況に対応できるような資源と能力が，最初からそろっていなければならないということはない。どのような事態が生じても戦略を確実に遂行できる，あるいは確実に競争に勝てるという

---

(18)　彼らによれば，今後の新しい戦略パラダイムは商品の市場投入，いわゆる「上市」前の競争，クラスター間競争とクラスター内の企業間競争，コンピタンスの構築といった問題に対応しなければならないという。より具体的には，これまで企業における戦略策定およびこれに関するほとんどの研究は，企業間の競争は製品あるいはサービスが市場投入された後に収益やシェア（特に前者）をめぐって展開されると仮定してきた。しかしながら新製品や新サービスが市場に投入される何年も前に，業界標準の獲得，コアテクノロジーの確立をめぐって企業間で競争や駆け引きが始まることもある。またマルチメディアの規格をめぐるような競争では，自社と同じ規格を掲げる他企業と共同歩調をとり様々な形態の提携を行って他のクラスターと規格競争をする一方，同じ規格を推進するクラスター内（いわば身内同士）でシェア争いを行う。このような戦略空間における協調と競争のロジックを解明することも重要である。そして産業の急速な変容によって，企業内にあるコンピタンスを認識し管理するだけでなく，新しいコンピタンスを迅速に蓄積することが必要となっている。事業を創造し経営するコンピタンスはどのようにして蓄積されるのかを考える必要がある（Prahalad & Hamel, 1994, p. 14）。プラハラード＝ハメルは，新しい戦略パラダイムの形成においては，このほかにミクロ多国籍企業の出現，知的資産の重要性を考慮しなければならないとしている。

ことを保証するような資源と能力を戦略策定時に企業が保有しているというのはむしろ稀であろう。企業は往々にして多少の無理を承知のうえで戦略を策定するのである。

　そのような資源の裏づけが十分でない戦略遂行の場合，難しい事業運営と他社との苦しい競争が強いられる。ただし，「苦しい競争をしているうちに，企業は競争にきたえられ，顧客にきたえられていく」（伊丹，1984, p. 254）というのも事実である。そして当初十分でなかった資源と能力の蓄積が進むということもありうる。

　しかしながら戦略の遂行に当初必要な「最低限」の資源と能力がないと，その戦略の遂行は失敗に終わる危険性が大きい。特に工場や生産設備などの物的資源と財務的資源（資金）については，その傾向が強い（伊丹，前掲書，p. 254）。戦略遂行を軌道に乗せるための資源と能力を欠いているのに，無謀にもその戦略を実行に移して破綻した事例は枚挙にいとまがない。要するに，「無理はしてもよいが，無茶をしてはいけない」ということなのである。

　そのような戦略遂行の立ち上げに必要な資源と能力は，これまで保有し使ってきたものと同じとは限らない。むしろ新しい戦略が従来と異なる環境，不連続に変化した環境に対応したものである以上，戦略を遂行するのに必要な資源と能力も従来とは異なる新しい要素を含んでいると考えなければならない。

　実際，ディレギュレーションと経済のグローバル化が進んでいる今日では，予想もしない所に脅威が潜んでおり，予期していなかった所にビジネスチャンスが生まれる。業界の慣例や秩序にとらわれない新興企業から，従来とは全く異質の競争を迫られることもある。次の戦略体系が現在の戦略体系の延長線上にはなく，土台となる資源と能力も異なるということがむしろ多いのである。

　このように新しい戦略に必要な資源と能力はこれまで使用してきたものと同じとは限らない一方，新しい戦略の必要性に気づき，その戦略の内容を構想できたとしても，最低限の資源と能力がなければ，構想したことを実際に戦略として策定し実行することはできない。だからといって，必要な資源と能力の蓄積を待って当該戦略を策定し実行に移すようでは，加速度的に変化する環境に

企業は対応できない。

　結局のところ，新たな資源と能力が必要な場合，戦略策定時点でそれらがある程度蓄積されていないと，新しい戦略の必要性を認識し，その内容を構想できていても，構想したことを実際に戦略として策定し実行するわけにはいかない。前述したように，すべてそろっている必要はないにしても，戦略を「起動」させるための最低限の資源と能力は確保されていなければならないのである。

　このことは，「保有しているもの，調達できるものを使う」という従来の戦略パラダイムの限界を示している。不連続的な環境変化により，戦略体系の改変のみならず，戦略パラダイムの一新が必要となっていると言ってもよい。すなわち環境変化は企業に戦略体系の変更を求めるが，ゆるやかな連続的な変化からサプライズをともなう急速で不連続な変化へという「環境変化の変化」は戦略パラダイムの革新をも企業に要求している。変化の仕方が変化したことにより，企業は単に戦略体系を変更するだけでなく，新たな戦略パラダイムのもとでそれを行わなければならなくなっているのである。

（2）デュアル・ストラテジーによる持続的成長

　従来の戦略パラダイムでは，戦略遂行に際し資源と能力をいかに有効に使うかに力点が置かれ，それらの蓄積はあまり意識されていなかった。[19]　戦略策定では資源と能力の有効活用を考えるのであり，それらの蓄積はまた別の問題，たとえば予算や人事あるいは教育の問題と考えられていた。

　言い換えれば，従来の戦略パラダイムには資源と能力を戦略的に形成するとか，その蓄積をいかに有効に進めるかが戦略的観点で重要であるという視点がなかった。極論すれば，足りない資源と能力は外部から調達すればよいという発想だったのである。

---

[19]　ここでは「蓄積」ということばを蓄積と育成の両方を含む広義の概念で用いている。つまり「資源と能力の蓄積」という表現は，厳密には「資源の蓄積と能力の育成」という意味である。

確かに資源と能力のなかには，外部からすぐに調達できたり，あるいは無意識のうちに蓄積されるようなものもある。しかし新しい戦略の遂行に最低限必要な資源と能力がそのような形で確保されるとは限らない。またそういう容易に調達されたり，無意識に蓄積されるような資源と能力が新しい戦略体系のもとで競争優位の形成に貢献するとは限らない。むしろ競争優位，特に持続的競争優位の基盤となるのは，内部的かつ意識的に蓄積された，希少で代替と模倣が困難な資源・能力である。したがって，企業は常にこれらの内部蓄積を心がけなければならないのである。

このような資源と能力を内部蓄積することの戦略的重要性を理解していない企業は，これらを放出することに鈍感で，安易に従業員の解雇や事業の清算を行ってしまう。言い換えれば，資源と能力の内部蓄積が重要であることを認識していない企業は，リストラの際に資源と能力も失っているということに気づかない。そのため，そういう企業では資源と能力が保護されず，これらの内部蓄積が進まない。一方では，繰り返し述べてきたように，資源と能力には戦略遂行の土台という側面がある。そのため資源と能力の内部蓄積を意識していない企業では，将来の戦略の土台が小さくなり戦略オプションが限定的となってしまう。[20]

ウィリアムソン（2001）は，戦略遂行の土台となる資源と能力のうち，特に顧客ニーズなど市場に関するナレッジと，それを活用して顧客価値を創出する組織能力を重視し，これらを内部蓄積することの重要性を説いている。彼によれば，顧客に関するナレッジが不足していると戦略オプションは制約されるし，競合者に対抗できるような顧客価値創出能力がないとやはりオプションは限定される。このように戦略オプションの制約要因として市場ナレッジとこれを活用する組織能力の不足が重要であるから，「見えない縛りにとりつかれないようにするには，新しい組織能力を育てると同時に，新しい顧客セグメントや顧

---

[20] 前節で述べたように，このような戦略オプションの減少は，さらに戦略の有効性低下と戦略軽視を引き起こす。

客行動パターンに関する知識を蓄えておくことが大切である」(Williamson, 2001, p. 163；邦訳, p. 231) という。[21]

　以上のように，企業は保有する資源と能力を展開・活用するのみならず，将来のために意識的に資源と能力を蓄積しておかなければならない。これを有効に行えるかどうかは，企業が持続的に成長するための最も本質的な要件と言ってよい。

　このような考え方は，「デュアル・ストラテジー」のパラダイムと呼べるだろう。これは端的に述べると，「現時点での能力をできる限り活用しながら，将来に備えて新しい能力を開発する」(Abell, 1993, p. 3；邦訳, p. 3) というフレームワークである。そこでは長期的適応プロセスにおけるダイナミックな資源と能力の展開・活用と，将来において新しい戦略オプションを確保し，企業の長期的適応力を高めるための資源蓄積と能力育成が重視される (図表 1 - 4)。

---

[21]　ウィリアムソン (2001) によれば，「企業は，組織能力における縛りと市場知識における縛りの違いをよく見極める必要がある」(Williamson, 2001, p. 163；邦訳, p. 231)。戦略オプションが制約されている企業には，その原因が組織能力の不足にあるもの，市場知識の不足にあるもの，両方によって制約がもたらされているものがある。すなわち企業によっては，市場に関するナレッジが豊富にあり戦略オプションがこれに縛られていない一方，組織能力を欠くというケースもある。このような企業は，「さまざまな方法 (プロセス) により，新しい顧客像や競合 (者) の行動パターンについての知識を豊富に蓄えている」(Williamson, ibid., p. 163；邦訳, p. 231, 最初の (　) 内の補足は訳者による。原著では「さまざまな方法 (プロセス)」は various processes となっている。後の (　) 内の補足は白石による)。しかし市場知識自体はあっても，このタイプの企業は組織能力がないために，知識を活用できない。実際，市場に関する知識はあってもそれを活かす能力を備えていないため，そのような知識を外部に売ることによってしか収益をあげられないという企業もある (Williamson, ibid., p. 163；邦訳, p. 232)。「一方，ちょうど反対の問題を抱えている企業もある。優れた組織能力がありながら，市場知識の欠如にさいなまれているケースである」(Williamson, ibid., p. 165；邦訳, p. 233)。むろん市場知識と組織能力の両方が不足しているために，戦略オプションが限定されているという企業もある。結局のところ，企業は戦略オプションを豊富にするために，顧客ニーズ等の市場知識と，これを活用して顧客価値を創出する組織能力の両方を内部蓄積しなければならないという。

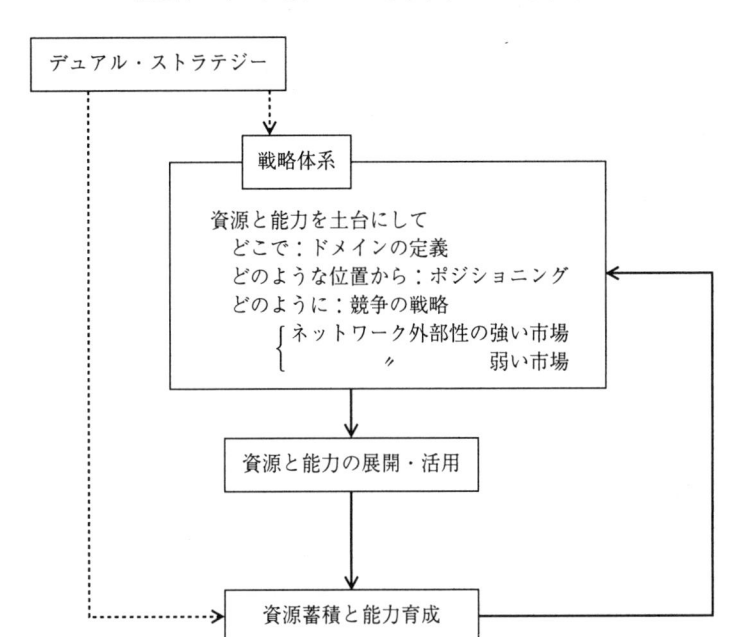

図表1-4　デュアル・ストラテジーのパラダイム

```
┌─────────────────┐
│ デュアル・ストラテジー │
└─────────────────┘
     ┆
     ┆   ┌─────────────┐
     ┆   │  戦略体系   │
     ┆   └─────────────┘
     ┆  ┌──────────────────────────────────┐
     ┆  │ 資源と能力を土台にして              │
     ┆  │   どこで：ドメインの定義           │
     ┆  │   どのような位置から：ポジショニング │←┐
     ┆  │   どのように：競争の戦略           │ │
     ┆  │     ┌ ネットワーク外部性の強い市場   │ │
     ┆  │     └     〃        弱い市場    │ │
     ┆  └──────────────────────────────────┘ │
     ┆           ↓                            │
     ┆   ┌──────────────────┐                 │
     ┆   │ 資源と能力の展開・活用 │                │
     ┆   └──────────────────┘                 │
     ┆           ↓                            │
     ┆   ┌──────────────────┐                 │
     └┄┄→│  資源蓄積と能力育成  │─────────────────┘
         └──────────────────┘
```

　デュアル・ストラテジーのパラダイムが重視するのは，戦略遂行過程で資源と能力は増大しうるということである。そのような資源と能力のなかには，現行戦略の遂行に貢献するものもあるし，将来において次の戦略の土台となるものもある。従来の戦略パラダイムは，資源と能力の有効な展開・活用が重要であることは認識していたが，戦略遂行過程で資源と能力を形成し蓄積していく必要性を軽視していた。[22]　資源と能力の有効な展開・活用が重要なのは当然であるが，企業が長期的に存続し成長するためにはこれを図りつつ両者の蓄積を進めることが大切であるというのが，「デュアル・ストラテジー」パラダイムの基本的メッセージなのである。[23]

　デュアル・ストラテジーは環境のメタ変化に対応する方法とみることもできる。すなわち企業がメタレベルでの環境変化に有効に対応するためには，メタレベルの戦略（メタ戦略）が必要となる。通常の戦略が環境変化に対応する方

法であるならば，このメタレベルの戦略は「環境変化の変化」に対応する方法である。その代表例がデュアル・ストラテジーなのである。

これまでのパラダイムでは，戦略策定者の役割は資源と能力を有効に展開したり活用するための指針をつくることであり，それらの蓄積や育成は戦略策定者の仕事ではないかのように考えられてきた。言い換えれば，従来のパラダイムでは前述したように，資源と能力は「調達して使う」あるいは「保有しているものを使う」というイメージで捉えられてきた。

デュアル・ストラテジーでは，これに「使いながら増強する」という視点が加わる。すなわち従来のパラダイムは資源と能力の「活用」における有効性に力点を置いていたが，デュアル・ストラテジーのパラダイムはそれに加えて「蓄積」の有効性をも重視するのである。[24]

---

[22]　比較的早い段階で資源蓄積の重要性を説いていた伊丹 (1984) は，この点について次のように述べている。「『資源の有効利用』ということばには，『現有の資源を一応所与のものとして』これをどう使うか，というニュアンスがどうしてもある。資源の方をひとまず変化しないものとして，『それをうまく使う戦略は？』と考えるという匂いが強いのである。しかし，資源は変わるものである。戦略次第で，かなり変化するものである。既存の資源のうまい組みあわせを戦略がつくり出すことによって，新しい資源が創造されてくるという面がある。戦略遂行過程で，副次的に蓄積されてくる見えざる資産もありうるのである」(伊丹, 1984, p. 217)。

[23]　前の脚注で述べたように，伊丹 (前掲書) は特に無形資産に関してこのようなプロセスを重視している。すなわち彼は，「現在の戦略から生み出される見えざる資産を将来の戦略がつかう」あるいは「次の世代の戦略の立ち上がりを，現在の戦略から生まれる見えざる資産がささえる」という関係を重視し，企業が持続的に成長するためにはこの関係を有効に構築する必要があるとしている (伊丹, 前掲書, p. 247)。

[24]　本章の冒頭で述べたように，戦略ということばはもともとは軍事用語であったが，軍事においては資源と能力は基本的に，平時に蓄積が図られ，戦時に展開と活用が行われる。戦争では軍備と人員が持つ能力をフルに活用して勝利することが目的とされ，将来の戦争のために戦闘能力の向上や資源蓄積を意識して現在の戦争を遂行するということはまずあり得ない。したがって，「現在を戦いながら，未来に備える」というデュアル・ストラテジーは，経営戦略独特のパラダイムであり，経営戦略論の独自性向上と発展に大きく寄与すると考えられる。

エイベルによれば,「最近までほとんどの組織は,事業の運営や変更を,単一の戦略（現在を志向した戦略）の傘の下で管理し成功してきた。当面する競争がそんなに大変なものではなく,変化もそれほどきびしいものでないかぎり,このアプローチがきわめて妥当なものであることが証明された」(Abell, *ibid.*, pp.3-4；邦訳, p.4,（　）内の補足は白石による)。

しかしながら,政治経済や社会に内在する変動要因の錯綜,慣例にとらわれない新興企業の出現により,近年の企業環境はサプライズする傾向が強まっている。つまり不連続で劇的な環境変化が一般化しつつある。

このような状況では,短期から中期にまたがる単一の戦略では環境変化に対応する基礎を提供できない。場合によっては現在の事業を効率的に運営することさえ困難になる(Abell, *ibid.*, p.4；邦訳, p.4)。長期的視野を持たない企業は,事業の短期的有効性をも確保できなくなるのである。

現在への対応に神経を集中している企業では,将来に向けた資源蓄積と能力育成がなされず,将来に対する備えがなされないか,なされてもこれが不十分となる危険性が大きい。[25]　資源と能力のなかには自然に形成されるという部分もなくはないが,基本的にはこの形成は意図的に行わなければ効率よく進まない。

したがって企業にとっては,資源と能力を活用しながら,同時にこれらを増強するという意識を持つことが重要と言える。しかも企業は将来における戦略オプションを豊富にするために多様な資源と能力を保有するようにするか,柔軟性が高く,したがって汎用性も高いような資源と能力を蓄積しなければならない。環境変化にともなう不確実性が大きくなるにつれ,特に後者の柔軟で汎用的な資源と能力の価値が高まっていると言える。つまり環境がどのように変

---

[25] 実際,「変化が訪れた時,変革について考えられてもいないし,備えもなされていない」(Abell, 1993, p.6；邦訳, p.7)という会社は少なくない。そして,「これらの会社は,短期にのみ焦点をあてていたことの犠牲者として,暗礁にのりあげたまま見捨てられていく」(Abell, *ibid.*, p.6；邦訳, p.7)。

化するかわからない状況では,「何にでも使える」あるいは「つぶしのきく」資源と能力の有用性が高いと考えられるのである。

エイベルは企業における資源を次のように捉えている。すなわちこれは,「重要な顧客満足活動のために活用可能ななんらかの手段のことである。資源は資金,人間,物理的有形物（土地や設備）の形態をとる」（Abell, *ibid.*, p. 117；邦訳, p. 143, （ ）内の補足はエイベルによる）。それに対しコンピタンスは,人間を離れては存在しない「実行能力ないしノウハウ」（Abell, *ibid.*, p. 118；邦訳, p. 144）である。人間に帰属している以上,個人のコンピタンスは従業員が退職するとその企業から離れていくが,組織内である種のコンピタンスは個々人の能力を越えて存在する。[26]

注意を要するのは,能力（コンピタンス）は使わずに温存しておけば蓄積されるというわけではないということである。むしろ能力は活用することにより成長する。すなわち,「単に『ストックされている』だけの能力は崩壊していくことが多い」（Abell, *ibid.*, p. 118；邦訳, p. 144）。活用しつつ学び,新たなナレッジやスキルを加えることにより,能力は成長し蓄積していく。また活用しつつ常に適切性をチェックし,適切でなければ修正するというようにメンテナンスを行うことによって,能力は有効性が維持され,完成度を増していく。

言い換えれば,企業にとっては保有する資源と能力を最も有効に展開・活用

---

[26] さらにエイベルは,コンピタンスは多次元的構成を持つとしている。たとえば,「数学に関して素晴らしい能力を持つ個人がその能力を発揮するとき,さまざまな才能,スキル,以前の経験を動員している。企業の能力というのは,一般に実行能力と特定のスキルと経験との集合体である」（Abell, *ibid.*, p. 118；邦訳, p. 144, 強調はエイベルによる）。またエイベルはコンピタンスの独自性と中核性を区別し,両方を備えたコンピタンスの重要性を指摘している。具体的には,彼はこの点について次のように述べている。「独自能力（distinctive competence）は当該企業を競争相手から区別するような能力のことである。独自能力は特定の組織に固有のものである。中核能力（core competence）は企業の成功の鍵となる能力のことである。企業が独自の中核能力を有し,その能力を独自の顧客ニーズの充足のために,固有の形で活用するとき,企業は必ず成功するはずである」（Abell, *ibid.*, p. 118；邦訳, p. 144）。

できるセグメントを狙い撃ち (pinpoint) し，そのセグメントに属する顧客のニーズを充足するために資源と能力を最大限に活用しつつ，これらを蓄積し高度化することが重要なのである。ナレッジに関して言えば，「今日の顧客を狙い撃ちすることは学習のプロセスと見なされるべきであり，それによって，市場の理解とその機会と可能性が，次第に洗練され限定されていく」(Abell, *ibid.*, p. 171；邦訳, p. 203, 強調はエイベルによる）ということでなければならない。[27]

---

[27] 前述したようにウィリアムソン（2001）によれば，将来における戦略オプションを豊富にするためには，顧客ニーズなどの市場に関するナレッジと，それを活用する組織能力の両方を蓄積しなければならない。企業は顧客に関するナレッジを自社で活用せずに，これを他社に切り売りすることによっても収益をあげられる。しかし企業の存続性・成長性という観点ではこのようなナレッジの切り売りは望ましくない。存続性・成長性にプラスの効果をもたらすような事業活動を行いたいならば，企業は顧客ニーズなどの市場ナレッジを活用する組織能力を蓄積しなければならない。具体的には，ウィリアムソンは次のように述べている。「たしかに顧客に関する知識・情報を売り渡すことによって儲けている企業もあるが，多くの場合，それ自体は企業の能力を増強するものでも企業価値を向上させるものでもない。市場知識があるのにそれを活用できない，などということにならないためには，（特定の市場や顧客行動だけに通用する狭い組織能力ではなく）顧客価値を創造する組織能力を体系的に育てて，蓄積していく必要がある」(Williamson, 2001, p. 164；邦訳, p. 232,（ ）内の補足は白石による）。他方で，企業は「潜在市場や顧客の行動パターンに関する知識を，コストをできるだけかけずに効率的に拡充する」(Williamson, *ibid.*, p. 167；邦訳, p. 235) 必要がある。そのために重要なことは，事業活動を行いつつ，「顧客や供給業者（メーカー）が持っている知識を最大限吸収すること（耳を澄ませてよく聴くこと），市場における異端児的な競合（者）や関連業界から学ぶこと」(Williamson, *ibid.*, p. 167；邦訳, p. 235, 1番目と2番目の（ ）内の補足は訳者による。3番目の（ ）内の補足は白石による）である。彼によれば，市場ナレッジを獲得するための方法としてこれまで一般的だった市場調査は，有効性が低い。すなわち，「古くからの市場調査の方法では，ありきたりの市場認知や通説に負け，真に有益な情報の入手が阻害されてしまう可能性がある」(Williamson, *ibid.*, p. 167；邦訳, p. 235) という。

第2章
ドメインの定義

第1節 企業とドメイン

(1) ドメイン定義の意義

　野中（1985）によれば，「一般的には，いかなる戦略も，①ドメインの定義（どのような領域で環境と相互作用をすべきか。より具体的には『わが社の事業は何か。組織としていかなるミッションを達成したいのか』についての言明），②必要な資源の蓄積（そのドメインにおける組織目標を達成するために要求される関連資源をいかに蓄積すべきか），③蓄積した経営資源の差別的展開（蓄積した資源を競合者にたいして優位性を保てるようにいかに展開すべきか）の3つの構成要素から成り立っている」（野中，1985，p.17，（　）内の補足は野中による）。[1]

　このように，ドメインの定義は戦略策定の主要な構成要素をなす。このドメインとは企業の生存領域もしくは活動領域のことであり，これを定義（設定）

---

[1] 経営戦略論の体系との関連で言えば，このうち，①を扱うのは本章で取りあげるドメインの戦略論，②に密接に関係するのは6章で紹介する資源アプローチの戦略論，③を対象とするのは4章で考察する競争の戦略論である。ただしこのほかに，経営戦略論の現代的な問題として，3章で取りあげるポジション優位の構築，5章のテーマである製品のデファクト・スタンダード化が生じている。後者は広く捉えれば③に含まれるが，前者と同様に従来と異なる新たなフレームワークや理論の構築が試みられており，近年注目されるようになった経営戦略に関する新しい問題とみるのが妥当であろう。

するということは、環境のなかのどこで自社の存続と成長を図るのかに関する意思決定を行うということである。[2]

企業は、このように環境のある部分をドメインとして設定したうえで、存続と成長を図らなければならない。これはなぜであろうか。金井（1997b）によれば、企業がドメインを定義することには以下のような意義がある。

第1に、企業内のメンバーが意識を向けるべき範囲を確定するということである。一般に組織メンバーの注意力には限界があり、環境の全部分、全ファクターに常に注意を向けているというわけにはいかない。ドメインを定義するということは、環境の「どこ」あるいは「何」に注意を向けていればよいのかをメンバーに示すことにつながる。すなわち、「ドメインを定義することは企業が環境のなかから適切と考えられるある『範囲』の領域を選択することを意味し、これによって、企業のメンバーに対して注意を集中すべき領域を明確にすることができる」（金井，1997b, p. 31）。ただしこれには意識や関心のベクトルを統合する側面と、逆にこれらが狭い範囲に過度に集中するのを防ぐという側面がある。[3]

第2に、「ドメインを定義することによって、企業が事業を展開するうえで必要とされる経営資源がどのようなものであるかの指針を提供することができ、また、どのような情報や経営資源を蓄積すべきかについて、メンバー間での共通の理解を促すことに役立つ」（金井，前掲書，p. 31）。つまりドメインの定義には、資源蓄積のベクトルを定めるという含意がある。能力に関しても全く同様のことが言え、ドメイン定義はどの方向に能力を発展させるべきかという能力蓄積のベクトルを提供する。すなわちメンバーにとってこれは、どのよ

---

[2] 榊原（1992）によれば、企業によるドメイン設定は動物が独自の生活空間を形成するのに似ているという（榊原，1992, p. 7）。
[3] ドメインの定義に、ベクトルの統合と過度の集中防止という2つの側面があるために、「ドメインを定義する際には、どのくらいの範囲で定義するかという点が重要な問題となる」（金井，1997b, p. 31）。

うな能力を身につけ伸ばすべきかという能力形成の指針となる。

　第3に，ドメインの定義は，「企業のアイデンティティを確立することを促す」（金井，前掲書，p. 31）。つまりドメインはその企業をその企業たらしめる重要ファクターであり，これを定義するということは当該企業にある種の一貫性，同一性を与えることになる。そしてそのようなアイデンティティとして機能するドメインが明確にされることで，メンバーの心理的な統合が強化される。言い換えれば，ドメインを定義し，これを示すことにより，企業のメンバーは自社に関して共通の理解を持つようになり，一体感の形成が促進される。[4] またこれが外部に示された場合には，その企業がどういう企業なのかという理解を助けることになる。実際，ドメインはその企業について説明する際に，極めて有効なキーワードとなる。

　金井（前掲書）が指摘しているドメイン定義の第1の意義は，意識や関心のベクトルの確定，第2の意義は資源と能力の蓄積におけるベクトルの確定，第3の意義は確立を目ざすアイデンティティの明確化，換言すればアイデンティティのベクトルの確定であると言える。すなわち企業にとって，ドメインを定義するということには意識や関心，資源・能力の蓄積，アイデンティティの3つに関するベクトルを確定するという意味合いがある。

　と同時に，ドメインは資源と能力を展開する範囲でもある。つまり企業が保有する資源と能力は有限であるから，これらを活用する範囲を明確にしておかなければならない。このように資源と能力の展開範囲，活用上のベクトルを確

---

(4) 榊原（前掲書）によれば，「企業がドメインを定義するということは，『われわれは今どのような事業を行っており，今後どのような事業を行おうとしているのか』，『わが社はいかなる企業であり，いかなる企業になろうとしているか』，『わが社はどのような企業であるべきか。また，どのような企業になるべきか』といった質問に答えることである」（榊原，前掲書，p. 12）。そういう意味で，ドメインの定義は出発点としての企業のアイデンティフィケーション（同一化）に関わっており，戦略決定における一番最初の，しかも一番重要な問いかけであると言える（榊原，前掲書，p. 12）。

定するということも、ドメイン設定の重要な意義であると言える。

　実際のドメインには地理、業種、顧客、製品、その他というように、いろいろな概念がある。言い換えれば、何でドメインを定義するのかの「何」つまりドメイン定義の基準には色々なものがあるし、企業は単一の基準でドメインを設定するとは限らない。むしろ現実企業がドメインを定義する際には、複数の基準で定義するのが一般的であるし、また企業によって選ばれる基準も異なる。ただしドメインを定義する基準は、ドメインの定義が事業活動を行ううえで操作的になるように選択されるのが望ましい。

　ある基準に関し、具体的にどこをドメインとすると有利になるのかは、個々の企業によって異なる。どこが有利で、どこが不利であるかは、保有している資源と能力にかなりの程度規定される一方、企業によって保有している資源と能力は様々だからである。換言すればドメインのなかには、保有資源と能力を活かせる領域と、活かせない領域がある。したがって企業は、自社の保有資源と能力を考えたうえでドメインを定める必要がある。ドメインは自社の保有資源と能力を有効活用できる領域であることが望ましい。

　さらにドメインは、資源と能力を蓄積する観点でも有利でなければならない。1章で述べたように、企業は資源と能力を活用しながらこれらを内部蓄積する必要がある。そのためドメインは、これらの活用の観点だけでなく、蓄積の観点でも有利でなければならないのである。

　将来の戦略オプションが豊富になり、かつ相互作用とシナジー効果が大きくなるように、つまり総体としての資源と能力の価値が高まるように、両者は蓄積される必要がある。そうなるかどうかは、ドメインをどう設定するかに大きくかかっている。[5]

（2）持続的成長をもたらすドメイン定義

　前にも述べたように、ドメインの定義は事業を経営するうえで操作的で、資源と能力を活用し蓄積する観点で有利なものでなければならない。と同時に、企業の持続成長を妨げない深耕可能なものでなければならない。ドメインの

定義は，企業の統合と資源・能力の展開において本質的重要性を持つので，これが不適切だと企業経営は行き詰まる。言い換えれば，ドメイン定義の失敗が企業経営の破綻をもたらすこともある。

　レヴィット（1960）は，次のような例を出して，このように不適切なドメイン定義によって経営の行き詰まりが起こりうることを説明している。「鉄道事業が成長を止めたのは，旅客と貨物の輸送に対する需要が減ったためではない。その需要はまだ増えている。今日，鉄道会社が危機にみまわれているのは，旅客・貨物の輸送が鉄道以外の手段（自動車，トラック，航空機または電話さえも）に奪われたからではなくて，鉄道会社自身がそれらの需要を満たすことを放棄したからなのだ。鉄道会社は自社の事業を，輸送事業と考えるのではなくて，鉄道事業と考えてしまったために，自分で顧客をほかへ追いやってしまったのである。事業の定義をなぜ誤ったのかというと，輸送を目的と考えず，鉄道が目的と考えたからなのだ。顧客中心ではなく，製品中心に考えてしまったのだ」（Levitt, 1960, p.45；邦訳，pp.11－12，（　）内の補足はレヴィットによる）。[6]

　またハリウッドの映画産業は，テレビの普及によって一時期，収益が落ち財務的に苦況に陥ったが，これもドメインの定義に問題があったからだという。映画産業は自己を映画制作産業と捉え，しかも映画という製品は他のもので代替できない特殊な製品であるという，ある種の自己満足ないし自惚れが関係者の間にはあった。本来ならば，自己を娯楽産業と定義し，テレビを飛躍の土台とみるべきだったのに，このような戦略的近視眼があったため，映画産業はテレビの出現を取るに足りないこととみなした。すなわち，「ハリウッドは，テレビの出現を自分たちの好機－娯楽産業をさらに飛躍させてくれる好機とし

---

(5)　内部蓄積が有効になされるかどうかは，現在どういう資源と能力が当該企業内に保有されているかにもよる。同じ資源あるいは能力を蓄積する場合でも，これと関連性のある資源と能力がすでに保有されていれば低コストで追加できるし，相互作用が生じるような資源と能力がすでにあるならばシナジー効果が大きくなるように蓄積がなされうる。つまり蓄積の観点で有利なドメインを設定することにおいても，やはり現在保有している資源と能力が考慮されなければならない。

て，テレビを歓迎すべきだったのに，これを嘲笑し，拒否してしまったのである。(中略) ハリウッドが，映画をつくるという製品中心ではなくて，娯楽を提供するという顧客中心に考えていたとしたら，あの惨めな財政的な地獄を味わわなくてもよかったはずだ」(Levitt, ibid., p. 45；邦訳, p. 12) と，レヴィットは述べている。[7]

　これらの事例が示唆しているのは，ドメイン定義には顧客ニーズの観点が必要不可欠であるということである。つまり製品主体にドメインを定義してしまうと，技術革新によりその製品が陳腐化した際に，そのドメインで企業が存続することは困難になる。ドメイン定義を製品中心で行うと，生存領域としてのその意義，有効性は，技術の発展とともに低下するのである。

　企業は製品よりもむしろ顧客ニーズにウェイトを置いてドメインを定義し，そのドメインから製品を創造していく方が望ましい。すなわち「産業活動とは，製品生産の過程ではなくて，顧客を満足させる過程だという点を，すべてのビ

---

[6] アンゾフ (1965) はレヴィット (1960) のこの一節に関し，「輸送事業」というドメイン設定では変数的要因の実際上の組合せが多すぎ，ドメインを定義したことにはならないと批判している。より具体的には，アンゾフはこのドメイン設定が機能しない理由を次のように述べている。「まず考えられる製品使命（ニーズ）の範囲がきわめて広いということである。すなわち，都市内の輸送から都市間の輸送，大陸内の輸送，大陸間の輸送までさまざまであり，その輸送媒体も，陸上，航空，海上，海底とさまざまであり，その対象も旅客と貨物があるといったわけである。第2の理由としては，顧客の範囲が広いということである。すなわち，個人，家族，企業，政府機関などである。第3は，『製品』がさまざまだということである。すなわち，乗用車，バス，列車，船舶，航空機，ヘリコプター，タクシー，トラックといったぐあいである」(Ansoff, 1965, p. 107；邦訳, pp. 133－134, (　) 内の補足はアンゾフによる)。端的に述べるならば，輸送事業というドメイン定義は顧客ニーズ，顧客の範囲，技術に関しあいまいすぎるというのが，ここでのアンゾフの主張である。後に紹介するエイベル (1980) の3次元によるドメイン定義は，このような欠点を克服したフレームワークであると言える。

[7] 同様に，電力会社もドメインを電力事業ではなくエネルギー産業とし，燃料電池，太陽エネルギー，その他のエネルギー源の開発に努め，「生きる糧」を更新していかないと，存続が危うくなるという (Levitt, 1960, p. 47；邦訳, p. 13)。

ジネスマン（ウーマン）は理解しなければならない。顧客とそのニーズから始まるのであって，パテントや原材料や販売技法から始まるのではない。顧客のニーズが明らかになって，まず顧客を満足させるにはどんな形のものを提供すべきか，と逆に進むのである」(Levitt, ibid., p. 55；邦訳，pp. 24-25，（ ）内の補足は白石による）。このレヴィットの主張は，ドメイン定義においては，いわゆる「プロダクトアウトからマーケットインへ」という発想の転換が重要であることを説いているとみることもできる。

このようなレヴィット（1960）が重要性を指摘した企業に持続的成長をもたらすドメイン定義は，野中（1985）のことばを借りるならば，「自己の生存領域の幅と深さを絶えず広げられる可能性があるような定義」（野中，1985, p. 24），深耕可能性のあるドメイン定義である。

ただし野中によれば，ドメインを定義する際に有効な基準となるのは技術と市場であるという。そしてドメインの深耕可能性は，「①技術の奥行き（革新・洗練・高度化の余地，関連技術の創造，他の技術体系との組合せないし融合可能性），②市場の奥行き（ポテンシャルも含めた規模，顧客の価値・嗜好の多様性および変化の可能性）によって規定される」（野中，前掲書，p. 24，（ ）内の補足は野中による）。

一方，エイベル（1980）は，「良好な財務業績や市場業績を得るための事業定義選択でどのような要因が考慮されなければならないのか」(Abell, 1980, p. 169；邦訳，p. 221）という問題に取り組んだ。彼によれば，顧客層，機能，技術の3次元によるドメインの定義，および必要に応じたその再定義が，企業の高業績維持と持続的成長に寄与するという。つまり誰に対し，どういう機能をどういう技術で提供するのかでドメインを定義し，絶えずその有効性をチェックして，必要ならば修正していくことが，その企業に高業績と持続的成長をもたらすというのが彼の主張である。

彼は顧客層，機能，技術について，具体的には次のように述べている。「顧客層は，顧客カテゴリーつまり製品・サービスによって満足を享受するのはだれかを記述し，顧客機能は，顧客ニーズつまり製品・サービスによって何が満

たされるのかを記述し，技術は，その方法つまり顧客ニーズがどのように満たされるのかを記述する」(Abell, *ibid.*, p. 169；邦訳，p. 221)。

より厳密に述べるならば，「顧客はその同一性にもとづいて層に分けられる。同一性の基準としては，地理的特徴，人口統計的特徴，社会経済的階層，ユーザーの業界と規模（産業財のばあい）といったものがある」(Abell, *ibid.*, p. 170；邦訳，p. 222, （ ）内の補足はエイベルによる)。そのようなセグメント化された顧客のうち，どこを企業活動の対象とするのかで，まずドメインは定義されなければならないというのが，エイベルの主張である。

機能について，エイベルはこれを製品・サービスの属性やベネフィットと区別する必要があるとしている。すなわち，「製品あるいはサービスは顧客のためにある機能を果たしている。機能は，機能を遂行する方法（『技術』）とも，また顧客が選択のための重要な基準と知覚する属性あるいはベネフィットとも，概念的に区別する必要がある」(Abell, *ibid.*, p. 170；邦訳，pp. 222-223, （ ）内の補足はエイベルによる)。たとえばドメインをタクシーによる低価格での快適かつ安全な輸送とした場合，このなかには機能によるドメイン定義，技術によるドメイン定義，製品・サービスの属性やベネフィットという3つの概念が含まれている。すなわちこの場合，輸送は機能であり，タクシーは機能遂行の方法（技術）であり，低価格・快適さ・安全性は属性あるいはベネフィットである。[8]　エイベルによれば，ドメイン定義に必要なのはこの場合，機能である「輸送」と技術である「タクシー」である。

このように機能と技術は，前に取りあげた顧客層と同様，ドメイン定義の重要な基準となる一方，属性・ベネフィットはドメインの基準というよりも，む

---

[8] ただし機能を細分し，極めて狭く定義すると，これにベネフィットが含まれる場合がある。たとえば動力を供給するという機能を細分し，その特定の領域を機能面でのドメインとすると，「極地で低馬力・高回転ドリル機を作動させる」といった記述になることがある。このように極めて狭小に定義した機能には，特別に設計した製品にしか提供できないある種のベネフィットが含まれている（Abell, 1980, p. 171；邦訳，p. 223)。

しろ3章で取りあげるポジショニング, 4章で述べる競争戦略の策定において考慮されなければならないファクターとなる。

ここで述べたように, ドメインを定義する際には, 機能を遂行する方法, つまり技術も明確にされなければならない。そしてドメイン定義において企業は, 一般的には代替関係にある複数の技術から1つ, あるいはいくつかを選択する必要がある。すなわち,「技術とは, ある顧客向け特定機能の遂行のための代替的方法である。この意味で技術は, 顧客の問題解決の1つの形である」(Abell, *ibid.*, p. 172；邦訳, p. 225)。たとえば機能が輸送であれば, 技術には陸運, 海運, 空運がある。さらに陸運はタクシー, レンタカー, バス, 鉄道, その他に, 海運はフェリー, タンカー, 客船, その他に, 空運は飛行機, ヘリコプター, その他に, 細分される。[9]

第2節　ドメイン定義と経済的効果

ドメインの定義の仕方によっては, ある種の経済的効果が発生しうる。すなわちドメインの広い設定, たとえば多角化やフルライン化によって, 規模の経済性, 範囲の経済性, シナジー効果という経済的効果が発生することが期待できる。

ただしドメイン定義の問題は経済的効果の観点だけで意思決定できるほど単純ではないということには, 注意を要する。すなわちこれらの経済的効果が期待できるからといって, ドメインをなるべく広くした方がよいというわけではない。

というのは, ドメインの定義には前述したように, メンバーの意識と関心,

---

[9]　機能の場合と同様に, 技術も細分していくと, ベネフィットに近づく場合がある。たとえば10段変速の自転車は3段変速の自転車の技術的代案であるが, これには属性あるいはベネフィット的な要素も含まれているとみなしうる (Abell, *ibid.*, p. 172；邦訳, p. 225)。

資源と能力の蓄積，アイデンティティ，資源と能力の活用に関するベクトルを統合するという意味合いがある。ドメインを広くすると，これらのベクトルが曖昧になるおそれがある。

またドメインを広くした場合，それに見合った管理能力がないと事業活動が非効率になる。特にドメインの広い企業は狭い企業よりも，より高度な全社的管理能力をトップマネジャーに要求する。[10] 3つの経済的効果も無条件に生ずるわけではなく，そのような全社的管理や事業活動が相当程度合理的である場合にのみ発現するのである。冒頭で効果の発生に関して「しうる」「期待できる」としたのは，そのためである。

さらにドメインを広くするということは，一般的には競合者を増やすということでもある。経済的効果の享受を意図してドメインを拡大しようとしても，参入しようとしているドメインには3章3節で述べるような参入障壁がある場合も多いし，そこに強力な競合者がすでにいることもある。ドメインの拡大は，そのような既存の強力なコンペティターによる反撃，これとの競争をともなう。

前述した3つの経済的効果は，次のように説明される。

（1）規模の経済性

生産量が増えるにしたがって，平均費用が減少するとき，規模の経済性（economies of scale）があると言う。つまり規模の経済性とは，生産規模が大きいほど製品の単位当りコストが低下する傾向をさす。

多くの製品の生産には，このような規模の経済性がみられる。それはなぜであろうか。

第1に，生産量が増大するにつれて固定費の負担が分散するからである。製

---

[10] もっとも後に述べるように，現行のドメインでは管理者の能力を活かしきれていないこともある。このような場合には，ドメインの拡大が後に述べる範囲の経済性をもたらす。

品生産には,設備費,工具や金型の購入費,研究開発費,保険料など生産量にかかわらず支出される固定費がある。生産量が増えると,これらが個々の完成品に分散することになるので,平均費用は低下することになる (Besanko, Dranove, Shanley & Schaefer, 2004, p. 73, p. 76)。

また大規模生産では,高度の分業や専門化,自動化を進めやすい。生産量が大きい企業は完全自動化ラインで生産できるため,労務費がほとんどかからず,製造コストの点では生産量の小さい企業よりも圧倒的に有利なのである (Besanko, et al., *ibid.*, p. 77)。

さらに大規模生産においては,原材料供給業者や輸送業者に対する発注量が多いため,割引がなされるなど,これらの外部業者と有利な条件で取引できる。すなわち大口顧客の方が価格感応性が高く,より低価格の売り手を探す一方,売り手は継続的な大規模受注を確保しようとするから,大口顧客に対する取引条件は他の顧客に対するそれよりも買い手有利となる傾向がある (Besanko, et al., *ibid.*, p. 86)。

このように生産規模が大きいほど,安価で原材料を購入し,低コストで生産し,流通できるというのが規模の経済性である。ドメインを広く設定すると,一般的には生産規模が大きくなるため,このような規模の経済性も大きくなりやすい。

自動車業界を例にとると,ドメインを「少数の富裕層を対象としたスポーツタイプの車」とした場合には,生産規模が小さくなり,工場における自動化の可能性は限定的となるが,これを「広い顧客層を対象とした幅広いジャンルの車」とした場合,生産規模が大きくなり工場自動化の可能性が高くなる。輸送コストや原材料調達においても,前者より後者の方が有利となる。[11]

生産規模が大きく,生産性が向上すると,それがさらに累積生産量の増大を通じて不良品率を減少(歩留まり率を上昇)させ,生産性を一層向上させることになる。このように累積生産量が増大するにつれて不良品率が減少し,生産性が向上するのが,いわゆる学習効果,経験曲線(experience curve)の効果である。[12]

以上のように、ドメインを広く設定し、生産規模を大きくすることで、企業は規模の経済性を追求できる。一方、ある業界の既存企業がすでに大規模生産を行って規模の経済性を実現している場合には、その経済性は当該業界への新規参入を目ざす他企業にとっては参入障壁となる。

（2）範囲の経済性

範囲の経済性（economies of scope）とは、端的には「別々の製品が同じ組織内で生産されることによって生じるコスト削減」（Saloner, Shepard & Podolny, 2001, p. 364；邦訳, p. 449）の効果をさす。すなわち複数の事業を同一企業が経営する際に、個々の事業を複数の企業で分担するよりも経済的な運営ができるとき、範囲の経済性が存在すると言う。

範囲の経済が発生するのは、一般的にはある事業で活用しきれていない資源や能力を他の事業が利用できる場合である。そのような場合、当該資源・能力に関して追加投資の必要性が小さくなり、費用の節約がもたらされるのである（Ansoff, 1965, p. 85；邦訳, pp. 105 − 106）。[13]

---

[11] ただし企業の収益性は、生産規模だけに規定されるわけではない。どの程度有効に資源と能力が展開・活用されているかということも、収益性を大きく左右する。ドメインを広くしても、これらの展開と活用の有効性が低下すれば、規模の経済によるコスト削減効果よりも大きいコスト増大が生じることもある。同様のことは、この後で取りあげる範囲の経済性、シナジー効果についても言える。

[12] 規模の経済が生産性の向上を通じて学習効果を加速するものの、厳密には両者は異なる。両者の違いについて、ベサンコら（2004）は、次のように述べている。「規模の経済は、ある時点においてより大きい規模で生産すると単位あたりコストが削減されるというものである。学習の経済（learning economies）は長期間にわたり経験を蓄積することにより単位あたりコストが減少するというものである。学習の経済が非常に小さいときでも、規模の経済は大きいということはありうる。（中略）たとえば、ある大企業が規模の経済により単位あたりコストを低くしているならば、生産量を小さくするとコストは増大する。もしその低コストが学習の結果生じているのならば、当該企業は単位あたりコストを増大させることなく生産量を減らすことができる」（Besanko, Dranove, Shanley & Schaefer, 2004, p. 100）。

企業にはこのような範囲の経済性を追求する余地が常にあるとみてよい。というのは，たとえ合理的な管理と無駄のない事業活動を行っていたとしても，このような資源と能力の未利用部分，余剰は生じうるからである。

　その理由は第1に，ある種の資源は分割不可能であるということに存する。たとえば生産能力を100％利用できないからといって，生産設備や機械の一部を購入するわけにはいかない。(14)　このような資源の不分割性により，企業は一般的に現行事業では使い切れない資源，能力を保有している（伊丹，1985a, p.67）。

　第2に，1つの事業を行うには複数の設備や機械が必要であるが，その効率的生産規模はほとんどの場合，これらの資源間で一致していない。各資源を遊休なく活用しようとすると，基本的には全体の生産規模を各資源の効率的生産規模の公倍数とせざるを得ない。このような場合企業は需要を超える過剰能力を抱えてしまうことになる（Penrose, 1959, pp.68-71；伊丹，前掲書，p.73；森本，1977, p.90）。

　ところで資源のなかには，誰かが使っていると他人は使えないという排他性がなく，また他者が使用することで目減りもしない「公共財的性格」を持つものがある。このような資源は同時多重利用が可能であり，また他事業が利用する際の費用も極めて小さい（伊丹，前掲書，p.67）。言ってみれば，こういう資源の未利用部分は無限であり，他の事業が極めて低いコストでいくらでも利用できる。つまり複数の製品・サービスの生産・販売に，ほとんど追加的な使用コストを発生させることなく当該資源を共同利用できるのである。このことが大きな範囲の経済性を生む。

---

(13)　アンゾフは，「シナジー効果」との関連でこのような費用の節約について述べているが，これは「範囲の経済性」の要因とみるのが適切であろう。

(14)　60％しか使う見込みがないからという理由で，ある生産設備の60％を購入しても，その設備は稼動せず，0％の能力しか発揮しない。したがって企業はこういう場合でも，設備全体を購入せざるを得ない。

技術，ブランドなどの無形資源はこのような性格が強く，全体としての使用コストを増大させずに複数の事業間で共有共用することが可能である。したがって個々の事業を別々の企業で各々の技術，ブランドで営むよりも，同一企業でそれらを運営する方が経済的に有利な場合が多い。たとえば企業は，「材料科学の問題解決法をさまざまな製品の製造に用いることもできるし，顧客への評判からくるポジション優位性を多数の事業部門に活用することもできる」(Saloner, Shepard & Podolny, 2001, p. 364；邦訳，p. 449)。このような公共財的性格を持つ無形資源については，共有共用の可能性が極めて大きく，大きな範囲の経済性をもたらす基盤となる。(15)

　ただし有形資源にも，このような公共財的性格の強いものがある。たとえば通信回線がその典型である。すなわちデジタル化してしまえば，基本的には同じ回線でどんな情報でも扱える。そのためケーブルテレビ会社がケーブルテレビ用の回線を使ってインターネットのプロバイダー事業，VOD（Video On Demand）事業に参入することも可能で，実際そのような多角化を行っている企業も多い。この方が，別の専用回線を敷設して参入する場合よりも圧倒的にコストが低く，有利なのである。しかもプロバイダー事業，VOD事業を始め

---

(15) サローナー＝シェパード＝ポドルニー (2001) によれば，技術やブランド等の共有共用により大きな範囲の経済性を実現している企業の代表例としてビックがあげられる。彼らは具体的には，次のように述べている。「ビックが使い捨てのライターとボールペン両方を製造・販売する費用は，生産工場や機械を共有したり，同一素材を大量に仕入れることによって値引きが得られたり，ボールペンの生産技術をライターに転用して範囲の経済を実現できたりすることから，別々の会社が製造・販売する費用よりも低くなる。また，ボールペンとライターの需要に相関性がなければ，ライターの需要が少ないときにボールペンを生産し，またその逆をすることによって，稼働率も高くなる。範囲の経済はブランド・ネームや流通チャネルの確立からも生じる。ビックはもともとボールペン・メーカーだが，使い捨てのボールペンとライターの販売チャネルが共通するので，ビックのブランド・ネームでライターを製造・販売する限界費用は，新たにライターのブランド，販売組織，流通網をつくるよりもはるかに安い」(Saloner, Shepard & Podolny, 2001, p. 230；邦訳，p. 283)。

たからといって，従来のケーブルテレビ・ビジネスがマイナスの影響を受けるわけではない。

　管理者の能力，管理ノウハウなど，ペンローズ（1959）の言う管理用益（managerial services）に関しても，範囲の経済は発生しうる。既存の事業で活かしきれていないこれらの能力やノウハウを新事業の経営に活用でき，かつ活用したことにより既存事業の経営に悪影響が及ばないならば，そこには範囲の経済性が存在することになる。悪影響が及ばないどころか，そのような活用は能力やノウハウのさらなる伸展を促し，当該企業がそれを基盤に一層成長する可能性もある。つまり事業の拡大が管理者のナレッジ蓄積を促進し，管理用益の潜在的な利用可能性を高め，それが当該企業の成長基盤となるのである（Penrose, 1959, pp. 76－79）。

　このようなマネジメント能力の活用度が向上することによる範囲の経済性は，アンゾフ（1965）によっても指摘されている。彼によれば，「ある企業におけるトップ・マネジメントの才能が現在の経営面でじゅうぶんに活用しつくされていない場合（余力がある場合）や，その訓練と経験が適切である場合には，それは新しい分野の経営の最も重要な成分となることができる」（Ansoff, 1965, p. 85；邦訳, p. 106，（　）内の補足はアンゾフによる）。企業は新しい事業を始める際に，新たにマネジャーを雇い入れることなく，従来のマネジャーでこれを経営しうる。そしてマネジャーはそれまでの事業経営で身につけたナレッジを新しい事業に応用しうるし，新しい事業を経営する過程でさらにナレッジを充実させ，それを従来の事業やまた別の新規事業に活かすこともできるのである。

　多角化によって得られる経済的効果の1つは，このような範囲の経済性である。すなわち，「企業が資産を多様な用途で用いることができるという考え方は，多角化の理由としてよくあげられる」（Saloner, Shepard & Podolny, 2001, p. 364；邦訳, p. 449）。

(3) シナジー効果

シナジー効果 (synergy) とは,異なる資源間,異なる活動間の関係から生じる相乗効果をさす。アンゾフ (1965) によれば,これは「部分的なものの総計よりも大きな一種の結合利益を生み出すことのできる効果」(Ansoff, 1965, p. 79 ; 邦訳, p. 99) と定義できる。

たとえば,ある同じ場所で夏はゴルフ場,冬はファミリー向けのゲレンデとしてスキー場を経営した場合,夏にゴルフをして満足し,かつ冬にそこでスキーができることを知った者は,冬にもそこに訪れるようになる。同様に冬のスキー客のなかにも,夏にこの施設を利用する者が現れる。したがって,どちらか片方だけを経営した場合の売上の和よりも,両方を兼営した場合の売上の方が大きくなる。このように,一企業がA事業とB事業を経営した場合の売上が,A事業とB事業を別々に経営した場合の売上合計を上回るときには,シナジー効果があることになる。一般的には,「1＋1＞2」あるいは「1＋1＝3」というように表現される。

ただし複数の事業の結合により必ずプラスのシナジー効果が生じるとは限らず,結合形態によってはこれがマイナスになる場合もある (Ansoff, *ibid.*, p. 81 ; 邦訳, p. 101)。すなわち片方の事業の存在が,他の事業の収益性を低めてしまう場合,そこにはマイナスのシナジー効果が存在することになる。[16]

たとえば焼酎メーカー最大手の宝酒造は,1957年にビール事業に進出した

---

[16] 上野 (1997) は,マイナスのシナジー効果を単純に否定的に捉えるのは不適切であるし,短期的にはシナジー効果がマイナスであっても長期的にみればこれがプラスになることもありうるとしている。彼は具体的には次のように述べている。「マイナスのシナジーと言われているものをいかにうまく,企業にとって有効なもの,また違った視点からのプラスのシナジーに変えていくかが,戦略の課題といえる。関連があまりない事業間に起こるマイナスのシナジーは,短期的には収益にとってマイナスである。しかしながら長期的成長,あるいは存続にとっても負の効果を持つものかどうかはわからない」(上野, 1997, p. 58)。なお,本書ではこれ以降,ただ「シナジー効果」と記した場合には,プラスのシナジー効果をさすものとする。

が，既存の設備でビールを生産できなかったため，ビール工場の建設費が負担になり利益率が低下した。また焼酎メーカーとしての企業イメージも悪化した。実際はそのようなことはないのに，ビールを出した途端に宝酒造の焼酎はまずくなったということを口にする顧客もいた。このため1961年に，宝酒造はビール事業から撤退し，この多角化は失敗に終わった。この事例は，事業間シナジー効果がマイナスになったケースであり，既存事業と新事業の間のシナジー効果がマイナスになると多角化はうまくいかないことを示している。[17]

なお，シナジー効果ということばは広義に使われるし，実際，この効果は販売，生産，研究開発等の各機能においても発生しうる。またその効果は収益に現れるとは限らず，これが生産性，シェア，新製品開発，アイデアの創出，その他に関して生じることもある。一例をあげると，複数の研究開発組織の間で密接なコミュニケーションが行われることにより，知的触発が双方に起こり，アウトプットの数や質が向上するとき，そこにはシナジー効果があるとみなすことができる。

第3節　業種の選択

ドメインの定義は，その企業が経営する事業の種類すなわち「業種」に大きな影響を及ぼす。ドメイン定義に深耕性があれば，その企業の業種は時代とともに変化する可能性があるが，ある1つの期間においてはドメインは業種を規定する大きな要因となる。たとえば，「都市に住む人々に，道路交通による移動機能を提供するビジネス」とドメインを定義したとすれば，現代においては

---

[17] 宝酒造が撤退した2年後，つまり1963年に，ビール事業に参入したのがサントリーである。サントリーの当時の社名は寿屋だったが，ウィスキーの寿屋というイメージが強すぎ，宝酒造と同じように企業イメージが拡散，悪化する危険性があった。そこで寿屋は，社名をサントリーに変え，ウィスキー専業メーカーから総合酒類メーカーに脱皮したことを消費者に印象づけた。

その企業の業種はおのずとバス，タクシー等の旅客陸運業となる。

　このようにドメインと業種は密接に関連する一方，両者は基本的には，各企業が主体的に「選択する」ものである。ほかの企業の完全子会社でもない限り，他社からドメイン定義を与えられたり，経営する業種を指定されるということはあり得ない。企業は保有する資源と能力を熟慮して，自らの判断でこれらを設定しなければならないのである。

　ただし実際には，このような業種選択には大きくみていくつかのパターンがあり，これらは業種選択上の基本戦略，ある種のドメイン戦略とみなすこともできる。具体的にはこれには，本業のみ（専業戦略），売買関係のない複数事業（多角化戦略），売買関係のある複数事業（垂直統合戦略）がある。⒅

(1) 専業戦略と多角化戦略

　専業戦略とは本業だけを経営するドメイン戦略をさし，多角化戦略とは複数事業，特に売買関係のない複数事業を経営する戦略をさす。⒆

　多角化には，次のようなメリットがある。これらは見方によっては，多角化の要因，すなわちこれがあるために多角化が行われるという多角化の契機あるいは促進要因であるとも言える。

　第1に，余剰資源や遊休設備を有効利用できるということである。つまり既存事業で資源を十分に利用していないとき，別の事業でそれを活用することにより，範囲の経済が生じる。たとえば化学品メーカーのデュポンはもともとは火薬メーカーだった。ところが，第一次大戦が終わった際，人員・設備に余剰が生じたため，塗料事業，繊維事業に進出した。これをきっかけに，同社は総合化学品メーカーへと飛躍した。多角化はこのように，余っている資源やフル

⒅　垂直統合における売買関係には，ある事業の製品が他の事業の原材料となるという関係が多い。

⒆　厳密に言えば，多角化は売買関係のない複数事業を経営している「状態」，売買関係のない事業への進出という「行為」，およびそれらを導く「戦略」をさす。

に活用できていない能力を別のビジネスに利用した場合には，資源と能力の有効利用につながり，範囲の経済が実現する。

　このような範囲の経済は，規制緩和後の金融業界における多角化にもみられた。具体的には，金融の規制緩和により，直接金融と間接金融の壁いわゆる「ファイヤーウォール」，保険業界における生保と損保の垣根がなくなったため，現在，銀行の支店が窓口で保険ビジネスを行い，損害保険の外交員が生命保険や外貨建て年金商品を売り込むというような光景が当たり前になっている。前者は同じ店舗で，後者は同じスタッフで複数のビジネスを展開しているので，そこには範囲の経済性があることになる。

　第2に，これもある種の範囲の経済性とみなせるが，副産物の有効活用ができるということである。たとえばビールの製造過程では，発芽した大麦，いわゆるモルト（麦芽）の殻やかすが大量に発生する。ビールメーカーの多くはこれをそのまま捨ててしまわずに，肥料や動物用飼料に加工して販売している。つまりほとんどのビールメーカーはモルトの殻，かすという副産物を利用して，ビール事業と肥料・飼料事業という多角化を行っている。両方の事業を経営することにより，モルトのフル利用が実現しているのである。

　第3のメリットは，シナジー効果を追求できるということである。これは前述したように，異なる資源間，異なる活動や事業間の関係から生じる相乗効果をさす。たとえば同じ企業が鉄道事業とその沿線における不動産の分譲ビジネスを行っている場合，鉄道があることにより不動産の価値が高まり，また住宅購入者が増え，一方，沿線に住宅ができることにより鉄道の客が増える。したがって，どちらか片方だけを経営した場合の売上の和よりも，両方を兼営した場合の売上の方が大きくなる。実際，多くの鉄道会社は不動産事業を営み，このようなシナジー効果を追求している。

　第4に多角化には，財務的な安定性向上，すなわちキャッシュフローを平準化し，事業間で資金を融通できるという効果が期待できる。つまり企業が長期的に存続し成長するためには，企業活動を支える十分かつ安定したキャッシュフローが必要であるが，多角化によりこれが確保されることがある。

これには，3章で取りあげるPPM理論がその重要性を指摘しているような資金供給源的な事業（金のなる木）から投資が必要な成長中の事業（問題児）へのキャッシュフローもあるし，資金余剰になっている事業と資金不足になっている事業との間でスポット的かつ相互的に資金を融通するという関係もある。外部からの資金調達よりも，一企業内での資金融通の方が低コストなので，多角化はこのような内部資本市場（internal capital market）を成立させることにより，企業の財務的安定性を向上させるのである（Besanko, Dranove, Shanley & Schaefer, 2004, p. 178）。

多角化には以上のようなメリットがあるが，裏を返せば，以上のようなメリットが得られないというのが，専業戦略の短所ということになる。[20]

一方，多角化には次のようなデメリットがある。これらは，これらがあるために企業が多角化をためらう多角化の阻害要因でもある。逆に言えば，これらがないというのが専業戦略の長所である。

第1に，企業としてのアイデンティティ，求心力が低下する場合があるということである。特に関連性の弱い多様な事業を保有している企業は，価値観や信念，技術や市場が異なる事業の単なる寄せ集めになりかねない。[21] このことがセクショナリズム等の弊害を生むこともあるし，6章で述べるような事

---

[20] このほかに多角化のメリットとしてよく指摘されるのは「危険の分散」である。すなわち，「1つの製品分野に企業の資源をすべて投下するのではなく，いくつかの分野に分散投資をすることによって全体としての危険を小さくしようとする試み」（伊丹，1985a, p. 71）として多角化を考える立場もある。しかしながら，「もし多角化した新分野が既存分野と全く同じような需要動向や技術の動向をもつのであれば，多角化によってこの企業の危険はかえって大きくなってしまうこととなる」（伊丹，前掲書，p. 71）。このように事業の関連性等によって危険分散に関する効果は正反対になりうるので，本文ではこれを多角化のメリットとしては取りあげていない。

[21] この点に関し，伊藤・須藤（2004）は，「それぞれの性格の異なる事業を幾つも傘下に持つ企業では，企業として全体を貫くアイデンティティをしっかりと定義し，そのアイデンティティの下に1つの企業として一緒にいる意味を常に問いかけていく必要がある」（伊藤・須藤，2004, p. 15）としている。

業横断的なコア・コンピタンスの活用を妨げることもある。

　第2に，対外的なブランドイメージや企業イメージが拡散・悪化する危険性があるということである。たとえばSONYというブランドは，高画質・高音質・マルチメディアというイメージが強すぎるために，ソニーは映像・音響・情報機器以外の事業への進出に，慎重にならざるを得ない。ソニーの1つの重要な強みはこのようなブランドイメージ，企業イメージにあるから，同社はこれを守る必要がある。たとえば同じ家電であっても，洗濯機や冷蔵庫の生産に乗りだせば，SONYブランドのイメージは拡散してしまうであろう。

　第3に，多角化当初における利益率の低下である。多角化には多額の投資が必要である一方，新事業が採算ラインに乗るまでには時間がかかる。投資はすぐにしなければいけない一方，収益はすぐにあがるわけではないので，多角化の直後においては多くの場合，企業の業績は悪化する。多角化を成功させる1つのポイントは，新事業が軌道に乗るまでの苦しい期間を乗りきれるかどうかにある。

（2）垂直統合戦略

　垂直統合戦略とは，製品あるいはサービスの売買関係のある複数事業を経営するドメイン上の戦略をさす。このうち製品の売買関係については，ある事業の製品が他の事業の原材料となるという関係であることが多い。[22]

---

[22] 厳密に言えば，多角化と同様に垂直統合も，売買関係のある複数事業を経営している「状態」，売買関係のある事業への進出という「行為」，およびそれらを導く「戦略」をさす。なお，伊丹（1985a）によれば，多角化するか否かはどの製品市場を事業の対象とするか，どれくらい多様な分野に進出するかという「製品市場に関する決定」（伊丹，1985a, p.61）である。それに対し，垂直統合するか否かはどの部品を内製しどの工程を外注に回すか，あるいは業務の流れ全体のなかのどの活動を企業内活動としどの活動を外部に任せるかという「業務構造の決定」であるという（伊丹，1985b, pp.85-86）。後に詳しく述べるように，ベサンコら（2004）も同様の立場で垂直統合について考察している。

垂直統合は，自社に対する売り手である事業を経営（進出）する後方統合（川上統合），自社商品の買い手である事業を経営（進出）する前方統合（川下統合）にさらに分類できる。たとえば建設会社が鉄鋼会社の経営を始めた場合には後方統合であり，建設会社が不動産事業に乗り出した場合には前方統合となる。

垂直統合の長所と短所とは，どのようなものであろうか。ベサンコら（2004）は，内製・外注の決定問題として，この考察を行っている。彼らによれば，企業はある製品に関する垂直チェーン（vertical chain），すなわち原材料が調達され，当該製品が生産され，流通経路にのせられて販売されるという一連の流れ全体を自ら担うとは限らない。そして，「ある活動を自社で行うか，他社から買うかの意思決定は内製・外注の決定（make-or-buy decision）と呼ばれる。『内製』は企業がその活動を自ら担うことを意味する。『外注』は，たいていは契約のもとで，その活動を遂行する他社に依存することを意味する」（Besanko, Dranove, Shanley & Schaefer, 2004, p. 106）。

多くの企業が製造，販売，アフターサービスなどを自ら行う一方で，市場の企業（market firms），すなわち市場でこれらのうちいずれかを専門的に担う企業から，1つないし複数の活動を外部調達する企業もある。その最も大きな理由は，その活動に関して専門企業が自社よりも優れているからということである。つまりそのような市場の専門企業は，当該市場における厳しい試練にさらされており，生き残るために事業活動が効率的で創造性に富むことが多い。一方，垂直統合企業において他の活動とともに社内で行われている場合には，各活動の非効率や創造性の欠如は会社全体の成功に覆い隠されてしまう（Besanko, et al., *ibid.*, pp. 109–110）。

このようなことから，専門企業に任せることにより，効率性のよい活動や業務を確保できる場合が多い。たとえば多くのメーカーが流通専門会社を利用するのは，効果的なマーケティング，確実かつ素早い低コストでの流通が期待できるからである。

また垂直統合には，そのつど適切な取引相手を選ぶことができないというデ

メリットもある。先に出した例の場合，建設会社はほかに有利な調達先があっても，自社の鉄鋼事業からビル建設に使う鉄鋼を買わなければならない。また完成したビルは，探せばより高い価格で買ってくれる不動産会社が見つかる可能性があっても，自社の不動産事業に売却しなければならない。不動産事業からみても，原則として自社建設部門からビルを購入することを強いられる。

しかし外部調達は，垂直チェーン内の各活動間の調整費用を大きくする。また外部の専門企業に業務を委託すると，機密情報が漏洩する危険が生じる。外部企業との取引においては，社内取引では負担しなくてすむようなその他の費用も発生する (Besanko, et al., *ibid.*, p. 110)。取引コストという点では，垂直統合の方が有利なのである。[23] このように垂直統合のもとでは，取引が内部化，つまり社内取引化されることにより，モノやサービスの売買が円滑に行われるようになる。

さらに垂直統合を前述したように前方統合と後方統合に分けた場合，後方統合には，原材料が安定的に調達できるようになるというメリットがある。一方，前方統合には販売先の確保，市場への接近というメリットがある。そしてこのような市場への接近によって，ニーズやトレンドなどの市場情報が迅速かつ正確に入手できるようになる場合がある。すなわち，現在，市場で何が求められているか，何が流行しているかといった情報を入手しやすくなる。

第4節　成長ベクトルとしての多角化

アンゾフ（1957）は，ドメイン概念として製品と市場を取りあげ，これらに

---

[23] このような市場における取引費用の存在と，取引を企業組織に内部化することの利益を最初に指摘したのはコース（1937）であり（Coase, 1937, pp. 390-393；邦訳, pp. 44-47），ウィリアムソン＝ワチター＝ハリス（1975）は取引費用発生の主たる原因を取引主体間の情報偏在とそれにともなう機会主義であると分析した（Williamson, Wachter & Harris, 1975, pp. 258-259）。

よって企業の成長ベクトルは4つに分類できるとした。彼によれば，企業は製品と市場に関する4つの組合せ，すなわち4つの成長ベクトルに関し，特定環境のもとにある自社にとってどれが有利かを比較検討しなければならない(Ansoff, 1957, p.114)。個々の成長ベクトルは，次のように説明される。

第1の成長ベクトルは，市場浸透(Market Penetration)である。「市場浸透は現行の製品－市場戦略から離れず，売上の増大に努めるベクトルである。ここでは企業は，現在の顧客に対する販売量を増やすか，あるいは現行の製品を販売する新しい顧客を開拓することで，業績を向上させようと試みる」(Ansoff, ibid., p.114)。[24] すなわち企業は現行の製品系列と製品の構造や規格・基本的デザイン，販売する市場を変えずに，販売促進の強化により，売上を増やすことができる。製品の種類や形状，販売市場は従来通りであっても，宣伝広告等により，同一顧客による購入頻度を増やしたり，当該市場で顧客数を増大させる（シェアを高める）ことにより，その製品の売れ行きを伸ばすこともできるのである。

第2の成長ベクトルは市場開発(Market Development)である。「市場開発とは，現行の製品ライン（一般的には何らかの多様性を持つ）を新しい市場に投入しようと試みる戦略である」(Ansoff, ibid., p.114, （ ）内の補足はアンゾフによる)。つまり現行の製品をこれまでとは異なる市場に売りこむというのが，この市場開発である。典型的には販売エリアを拡大するというのがこの成長ベクトルであり，それが国境を越える形でなされる場合には輸出（国際化）となる。

第3の成長ベクトルは，製品開発(Product Development)である。「製品開発は現行の市場を維持しつつ，今までの製品と異なる特性を持つ新製品を開発することにより企業を成長させるというベクトルである」(Ansoff, ibid., p.114)。ただしここでの開発は，自らいわゆる「研究開発」を行うことを必ずしも意味

---

[24] 市場浸透の定義上，この場合の「新しい顧客」は現行市場にいる潜在的顧客をさす。

しているわけではない。もちろんそのような新製品の創造も開発にあたるが，社外の製品情報を収集し今まで扱ってこなかった製品を外部から調達して売るようにするといった場合もこれに含まれる。そしてこのような広義の開発を大規模かつ積極的に行うと，その企業の製品系列は一変することになる。

　第4のベクトルは，多角化（Diversification）である。「これは現行の製品ラインから離れると同時に，現行の市場構造（market structure）からも離れる戦略である」（Ansoff, ibid., p. 114）。多角化戦略をとる企業は，製品と市場の両方に関してそれまでのパターンを壊し，新たな資源と能力の蓄積・活用を必要とする別領域に参入する。すなわち新しい製品ラインと新しい市場に資源と能力を展開しなければならない点で，多角化は他の3つの成長ベクトルとは明らかに異なる。

　アンゾフによれば，これら4つの成長ベクトルは企業が将来に向かって成長する道筋を個別に示しているが，現実には企業は同時に複数のベクトルを追求することもできるという（Ansoff, ibid., p. 114）。たとえば現実の企業は現行の製品を一定の市場セグメントに浸透させるために積極的にマーケティング活動を行う一方，それと並行して現行製品の価値をなくしてしまうような新製品の開発を試みていることもある。換言すれば，1章で述べたように，現在の環境における適応を図るのと同時に，創造的破壊を模索する企業も存在するし，また経営戦略の策定と遂行においてはそのような視点が重要であると言える。

　ただしあえて誤解を恐れずに言うならば，アンゾフは成長ベクトルの選択という意思決定問題を簡単に捉えすぎていたかもしれない。というのは，前述したように彼は，4つの成長ベクトルに関し，特定環境のもとにある自社にとってどれが有利かを比較検討しなければならない（Ansoff, ibid., p. 114）としたが，実際には成長ベクトルは保有している資源と能力に大きく規定されると考えられる。たとえば効果的なマーケティングを展開するケイパビリティがなければ成長ベクトルとして市場浸透を選択することは難しいし，市場特に顧客ニーズに関するナレッジが蓄積されていないのに市場開発を行ってもうまくはいかないだろう。同様に製品に関する情報を収集したり新しい製品を創造するコンピ

タンスがないのに製品開発を選択するのは合理的でないし,新事業の土台となる資源・能力がなければ多角化することは困難である。このように成長ベクトルの選択にあたっては,どのような環境に置かれているかということのほかに,どのような資源と能力を保有しているかということ,むしろこちらの方が考慮されなければならないのである。

第5節　ドメイン戦略の形態と業績

(1) 収益比率と技術・資源に基礎を置いた分析

業種でみたドメイン戦略には,事業間の関連性や垂直性に注目すると,色々なタイプのものがある。そして事業間の関係が違えば,同じ多角化というドメイン戦略であっても,得られる経済的効果,たとえば2節で述べた規模の経済性,範囲の経済性,シナジー効果も異なるから,業績にも違いがみられるはずである。

実際のところ,ドメイン戦略の形態と業績の間には,どのような関係があるのだろうか。この問題に本格的に取り組んだ初期の代表的研究として,ルメルト(1974)があげられる。彼は1949年から69年にかけて『フォーチュン』誌の大企業500ランキングに入った企業を対象に,この問題に関する包括的な実証分析を行った。この研究では,ドメイン戦略を分類する基準として専門化率,関連率,垂直率が取りあげられた。

より具体的には,専門化率は主力事業の収益がその企業の全収益に占める比率で,関連率は最大の関連事業グループの収益がその企業の全収益に占める比率である。そして垂直率は,垂直統合された事業グループの収益がその企業の全収益に占める比率である。

さらに事業の関連性については,各事業が技術や製品特性でみて他の1つの事業だけに関連している場合は「連鎖的関連性」(linked relatedness),すべての事業が相互に直接的な関連を持っている場合,少なくともある1つの事業が他のすべての事業に関連している場合は「集約的関連性」(constrained relatedness)と定義されている(Rumelt, 1974, p.29;邦訳, p.42)。[25]

　これら3つ,すなわち専門化率,関連率,垂直率を基準にして,業種選択上の戦略は以下の4タイプ,9カテゴリーに分類される。端的に言えば,このうち1は専業戦略の企業群,2は垂直統合戦略と本業中心戦略の企業群,3は関連多角化の企業群,4は非関連多角化の企業群である。

1　「単一事業」企業：基本的には単一事業だけを経営する企業。専門化率の高さ(95％以上)に特徴づけられる。

2　「主力事業」企業：ある程度は多角化しているが,2(a)以外は収益のかなりの部分(70％以上)を単一事業から得ている企業。

　2(a)「垂直的－主力」企業：垂直統合企業(垂直率70％以上)で,非単一事業の企業。

　2(b)「集約的－主力」企業：多角化事業の大部分はすべて相互に関連しているか,あるいは主力事業に関連している非垂直的「主力事業」企業。[26]

　2(c)「連鎖的－主力」企業：多角化事業の大部分と主力事業の間に直接の関連はないが,各事業がその企業の他のいずれかの事業と何らかの関連を有している非垂直的「主力事業」企業。[27]

---

[25]　前者の事業関連性は後者のそれに比べて有機性が低いと言えるから,後に紹介する吉原・佐久間・伊丹・加護野(1981)が名付けているように,前者は「拡散的関連性」とも呼べるだろう。なお,「集約的関連性」は邦訳書では「抑制的関連性」と訳されている。

[26]　このカテゴリーの企業は,「本来の主力活動と関連したなにか特定の強み,技術,資源にもとづいて多角化した」(Rumelt, 1974, p.32;邦訳, p.42)とみなされる。さらにこのような集約的多角化は,経営者の意思決定を反映した,コントロールされた多角化であるとみなすこともできる(Rumelt, *ibid.*, p.123;邦訳, pp.160－161)。

[27]　このカテゴリーの企業は,「いくつかの異なった企業上の強み,技術,資源にもとづいて,あるいは新たに獲得した強み,技術,資源にもとづいて多角化した」(Rumelt, *ibid.*, p.32;邦訳, p.43)とみなされる。

2 (d)「非関連-主力」企業:関連率の低い非垂直的「主力事業」企業。言い換えれば,その多角化活動の大部分が主力事業と関連がない非垂直的企業。

3 「関連事業」企業:多角化した非垂直的企業で,専門化率は70%未満,関連率は70%以上。[28]

 3 (a)「集約的-関連」企業:各事業が他のほとんどすべての事業と関連している「関連事業」企業。[29]

 3 (b)「連鎖的-関連」企業:各事業が他の1つの事業とだけ関連を持ち,広がりのある事業分野で活動する「関連事業」企業。

4 「非関連事業」企業:新事業と既存事業の関連性が低い多角化が行われている非垂直的企業。関連率は70%未満。

 4 (a)「受動的-非関連」企業:取得型コングロマリット(次の定義参照)とみなされない「非関連事業」企業。

 4 (b)「取得型コングロマリット」企業:関連性のない新事業の吸収によって多角化した「非関連事業」企業。[30]

(Rumelt, *ibid.*, pp. 30-32;邦訳, pp. 42-43)

---

[28] このタイプの企業では,「多角化は主として新事業を旧事業部門に関連づけることによって達成されている」(Rumelt, *ibid.*, p. 32;邦訳, p. 43)とみなされる。

[29] このカテゴリーの企業は,「主として,新事業をある特定の中心的な技術や資源に関連づけることで多角化した」(Rumelt, *ibid.*, p. 32;邦訳, p. 43)とみなされる。

[30] ルメルトはこのカテゴリーのより厳密な定義を次のように示している。「より正確には,このような企業は,過去5年間にわたって以下の条件を満たすものと定義される。(1) 1株当り利益の平均年成長率が,少なくとも10%であること。(2) 少なくとも5件の吸収を行い,そのうち少なくとも3件は,その企業の活動を過去の活動とは関連のない事業にと向けさせたものであること。(3) 新株式を発行し,しかもその総価額(発行時点での市場価格を使って)が,少なくとも同一期間に支払われた普通株式配当金の総額と同じ大きさであること」(Rumelt, *ibid.*, pp. 32-33;邦訳, pp. 43-44, ( )内の補足はルメルトによる)。

なお，実証分析においては，サンプル数の関係から，「連鎖的－主力」企業群と「非関連－主力」企業群が1つのカテゴリーにまとめられ，「連鎖的・非関連－主力」企業群とされている。分析の中心をなしているのは，これら「単一」企業群，「垂直的－主力」企業群，「集約的－主力」企業群，「連鎖的・非関連－主力」企業群，「集約的－関連」企業群，「連鎖的－関連」企業群，「受動的－非関連」企業群，「取得型コングロマリット」企業群別に，リスク・プレミアム比率（RPR），投下資本利益率（ROC），1株当り利益の伸び（GEPS），自己資本収益率（ROE）を算出し，比較するというものである。[31]

このような分析を行った結果，「集約的－主力」群と「集約的－関連」群が，4つの測定基準でみて，最も高い成果をあげているということが明らかになった。他方，「垂直的－主力」群，「連鎖的・非関連－主力」群，「受動的－非関連」群の業績は4つの指標すべてにおいて低かった。これらの結果から，専業戦略および垂直統合戦略をとらず，ある程度多角化が行われ，かつ事業間に高い有機的関連性（集約性）のある企業が，高業績をあげているということがわかった。

ルメルトによれば，業績がよいということが明らかになった「集約的－主力」群と「集約的－関連」群は，トップマネジメントの意思決定を反映した，コントロールされた多角化を行っている企業群である。その専門化率（主力事業の比率）は前述したように70％以上，95％未満と定義づけられていた。すなわち，「これらの企業は，単一の事業を志向しているわけでも，また完全な多角化を行っているわけでもなく，その戦略は，その行っている事業のすべてに共通な若干の製品や技術や市場の特徴と関連し，またそれから強味を引き出せる

---

[31] このうち，リスク・プレミアム比率（RPR）は，RPR＝（GEPS－0.015）／SDEPS と定義されている（Rumelt, *ibid*., p. 103；邦訳，p. 134）。ただし，ここでGEPSは1株当りの利益の伸び，SDEPSは1株当り利益の年成長率の相対的標準偏差を意味する。SDEPSは1株当り利益成長率の変異性であるから，RPRは簡単に言えば，利益の不安定性（変動性）に対する利益成長率を1株当り利益で見る指標で，値が大きい方が望ましいということになる。

ような事業活動だけを行おうとする，経営者の意思決定を反映している」(Rumelt, ibid., p. 123；邦訳, pp. 160 − 161)。

さらに付言するならば，「これらの企業は，しばしば新製品を開発し新事業に進出するけれども，マネジメントが精通していないような事業分野に投資することを嫌う」(Rumelt, ibid., p. 151；邦訳, p. 200) という傾向がある。両カテゴリーの業績の高さはそのような，「自ら選択するというプロセスと大いに関係があるだろう」(Rumelt, ibid., p. 124；邦訳, p. 161) というのがルメルトの解釈である。[32]

吉原・佐久間・伊丹・加護野 (1981) は，ルメルトと同様の実証分析を日本企業に対して行った。具体的には，分析対象とされたのは鉱工業業界に属する日本の大企業118社で，先に紹介したルメルト (1974) に依拠してドメイン戦略が次のようにカテゴリー化された。[33] そして各カテゴリーの収益性が投

---

[32] 6章で取りあげる資源ベース戦略の観点では，「集約的−主力」群と「集約的−関連」群が高い業績を示しているのは，トップマネジメントが多角化に関する意思決定において主体的役割を果たし，多角化の方向を自社の保有している資源と能力を活かせる事業分野に限定しているためであるとみることができる。逆に言えば，資源と能力の蓄積が進まないと，その企業の事業ドメインは一定の範囲に限定され，拡大の可能性が制約されることになる。一方，何らかの理由で企業が多角化を迫られた場合に，その参入先が現在の事業と関連性を持つとは限らない。たとえばIBMはコンピュータ事業における優位性を維持するために，OS事業への参入を迫られたが，両事業では必要な能力，人材が異なっていた。そのため同社のOS/2はウィンドウズとの競争に敗れた。また現在属している業界全体の成長が頭打ちになった場合にも，企業は新事業への進出を余儀なくされる。そのようなときにも，進出先が現行事業と関連性を持つかどうかはわからない。上野 (1997) のことばを借りるならば，むしろ「脱成熟化のための，新たな分野への多角化は，ある程度の新規性を当然伴うものであり，新規性が高いほど関連の程度も低くなる。現代はそのような多角化が要求されているのであり，問題はこのマイナスのシナジーをいかに企業の成長に結び付けるかにある」(上野，1997，p. 58)。多角化の土台として資源と能力が本質的重要性を持つことは確かであるから，企業はそのような新規事業への参入に備えて多様な資源と能力，あるいは柔軟性・汎用性が高く，ある意味でスケールの大きい資源と能力を蓄積しておく必要がある。

下資本利益率（ROC）と自己資本利益率（ROE）で，成長性が売上高成長率（GSL）と利益成長率（GER）でみられた。

1　専業戦略（Single）
2　垂直的統合戦略（Vertical）
3　本業中心多角化戦略（Dominant）
　①集約的なもの（Dominant-Constrained）
　②拡散的なもの（Dominant-Linked）
4　関連分野多角化戦略（Related）
　①集約的なもの（Related-Constrained）
　②拡散的なもの（Related-Linked）
5　非関連多角化戦略（Unrelated）

（吉原・佐久間・伊丹・加護野，1981，p.14）

　ここで彼らは，集約型と拡散型の区別について，次のように述べている。すなわち，「集約型は関連が網の目状に緊密にある時で，少数の種類の経営資源をさまざまな分野で共通利用するような多角化のタイプである」（吉原他，前掲書，p.15）。つまり集約型の関連性というのは事業間の結びつきが多対多で，密接である場合をさす。A事業とB事業，C事業が相互に関連し，しかも資源や技術のかなりの部分が3事業間で共有共用されているというのが集約型の関連性である。

　一方，「拡散型では，さまざまな経営資源が企業内に蓄積され，緊密な共通利用関係が生じることなく，保有する経営資源をテコに新分野に進出，その新分野で蓄積した経営資源をベースにさらに新しい分野に進出する，というパターンが1つの典型かと思われる」としている。A事業で蓄積された資源や技術からB事業が生まれ，B事業の発展型としてC事業がスタートしたが，A事業

---

(33)　彼らの研究では，コングロマリットというカテゴリーは設定されておらず，また非関連多角化に集約型と拡散型の区別は設けられていない。

とC事業の間にはほとんど関連がないというのが拡散型の関連性である。[34]

　各カテゴリー別に業績を調べた結果，投下資本利益率（ROC）でみても，自己資本利益率（ROE）でみても，収益性は「本業－集約」型と「関連－集約」型で高くなった。この結果は，ルメルト（1974）とほぼ同じである。特に投下資本利益率については，日米間の相関係数すなわちルメルト（1974）との相関係数が高かった。ただし吉原らの分析結果では，自己資本利益率で「本業－拡散」型も高い値を示した。この点はルメルト（1974）と異なる。

　成長性については，売上高成長率（GSL），利益成長率（GER）ともに「関連－集約」型と「関連－拡散」型の数値が高く，本業中心よりも，本業比率が低くより多角化が進んだ企業の方が成長性はおおむね高いという結果になった。日米間相関は利益成長率では高いが，売上高成長率では低かった。この理由について，吉原らは「おそらくデータの対象期間の両国の経済成長の速度，産業構造の変化と無関係ではないだろう」（吉原他，前掲書，p.161）と考察している。

　より具体的には，「日本では，関連・拡散型（RL），非関連型（U）の高度多角化企業が新規に進出して行った分野は，既存の産業分野というよりは，新しく生まれつつあった産業分野であった」ために，「多角化が成長増大とかなりストレートに結びつき得たのだろう」（吉原他，前掲書，p.161）という解釈がなされている。それに対し，「産業構造の変化が既に一段落し，ある程度の安定性をもつに至ったと思われる米国では，企業が高度の多角化をしても，進出分野での既存の企業との競争等のために，多角化の進展が成長増大に直線的には結びつき得なかったのではないだろうか」（吉原他，前掲書，p.161）と，彼らは推測している。[35]

　その後，同様の研究が加護野（2004）によって，家電，電子部品，事務機器，総合電機などの業界に属する上場企業を対象になされた。そこでは「コア事業」

---

[34] 前に紹介したように，ルメルト（1974）の邦訳では，これは「連鎖的」と称されている。

を持っているかどうかが，業績を規定する最も本質的な要因であるとされている。

　彼によれば，コア事業とは一般的にはその企業の売上に占める比率が70％以上の事業である。これだけをみると，ルメルト（1974）の言う「主力事業」（dominant business），吉原・佐久間・伊丹・加護野（1981）の「本業」と同じ概念である。

　しかしながら，売上比率が70％未満であっても，当該企業の発展と不可分ならばコア事業とみなせるという点で，これらは異なる。すなわち，「短期的にも長期的にも企業の根幹となっている主力事業」（加護野，2004，p. 6）が，彼の言うコア事業なのである。

　たとえばシャープの液晶事業は，売上比率70％という基準を満たしていないが，同社にとってコア事業であるという。同社の液晶事業は技術的な観点で市場のリーダーであるし，この事業はシャープという企業の存続と成長を大き

---

(35) カポンら（1988）は，技術や製品，資源の関連性で多角化を分類する代わりに，市場類似性の観点でこれを二分して実証分析を行っている。すなわち事業が消費者を対象としているか，他の企業を対象としているかによって，必要な能力は異なる（Capon, Hulbert, Farley & Martin, 1988, p. 61）。消費者向けの商品いわゆる消費財を扱う事業と，企業向けの商品いわゆる生産財を製造販売する事業では，必要なノウハウが異なるというのはある意味で当然である。この点を重視して，彼らはルメルト（1974），吉原・佐久間・伊丹・加護野（1981）が採用していた関連率の代わりに，カテゴリー比率（CR: Category Ratio）を導入して実証研究を行った。これは売上でみて消費者市場，企業市場のいずれか一方にどれ位ウェイトがあるかという比率で，どちらかの市場における売上が売上全体の80％以上を占める場合にはユニカテゴリー，80％未満の場合はバイカテゴリーと定義されている（Capon, et al., ibid., p. 65）。実証分析において，専業（単一事業）と分類されたのは13社，本業中心・ユニカテゴリーは20社，本業中心・バイカテゴリーは11社，多角化・ユニカテゴリーは49社，多角化・バイカテゴリーは19社であった（Capon, et al., ibid., p. 67）。これらの企業群の資本利益率，売上高成長率をみたところ，ユニカテゴリー企業，すなわち本業中心・ユニカテゴリー企業と多角化・ユニカテゴリー企業の業績が概して高かった（Capon, et al., ibid., p. 69）。

く規定するような存在であり続けてきたからである。

　加護野（前掲論文）によれば，コア事業を保有している企業はそうでない企業よりも業績が全体的によい。これはコア事業が市場において強固な競争力を持ち，高いシェアを持つために，収益の源泉としての役割を果たすからである。またコア事業は技術の供給源となり，当該企業の長期的な成長を支える（加護野，前掲論文，p.6）。

　さらにコア事業があることにより，事業間のシナジーが本社の調整によってではなく，事業レベルで自発的に生み出されるという。3節で述べたように，多角化の1つのメリットはシナジー効果が期待できるということであり，これをいかに大きくするかが多角化戦略を進めるうえで重要な課題となる。そしてコア事業のある企業では，非コア事業部門のメンバーが，「自分たちの部門の強化のためには，コア部門への投資やコア部門の競争力や技術力を利用することが得策だと考える」（加護野，前掲論文，p.7）傾向がある。そのためコア事業がある場合には，「事業レベルで自然発生的にシナジーが追及される」（加護野，前掲論文，p.7）。

　コア事業を持つことの重要性は，伊藤・須藤（2004）によっても指摘されている。そこではコア事業とは，「戦略顧客からの生涯利益フローを通じて自社に最も多くの継続的かつ安定した利益を生み出す事業あるいは事業群である」（伊藤・須藤，2004，p.14）と定義されている。

　そして彼らは，米国，イギリス，ドイツ，フランス，イタリア，オーストラリア，日本の主要企業を対象として，コア事業を持っているか否かによって業績にどのような相違があるかを分析した。すなわち売上，利益の両方に関して継続的成長を果たし，かつ資本コストを上回る株主価値を創出した企業を「持続的価値創造企業」と呼び，これに占めるコア事業保有企業の比率を調べた。

　より具体的には，対象期間（1988～98年）における売上と利益の成長率が5.5％以上で，投資家へのリターン（株価上昇率＋配当）が資本調達コストを上回っている企業のうち何％がコア事業，厳密には市場シェアが一定水準以上の市場主導的なコア事業を保有しているかということが算出されている。

その結果，持続的価値創造企業のうちそのようなコア事業を1つだけ持つ企業は78％，複数持つ企業は17％，関連性のない多様な事業を経営しコア事業を持たないコングロマリットは5％であった。[36]

　これを受けて彼らは次のような見解を示している。「既存市場の成熟化に伴って，新たな成長の柱を求めて新規事業に進出しようとする企業も多い。このような動きを決して否定するものではないが，持続的企業価値創造のカギは，既存のコア事業を離れることではなく，新たな視点でコア事業に再度向き合い，どのように自社の展開事業・領域の稜線を定めるかということにあるということも忘れてはならない真実なのである」（伊藤・須藤，前掲論文，p. 13）。つまり持続的に企業価値を高めるためには，やみくもに多角化を行うのではなく，コア事業とその周辺で獲得可能な最大利益（アップサイド・ポテンシャル）をしっかり追求することが重要であるというのが彼らの立場である。

　彼らによれば，自社にとって何がコア事業であるか，あるいは何をコア事業とするのかを考える際には，次の3つを検討しなければならないという。第1に，将来にわたって自社に継続的利益をもたらしてくれる戦略顧客は誰かということである。第2に，自社のコア・スキルは何かということである。ここでスキルとは，戦略顧客を維持・拡大していくうえで不可欠な製品・サービスを生み出すための技能である。コア事業を定義するためには，自社にとって中核的なスキル，コア・スキルは何かということが問われなければならない。第3に，複数のコア事業を持つ場合には，複数のコア事業を1つの企業のもとに置く意義，あるいは複数のコア事業を支える共通の源泉が明確にされなければならない（伊藤・須藤，前掲論文，p. 14）。[37]

　このように加護野（2004），伊藤・須藤（2004）は，収益や技術の観点で経営の根幹をなすコア事業の有無が企業業績の非常に重要な規定因であるとしている。彼らによれば，売上比率がたとえ低くても収益獲得や技術の高度化にお

---

[36] コングロマリットで例外的に持続的価値創造企業に分類された企業にはGEがある（伊藤・須藤，2004，p. 13）。

いて中核的機能を果たす事業を保有することが企業，特に多角化企業にとって重要なのである。そのことが事業間に自発的シナジーを生み，企業全体としての収益性を高める。一方，このような機能をある種の組織能力に求めたのが，6章で取りあげるコア・コンピタンス論であるとみることができる。

(2) 戦略的資産と能力のダイナミックな関連を重視した分析

多角化における事業関連性と業績に関する研究は，マルキデス＝ウィリアムソン（1994）によっても行われている。そこでは，戦略的に重要な事業の関連性とはどのようなものかということに関する詳細な考察が行われている。

端的に述べるならば，6章で取りあげる資源アプローチの立場に依拠し，事業関連性として事業間にあるナレッジやコンピタンス，そのほかの戦略的資産のダイナミックな関連を重視しているというのが，マルキデス＝ウィリアムソンの研究にみられる最大の特徴である。

彼らによれば，事業の関連性には5つのタイプがある。その概略は以下の通りである（Markides & Williamson, 1994, pp.155－157）。

第1に，「誇張された関連性」(exaggerated relatedness) である。これは製品，あるいは製品を供給している市場に関して2つのSBUに多数の類似性があるが，その類似性が競争優位の形成に機能しないという関連性である。[38] このタイプの関連性は，利益があがるような多角化の機会を提供しない。一例を

---

[37] 他方で，コア事業を保有する企業が多角化を行った際に陥りやすい罠についても言及がなされている。たとえば新事業の開始に際して経営陣の理解が十分得られず，これがいわば「継子扱い」され，事業育成に必要な先行投資と期間，異種人材が確保されないと，コア事業保有企業の多角化は失敗する。また全く新しい競争戦略，全く新しい考え方が求められる新事業に対し，既存のコア事業の勝ちパターンや思考法を当てはめると，このような企業の多角化はうまくいかないという（伊藤・須藤，前掲論文，p.17）。

[38] SBU (Strategic Business Unit) は，1つあるいは複数の事業部，製品ライン，ブランド等により構成される戦略展開上の単位をさす。

あげると，リーバイスが行ったジーンズ事業から紳士用スーツへの多角化は失敗だったと受け取られている。この2つの事業は，製品と市場に関しては高度に関連しているようにみえたが，競争優位構築に必要な戦略的資産やコンピタンスはかなり違っていたのである。

関連性の第2のタイプは，複数SBUの間で戦略的資産を共有することにより範囲の経済を実現できるというものである。このタイプの関連性は，コスト削減もしくは差別化による短期的な競争優位構築には貢献するが，持続的な競争優位をもたらさない。たとえばブランドの共有は，コスト削減あるいは差別化に寄与して競争優位の形成に働く。しかし他社が新しい魅力的なブランドを次々と市場投入するなかで，ブランドの価値を増大させる努力をしないと，その優位性は失われていく。持続的競争優位の構築は，単に現在ある資産ストックを活用することによってではなく，現在ある戦略的資産の価値を高めたり新しい戦略的資産を創造することによって可能となる。

第3のタイプは，戦略的資産そのものは2つのSBU間で移転，共有することができないが，ある事業で戦略的資産を形成・維持する際に得られたコンピタンス，特に中核的なコンピタンス，いわゆるコア・コンピタンスが，別の事業における資産の質的改善に利用できるという関連性である。たとえばキヤノンがコピー機事業に参入した際には，カメラ事業とコピー機事業で戦略的資産は共有できなかった。しかしカメラ事業における戦略的資産蓄積の過程で生まれたコンピタンス，具体的にはディーラー網を効率的にするノウハウ，光学と電子工学といった複数の技術体系を連携させるノウハウ，大規模組立ラインを構築し管理するノウハウは，コピー機事業における戦略的資産の質的改善につながった。2つの事業の資産は市場特殊的で似ていないが，資産を質的に改善するプロセスは似ているという場合がこのタイプの関連性であり，これは「資産改善上の優位性」(asset improvement advantage) をもたらす。

第4のタイプは，既存ビジネスにおける戦略的資産の構築を通じて発展したコンピタンスが，新規ビジネスにおける新しい戦略的資産の創造に活用できるような関連性である。たとえばキヤノンはレーザープリンター事業を始めた際，

カメラ事業とコピー機事業で構築したコンピタンスを用い，新しい市場特殊的な戦略的資産を競合企業より素早く効率的に創造することができた。事業間にこのタイプの関連性があると，既存SBUで蓄積されたコンピタンスが，新事業において新しい戦略的資産を創造する際にそのプロセスをスピードアップさせるか，そのコストを低下させる。これは関連多角化の「資産創造上の優位性」(asset creation advantage) と呼ぶことができる。

　第5のタイプは，そのタイプの関連性があると，新事業に参入するのに必要な新しい戦略的資産を創造する過程で，既存ビジネスの強化につながる新しいコンピタンスを企業が取得できるというものである。たとえばキヤノンはレーザープリンター事業で，より高度な電子工学技術を支えるのに必要な戦略的資産を創造したが，その過程で獲得したコンピタンスは以前からあったコピー機事業の競争力強化につながった。さらにコピー機事業のコンピタンスとレーザープリンター事業で獲得したコンピタンスの結合は，普通紙ファクシミリという新事業における戦略的資産の形成をスピードアップし，そのコストを低下させることになった。単一事業の企業，あるいは非関連多角化企業にはないこのような優位性は「資産自己増殖の優位性」(asset fission advantage) と呼べる。

　これまで行われてきた業種選択と業績の関係に関する実証研究では，関連多角化の業績は高いという傾向がおおむね出ている。先に紹介したルメルト (1974)，吉原・佐久間・伊丹・加護野 (1981) はそのような研究の代表例である。マルキデス＝ウィリアムソン (1994) も基本的にはそのような立場をとっているが，厳密には関連多角化から長期にわたり大きな優位性が生じるのは，前述の5つの関連性のうち後の3つの関連性が事業間にある場合であるとしている (Markides & Williamson, *ibid.*, p. 157)。

　このようにマルキデス＝ウィリアムソンによれば，関連多角化において重要なのは，製品と市場の関連性ではなく，資産とコンピタンスに関するダイナミックな関連性である。すなわち関連多角化が持続的に利益率を高めるのは，資産とコンピタンスに改善，創造，自己増殖上の関連性がある場合である。そして戦略的関連性の概念を操作的にするためには，分析対象とする資産を明確に

しておく必要があるという。

　彼らによれば，戦略的な関連性をみる場合には，次のような取引不可能な資産，代替不可能な資産を分析対象にすればよい。換言すれば，前述した関連性は次のような戦略的資産に関して生じうる。

・顧客資産（customer assets）：顧客側にあるブランドロイヤルティなど
・経路資産（channel assets）：流通網，流通業者側にあるロイヤルティなど
・投入物資産（input assets）：要素市場が不完全である場合それに関するナレッジ，原材料業者側にあるロイヤルティなど
・プロセス資産（process assets）：特許に守られた技術，マーケティングや生産における市場特殊的な経験など
・市場知識資産（market knowledge assets）：競合企業の目標・行動に関する蓄積情報，価格に対する需要の弾力性に関するナレッジなど

(Markides & Williamson, *ibid.*, pp. 157 − 158)

　これらのうちある戦略的資産がともに重要である事業間では，その資産に関して前述したようなダイナミックな戦略的関連性が生じうる。たとえば現行事業と新事業両方の市場において，経路資産が極めて重要であるという場合には，現行事業が保有する流通網を構築したり流通業者と良好な関係を築くコンピタンスは，新事業における経路資産の改善，創造に効果的に応用されうるし，その成果が現行事業にフィードバックされ，経路資産が自己増殖することもありうる（Markides & Williamson, *ibid.*, p. 158）。

　逆に言えば，経路資産に関するコア・コンピタンスを別の事業のプロセス資産に応用しても持続的競争優位につながるような効果は生じない。また現行事業でつちかった経路資産に関するコア・コンピタンスを新事業の経路資産に関して活用するようなときでも，現行事業は経路資産の重要な業界であるのに対して新事業はそうでないということであれば，このようなコア・コンピタンス

の移転は持続的競争優位の形成に貢献しない。

　このように，マルキデス＝ウィリアムソンの研究では，事業間である戦略的資産がともに重要であれば，当該資産の改善，創造，自己増殖を促すようにコア・コンピタンスの転用が行われうると想定されている。むろんそのような戦略的資産が複数ある場合には，効果的に移転されるコンピタンスも多くなる。

　マルキデス＝ウィリアムソンは実証分析のなかで，顧客資産，経路資産，プロセス資産の3つを取りあげ，これらの重要性を測る指標として次のようなものを示している（Markides & Williamson, *ibid.*, pp. 158 – 160）。

　顧客資産の重要性を測るインディケータとしては，次の2つが提示されている。そのうちの1つFEWCUSTは，ある事業における少数大規模顧客を相手にする製品の比率，具体的には製造業者からみた顧客数が1,000未満である製品のパーセンテージである。製造業者からみた顧客数であるので，一般的には流通業者の数をカウントすることになるが，製造業者が末端ユーザーに直接販売している場合にはこれも顧客として計算する。このインディケータは，顧客との密接な関係，たとえば販売スタッフを顧客の所に行かせ，特殊な製品ニーズ，情報ニーズに応えたり，情報技術のインターフェイスを顧客仕様にするような関係がどの程度必要であるかを推定するための指標である。製品を供給しているのが顧客資産の重要な市場で，このような販売管理上の施策をとる必要性の高い事業間では，販売管理において共通に使えるコア・コンピタンスを構築し，共有する機会が大きい。

　顧客資産の重要性を測る第2のインディケータはHSERVで，これはある事業において販売後の技術的サービス（アフターサービス）の必要な製品が全製品の何パーセントを占めているかで定義される。これが類似している事業は顧客資産の重要性において似ているとみなされる。言い換えれば，顧客資産すなわち顧客とのよい関係やサービスがよいという評判，良質のサービスを提供する組織資本（organizational capital）は，高度なアフターサービスを必要とする産業において大きな役割を果たすと仮定されている。

　経路資産の重要性を測るインディケータとしては，CHANNELが設けられ

ている。これは,ある事業における製品のうちどれ位が直販ではなく流通業者を通じて末端ユーザーに届けられるかで定義される。つまりCHANNELは,第3パーティの流通経路への依存度を示す。この依存度が高い産業においては,流通業者との関係が重要な資産となり,流通業者やディーラー網を構築し管理する能力,ポーターが言うところの陳列棚制約(shelf space restrictions)を克服する力が,1つの重要なコンピタンスとなる。

　プロセス資産の重要性を測る指標としては,TORDERとSKILLが設けられている。このうちTORDERは,生産に占めるオーダーメイドの比率で定義される。オーダーメイド生産と見込生産(在庫販売)では,蓄積すべき資産とコンピタンスが異なる。TORDERは前者にどの程度比重があるかで,プロセス資産の重要性をみる指標である。

　一方,SKILLは全職務に占める高熟練型職務(high-skilled jobs)の割合で定義される。高熟練型職務の比率がともに高い事業間には,プロセス資産をめぐるコンピタンスに戦略的関連性があるとみることができる。

　企業業績と多角化の関係について分析する際には,伝統的な方法で事業関連性をみるよりも,戦略的資産の重要性という観点で事業の関連性をみる方が有効なはずである。したがって仮説1として,「戦略的資産の重要性が類似している市場群で競争している場合にのみ,関連多角化企業の業績は非関連多角化企業の業績を上回る」が浮かびあがる。また伝統的見方では同じ関連多角化企業であっても,重要な戦略的資産が同じであるか否かで,業績に違いが生ずると考えられる。したがって仮説2として,「戦略的資産の重要性に関して類似した市場ポートフォリオを持つ関連多角化企業の業績は,そうでない関連多角化企業の業績を上回る」が浮上する(Markides & Williamson, *ibid.*, p.160)。

　彼らの研究では,2つの仮説を検証するために,1981年の『フォーチュン誌』大企業500リストから200社がサンプル企業として無作為に抽出され,TRINETデータベースと各企業の年次報告書のデータによって,当該200社が単一事業企業,本業中心企業,関連多角化企業,非関連多角化企業に分類されている。サンプル企業のうち,多角化している企業は164社であった。

産業の特性を示す変数として，WXAD（宣伝広告費の対売上比率），RDSLS（研究開発費の対売上比率），CAPX（資本金の対売上比率）が設けられた。そして仮説1を検証するために，まずこれらの基準，すなわち伝統的な方法でみた事業関連性と業績（ROS：売上高利益率）の関係が調べられた。

次に，資産とコンピタンスの戦略的関連性を重視する彼らの観点から，関連多角化と非関連多角化の分類が行われている。すなわち前述した5つのインディケータで，事業関連性が評価された。[39]

そして仮説2を検証するために，関連多角化企業に分類された109社を対象に，戦略的資産の重要性に関して類似しているか否かで，業績がどのように異なるかが分析された。[40]

分析結果は以下の通りであった。従来の研究と同様に，関連多角化を示すダミー変数（RELATED），売上に対する広告費比率（WXAD），売上に対する研究開発費比率（RDSLS），売上に対する資本金比率（CAPX）はいずれも，従属変数である売上高利益率（ROS）と正の相関を示した（t値検定はRELATEDに関してのみ5％有意，その他は1％有意）。

関連度を彼らの戦略的観点（5つのインディケータ）で表し，それらの企業業

---

[39] 具体的には，戦略的関連性を表す変数として，Kが設けられている。このKは，ある企業における5つのインディケータのそれぞれの加重平均をその変数の事業間偏差で割算することによって得られる。たとえば事業のうち70％は高度のアフターサービスが必要で，30％はそうでないというX企業においては，HSERVインディケータの偏差が大きく，Kの値は小さくなる。このようなX企業におけるHSERVのKの低さは，アフターサービスに関するコンピタンスが他のビジネスには応用できないことを示す。なお，彼らは後に，HSERVのKをA/V HSERVとも記している。その他のインディケータのKについても同様である。

[40] 先に定義したインディケータFEWCUST，CHANNEL，HSERV，TORDERの値は，『アメリカ販売管理費概観』（U.S.Survey of Marketing Expenditure, 1975）から算出されている。ROS，CAPX，WXADについてはCompustatデータベースから入手し，RDSLSは国立科学財団（National Science Foundation）の1978年のデータに依拠している。SKILLは，『人口センサス』（Census of Population, 1980）から算出されている。

績への影響を調べた場合,分析結果のR^2は伝統的方法(対売上研究開発費比率,対売上広告費比率,対売上資本金比率)に依拠した場合よりも大きく,関連性の定義としてより適切であることがわかった。[41] また5つのインディケータでみた事業類似性の企業業績に対する影響はいずれもプラスで,統計的に有意であった(FEWCUSTについては1%有意,他は5%有意)。これらのことは仮説1を支持している。

関連多角化企業109社からなるサブサンプルにおいて,5つのインディケータでみた事業類似性と企業業績の関係をみた結果,5つのインディケータとも企業業績にプラスの効果を持つことがわかった。またこの分析のR^2は0.41と大きく,同じ関連多角化企業でも,5つのインディケータで示される事業の類似性が高いほど業績がよいことがわかった。このことによって,仮説2も実証された。

このようなマルキデス=ウィリアムソンの研究は,持続的競争優位につながる事業間の関連性とはどのようなものかという問題について深く考察し,戦略的関連性の本質に迫っている点で意義深い。ただしある戦略的資産に関わるコンピタンスは別の事業でもその資産に関してしか活用できないと想定している点に,疑問がないわけではない。

すなわちコンピタンスのスケールが大きく,これに柔軟性・汎用性があれば,たとえば経路資産を創造する過程で獲得したコンピタンスを別の事業で顧客資産を創造するのに応用するようなことが可能であろう。このようなコンピタンスの柔軟性と汎用性については,6章で改めて取りあげる。

---

[41] R^2は重相関係数Rの2乗で,いわゆる決定係数。従属変数のうち,回帰によって説明される部分の割合を示すので,これが大きいほどモデルの当てはまりがよいことになる。

第6節　多角化企業における戦略的波及効果

　サローナー＝シェパード＝ポドルニー（2001）によれば，多角化企業において，事業間に範囲の経済性やシナジー効果等がなければ，全体の業績は内外の事業コンテキスト（邦訳中の表記はコンテクスト）と事業活動に規定される事業業績の単純総和となる（図表2-1）。むろん事業業績を規定するこの「事業コンテキストと事業活動」という概念には，両者の適合性も含まれる。

　一方，多角化企業がもしこれらの経済的効果を創出できれば，それによって収益性を向上させられうるし，また多角化した場合には企業はこのような効果の享受と収益性の向上を目ざさなければならない。

　しかしながら，3章で述べるポジション優位の観点では，多角化企業の戦略的マネジメントとしてはそのように経済的効果を創出するだけでは不十分である。多角化企業は「戦略的波及効果」により企業全体としての収益性を高められる可能性を秘めているので，それを追求しないのは合理性を欠いているというのである。

　すなわちサローナー＝シェパード＝ポドルニー（2001）は，そのような範囲の経済性やシナジー効果といった経済的効果の創出にとどまらず，さらに「ある事業単位からほかの事業単位への戦略的波及効果（strategic spillover）をマネジメントすることで，価値を付加することができる」（Saloner, Shepard & Podolny, 2001, p.354；邦訳, p.437）としている。

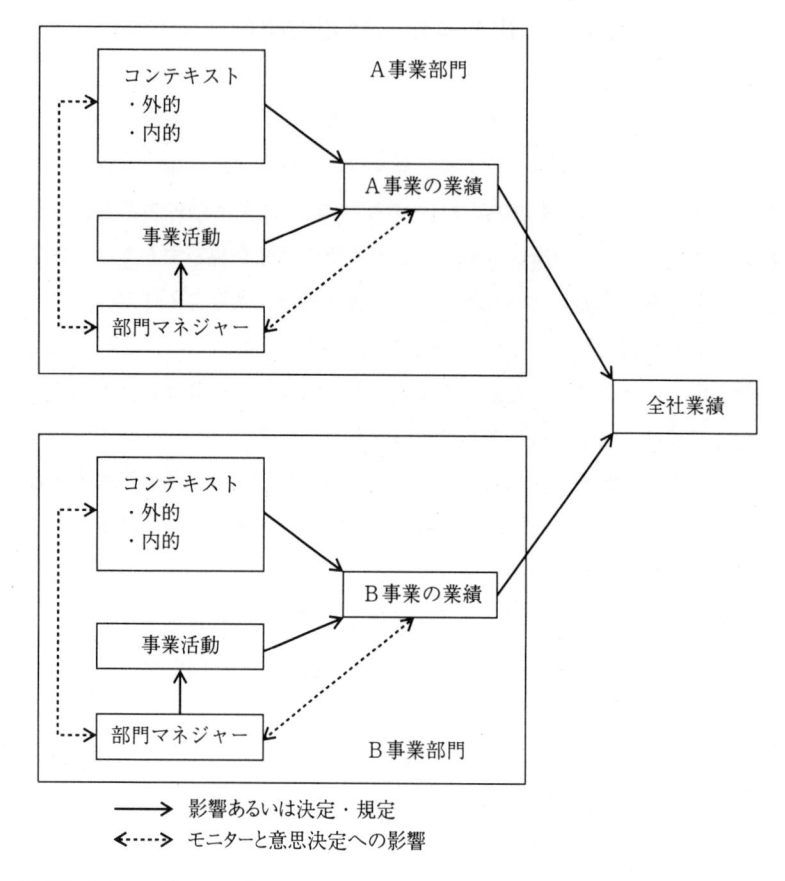

図表2−1　全社戦略とスピルオーバーのない多角化企業

```
A事業部門
  コンテキスト
  ・外的
  ・内的  ──→ A事業の業績
  事業活動 ──→
  部門マネジャー

B事業部門
  コンテキスト
  ・外的
  ・内的  ──→ B事業の業績
  事業活動 ──→
  部門マネジャー

→ 全社業績
```

──→　影響あるいは決定・規定
◀┈┈▶　モニターと意思決定への影響

（出所）Saloner, Shepard & Podolny, 2001, p. 353；邦訳, p. 435を参考に筆者作成。

戦略的波及効果すなわちスピルオーバー効果とは,「ある事業における活動が, 他事業の業績に影響を与えること」(Saloner, et al., *ibid.*, p. 354；邦訳, p. 437) と定義されるが, 厳密にはこの効果は資源そのもの, 資源を用いた活動 (action), 資源への投資によって生じる。すなわち彼らがとっているのは, 多角化企業の事業間には静態的な範囲の経済性, シナジー効果も存在しうるが, ある事業部門における個別の活動や投資が他部門の業績に影響を及ぼすという

第2章　ドメインの定義　◆———— 81

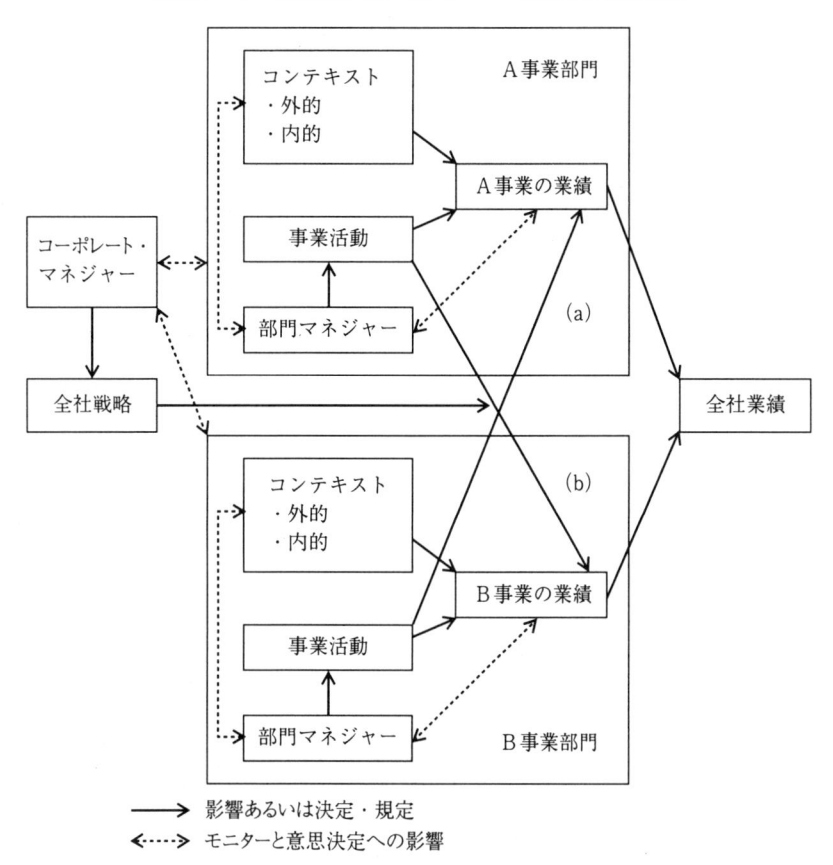

図表2－2　全社戦略とスピルオーバーのある多角化企業

```
[図：A事業部門とB事業部門からなる多角化企業の構造図。
コーポレート・マネジャー → 全社戦略。
A事業部門内：コンテキスト（外的・内的）、事業活動、部門マネジャー → A事業の業績。
B事業部門内：コンテキスト（外的・内的）、事業活動、部門マネジャー → B事業の業績。
A事業の業績とB事業の業績 → 全社業績。
(a)(b)の交差する矢印でスピルオーバーを示す。]
```

——→　影響あるいは決定・規定
◁┄┄▷　モニターと意思決定への影響

（出所）Saloner, Shepard & Podolny, 2001, p.353；邦訳, p.435を参考に筆者作成。

関係もあるという見方である（図表2－2の（a）（b））。逆に言えば，ある事業部門の業績が他部門内のアクションにいわば広汎かつ敏感に反応するという視座である。そして，「業績は競争優位性に依存するため，波及効果がほかの事業単位の競争優位性にどのように影響を与えるかが問題となる」（Saloner, et al., *ibid.*, p.361；邦訳, p.445）。

　戦略的波及効果の典型的な例は，ある事業における資源，活動，投資が他の

事業部門にポジション優位を付与するというものである。[42]　たとえば，ある事業部門における新製品開発投資と製品イノベーションは，補完製品をつくっている他事業部門にある種のポジション優位，すなわち当該製品の補完品としては先発者であるという優位を与える。

ただし一般に，特定事業部門のマネジャーには，自分たちの事業活動が他部門の業績にどのような影響を与えるかがわからないし，彼らはそのような影響にあまり関心がない。自分の事業に価値を生む投資，ある投資が自分の事業にもたらす価値は認識できても，それが他の事業にどのような影響を及ぼすかは把握できないことが多い。

しかもある事業における資源，活動，投資が他事業にプラスの戦略的波及効果をもたらすとは限らない。それらが他の事業部門の業績に負の影響を及ぼすことも十分ありうるのである。多角化企業が多角化企業としての優位性を発揮するためには，このように正負に振れうる戦略的波及効果を常にプラスに維持しなければならない。そのためには，ある事業における経営行動が他の事業にどのような波及効果を及ぼすかを見極め，それをマネージするプロセスを構築する必要がある。

サローナー＝シェパード＝ポドルニーによれば，「ある事業の投資が他事業でリターンをもたらすかを見極めるのは，複数の事業単位に目を配るコーポレート・マネジャーの責任となる」(Saloner, et al., *ibid.*, p. 362；邦訳，p. 446)。プラスの波及効果を実現し維持するのもコーポレート・マネジャーの役割であり，そしてこれは全社戦略の機能でもある。

多角化企業における全社戦略の１つの存在意義は，ここにある。すなわち多角化企業において，事業戦略以外に全社戦略が必要なのは，戦略的波及効果をマネージし，これをプラスに維持しなければならないからである。

---

[42] ポジション優位は次章で詳しく述べるように，それ自体高収益性の源泉となるため，これが付与された事業部門の業績は，他の条件が一定であるならば向上する。

第7節　ドメイン戦略論の課題および競争戦略との関係

　ブラック＝ボール（1994）によれば，ドメインに関する戦略論と次章の2～4節で取りあげるポジショニングの理論は，有意義な示唆を多数与えてくれるのは確かだが，トートロジーに陥る危険性を秘めているという（Black & Boal, 1994, p. 132）。

　特にドメインの戦略論に関して言えば，これには確かに成長性の高いセグメントが企業の成長をもたらすのか，企業の成長努力がセグメントの成長をもたらすのか，という最も基本的な問題がつきまとう。たとえば業界全体の売上高が伸びている業種を選んだからある企業は成長しているといっても，その業界の売上高は当該業界に属する企業の売上高を合計したものである。新規参入による効果もあるが，当該業界に属する企業の売上高の伸びがその業界の売上高成長の相当部分を説明すると考えうるから，成功している企業は魅力的な業界を選んだから成功しているのだという考え方は，堂々巡りに陥る危険性を秘めている。成功している企業が多いからその業界は成長しているのか，成長している業界に属しているからその業界の企業は成功しているのかの因果関係は，一概には確定できない。

　また彼らによれば，ドメインに関する戦略論は同じ業界で優位な立場を維持できる企業もあれば，それができない企業もあるという現象を説明できない。つまり成長業界にも業績が悪化し破綻する企業があるという事実を考察の対象外としてしまっている（Black & Boal, *ibid.*, p. 132）。

　ただしドメインに関する戦略論は，単純に成長率が高いドメインを選択せよと説いているわけではないし，またこの理論はそのような単にドメインを選択するためのフレームワークとみなされるべきでもない。ドメインの戦略論に対するこのような理解や見方は，ブラック＝ボール（1994）が指摘しているように，ある種のトートロジー的要素を含むことになる。

　ドメイン定義は経営戦略の不可欠な構成要素であるが，現実の企業経営にお

いても，ドメインの理論においても，ドメインの定義で戦略行動が完結するとされているのでは当然ない。たとえばドメインの定義には，資源と能力の蓄積・活用をより有効にするという意義があるし，本章1節で述べたように，ドメインの戦略論もドメイン定義のそのような意義を強調している。

　ドメインの戦略論は研究者，実務家双方に多大な示唆を与えてくれる。その意義と有用性は過小評価されるべきでない。しかしドメイン定義は，持続的競争優位を形成するための戦略と一体をなす必要がある。

　というのは，現実にはあるセグメントを選ぶ企業は1社とは限らず，同一セグメントを自己のドメインとする企業が複数あるのが一般的だからである。すなわち企業によるドメインの設定は，全く手つかずの領域でない限り，通常は当該セグメント内で企業間競争を生じさせ激化させる。設定したドメインに，資源と能力の面で非常に強力な競合他社がいるという場合もあるし，強力なライバルが後から相次いで参入してくるということもありうる。同様のことは，3章で取りあげるポジションに関しても言える。

　そのような企業間競争において優位に立つことは，企業を存続させ成長させるうえで，ドメイン設定と同様に重要な問題である。換言すれば，「どこを選ぶか」ももちろん重要であるが，戦略の土台となる資源・能力をどう蓄積するかも含め「選んだ所でどう戦うか」も重要なのである。この問題は4章以降で詳しく扱う。

第3章
ポジショニングとポジション優位

第1節　ポジション優位とは

(1) 高収益性の基盤としてのポジション

　企業は収益が得られないと，やがて組織体としての死すなわち倒産を迎える。このことを考えると，収益性は組織体としての企業の存続性を規定する最も重要なファクターであると言える。

　ポーター (1985) が競争戦略の効果として，コストリーダーシップ，差別化，集中（フォーカス）のいずれに関しても「業界平均以上の収益を得ることができる」(Porter, 1985, pp. 13-15；邦訳, pp. 18-21) と言及しているように，企業間の競争も結局のところは収益をめぐる競争である。ベサンコら (2004) のことばを借りると，「企業（あるいは多角化企業内の事業単位）が同じ市場内で競争している競合他社の平均的な利益率よりも高い利益率を得ているとき，その企業は当該市場において競争優位がある」(Besanko, Dranove, Shanley & Schaefer, 2004, p.360，(　) 内の補足および強調はベサンコ他による) と言えるのである。

　したがって企業には，高い収益性を確保するための何らかの源泉がなければならない。そのような源泉の1つに地位すなわちポジションがある。

　収益をめぐる競争における優位，他社よりも高い収益性は，有利なドメインの定義，有効な競争戦略の策定，デファクト・スタンダードの獲得，その他によっても実現されうるが，有利な地位にいるということも高収益性の源泉となりうる。資源と能力を有効に蓄積し展開・活用することがその企業に高収益を

もたらすものの，有利なポジションも同様に高収益性の基盤となりうるのである。しかも企業は市場からポジションを受動的に与えられるだけでなく，このような有利なポジションを主体的に選んだり，形成したりすることができる。

これまでポジションは高収益性の源泉，あるいは収益をめぐる企業間競争で優位に立つための土台としては軽視されがちだったが，有利なポジションにいるということすなわち「ポジション優位」(position advantage) が，高収益性を獲得し維持するうえで本質的重要性を持っているのは確かである。[1]

ポーター (1996) はこの認識に立ち，戦略の定義を有名な「競争優位に達するための論理的ルート」(Porter, 1985, p. 11 ; 邦訳, p. 17) から，「ユニークで価値のあるポジションを築くこと」(Porter, 1996, p. 68) に実は変えている。定義が明らかにポジション中心に改められているのである。

実際，有利なポジションにいるということで，極端な場合そのことだけで高い収益をあげている企業も業界には存在する。すなわち特に優位性を持つ機能・部門がなく，資源や能力などの内的ファクターに1つとして強みがない場合でも，企業は有利なポジションを押さえているということにより，高収益をあげられる (Saloner, Shepard & Podolny, 2001, p. 42 ; 邦訳, p. 53)。そのようなポジションにある企業は，「寝ていてもうかるわけではない」と反論するかもしれないが，どんな企業でもそこそこの利益をあげられる「もうかる」業界というのはあるし，また業界内部における企業間の利益率の差はポジションによりある程度説明される (青島・加藤, 2003, pp. 77-81)。

たとえば最初にあるビジネスを始めた先発者の収益性およびシェアは長期にわたり高いと一般的に言われているが，これは典型的なポジション優位である。

---

[1] これまで日本で企業間競争におけるポジションの重要性がほとんど指摘されてこなかった一因は，有利な立場から相手と戦うことを潔しとしない国民性にあるのかもしれない。しかし収益性をめぐる企業間競争において優位に立つためには，有利な場所（ドメイン）で戦う，有利な位置（ポジション）から戦う，有利な方法（競争戦略と資源活用）で戦うという3つの視点が必要であろう。

実際,このポジション優位,いわゆる「先発者優位」(first-entrant advantage)の存在は多くの研究者によって指摘されている。

たとえばロビンソン＝フォーネル(1985)は,本章の4節で取りあげるPIMS (Profit Impact of Market Strategies) 研究のデータを用いて多変量解析を行い,先発者優位の存在を実証した (Robinson & Fornell, 1985, pp. 309-312)。またベサンコら(2004)によれば,先発者という地位は学習効果,評判や安心感といった心理的要因,買い手のスイッチング・コストなどにより,かなりの程度持続的に高利益率維持に寄与するために,ポジション優位となるという (Besanko, Dranove, Shanley & Schaefer, 2004, pp. 438-441)。[2]

このようなことから,次のような見解が合理性を持つ。「IBM,インテル,マイクロソフト,ヘキスト,ソニーなど,業界で支配的なポジションにある企業がみな先発者 (first movers) であることは,けっして偶然ではない。この先発者優位の概念を用いれば,アメリカのハードウェアおよびソフトウェア企業が世界的な地位を確立できた理由や,日本企業がエレクトロニクス業界で優位性を築けた理由を説明することができる」(de Kluyver & Pearce II, 2003, 邦訳, p. 146)。[3] 事業を立ち上げた後の資源と能力の蓄積・活用のあり方が収益性・競争優位性をかなりの程度規定するものの,その事業の先発者というポジションがこれらに多大な影響を及ぼすのも紛れもない事実なのである。

(2) ポジション優位のタイプ

ポジション優位が成立する主要な基盤あるいは基本条件には,「競争構造(企業数)」「多様性」「関係性」がある。このような基盤・条件に着目すれば,ポジション優位には主として以下の3タイプ,競争構造が提供する優位,多様性が提供する優位,関係性が提供する優位があることになる。もっとも実際には,複数の基盤・条件により成立するポジション優位も多い。

第1のタイプは,「魅力ある産業構造から生じるポジション優位」(Saloner, Shepard & Podolny, 2001, p. 43；邦訳, p. 55) である。ある業界に属するすべての企業が業界構造からベネフィットを得ている場合がこれにあたる。つまり業

界内の企業数が少ないということそれ自体が,収益性を高める条件となる場合がある。たとえば2社からなる複占市場の収益性は多数の企業が競合する市場よりも概してよく,複占市場にいるというその地位が高収益性を維持する。「世界の大型民間航空機メーカー,エアバスとボーイングを考えれば,両社ともそのポジションの恩恵を受けているのは明らかである」(Saloner, et al., *ibid.*,

---

(2) 先発者優位が成立する1つの理由は,情報の限られている商品市場,内部の構造が複雑等の理由で商品の理解が難しい市場では,その市場で最初の商品であるということが消費者の商品選択において重要な情報とされることにある。実際,後発者が品質の比較を行い商品に関して学習するように消費者を説得しようとしてもなかなかうまくいかないことが多い(Alpert & Kamins, 1994, p. 244 ; Schmalensee, 1982, p. 360)。また消費者側,ユーザー側の先発ブランドに対する選好は,後発企業がシェアを奪うために打ち出す低価格戦略の効果を小さくする(Carpenter & Nakamoto, 1989, p. 297)。一般に,好感度の高いブランドのついている商品は,そうでない商品より需要の価格弾力性が弱く,ある程度価格が高くても売れる。すなわちそのようなブランドを有する企業は,当該ブランドを商品につけることにより利幅を大きくすることができる。強力なブランドを持たない他社は,利幅を小さくして価格を下げないと消費者の購買意欲を喚起できない一方,そのような企業の商品は価格水準にかかわらず競合他社の商品にスイッチされやすい(Carpenter & Lehmann, 1985, pp. 325-326)。結果として,先発ブランドを有する企業の利益率はそうでない企業の利益率よりも高くなる。つまり最初にそのビジネスを始めたということ自体が,その企業に高利益率をもたらすのである。たとえばIBMは,大型コンピュータ市場においてこのようなポジション優位を有していた。先発ブランドであるIBMは多くのユーザーから好意的に思われていたので,情報システム部門の社員はIBM製を選んでおけば周囲から批判を浴びる心配もないし,システムに不具合があった場合に責任を問われるリスクも小さかった。IBM以外のメーカーの製品は,性能が同等ならば,選んでもらうためにIBM製よりも価格を30%以上低くしなければならなかった(Greer, 1992, p. 141)。先発者というポジションの優位性は,このようなブランドの強さに限らず,これを含めた複数の強みによって成立するという指摘もある。たとえば平田(2002)は,宅急便の先発者であるヤマト運輸が持つポジション優位性について分析し,その強みは①企業イメージ形成,②ブランド確立,③料金設定のイニシャティブ,④システム開発,に現れているとしている(平田, 2002, p. 197)。すなわち彼の見解を踏まえると,これらが複合的に作用して,先発者であるヤマト運輸の収益性を長期にわたり高くし続けたと考えられる。

p. 44；邦訳，p. 55)。

　ただしポジション優位は，プレイヤーの少ない独占市場や複占市場においてのみ成立するわけではない。企業数の多い市場でも，そこに多様性があれば成立しうる。すなわちポジション優位の第2のタイプは，「業界内の多様性から生じるポジション優位」(Saloner, et al., *ibid.*, p. 44；邦訳，p. 55) である。これは多様なポジションにおいて特定の地位を占めることによって得られる優位性で，仮に業界内の全企業が同様のポジションを有し「完全競争」が行われている場合には，この優位性は成立しないし，超過利潤も発生しない。事業の開始時期，シェアや企業規模などに関し多様性がある場合，「『支配的地位』など，業界内である特定の地位を築く企業は，その地位から利益を得ることができる。ほかが中小企業ばかりの市場で支配的地位をもつ企業の業績はほかの市場の既存企業より，概してよい」(Saloner, et al., *ibid.*, p. 44；邦訳，p. 55, 強調はサローナー他による)。[4]　ただしサローナーらが強調しているように，業界内の多様性を基盤としたポジション優位は「ある特定の」地位を占めることで生ずるのであり，その地位はこのような支配的地位に限定されない。

　第3のタイプは，「ネットワークから生じるポジション優位」(Saloner, et al., *ibid.*, p. 44；邦訳，p. 55) である。これは顧客や競合他社，取引先との関係により成立する優位性で，これらとのネットワーク上で特別なポジションを占めることによって得られる。サローナーらはこの優位性について，次のように説明

---

(3)　他方で，デ・クルイヴァー＝ピアース2世 (2003) によれば，先発者優位というロジックは所有者にではなく経営者に受け入れられやすいという意味で，「経営者の論理」である。しかしこれを無思慮に実際の企業経営に適用すると，「方向性を誤った多角化」を招き，その企業の業績は悪化する (de Kluyver & Pearce II, 2003, 邦訳，p. 146)。またベサンコら (2004) は，先発的事業化・商品化がポジション劣位につながることもあるとしている。その主な理由として，事業や商品を他社に先駆けて立ち上げた当初は補完財が不足がちであること，また事業や商品立ち上げ時の市場は不確実性に満ちていることなどがあげられている (Besanko, Dranove, Shanley & Schaefer, 2004, p. 446)。

している。「企業は，買い手や売り手，競合他社との関係からポジション優位を得ることもある。ベンチャーキャピタル業界の競争は，いかによい投資機会や投資資金を獲得できるかにかかっているが，ネットワークの中心に位置し，より物件がつねに回ってくるような取引の流れをつくった企業は，ほかのベンチャーキャピタルや投資家，起業家とも密接に連携し，容易に取引を行い，多大な報酬を得ることができる」(Saloner, et al., ibid., p. 44；邦訳，p. 55)。

(3) ポジション優位の個別ケース

サローナーらは，企業に高い収益性をもたらす具体的ポジションとして以下のようなケースをあげている。第1と第2のケースは競争構造（企業数）を基盤とするポジション優位，第3と第4，第5のケースは多様性により成立するポジション優位，第6のケースは関係性が提供するポジション優位である。[5]

第1に，競争が政府の規制下で行われている業界では，政府の保護や支援，

---

[4] 顧客のなかには，「売れているのはそれなりの理由があるからだろう」と思う者も多い。換言すれば顧客側には，シェアが1位であるということを価格パフォーマンスのよさ，高い性能や品質の証明と受け取り，シェアが低いことをその逆のあかしと受け取る傾向がある。この点についてバゼル＝ゲイル（1987）は，シェアがトップであるということ自体が，その製品に対する信頼感を顧客側に生むとしている。具体的には彼らは，「ある事業が，市場シェア1位の地位を築いた（もしくは築こうとしている）場合，リスクを回避しようとする顧客は，その製品を好んで買うかもしれない。なぜならば，彼らは低シェアの企業から買うというリスクを持ちたがらないからである。顧客の選好は，シェアの直接的結果として生み出されるものである」(Buzzell & Gale, 1987, p. 74；邦訳，p. 94，（　）内の補足はバゼル＝ゲイルによる）と述べている。またコンピュータ関連や情報通信関連のようにネットワーク外部性の強い業界では，トップシェアの製品はシェアが1位であるということによってユーザーに大きな便益をもたらすので，性能や価格にかかわらずユーザーに選好される傾向がある。このように，トップシェアという地位それ自体が高収益をもたらす要因となる。もっとも，トップシェアを獲得するプロセスにおいて当該企業の資源と組織能力の果たす役割が大きいことは当然である。

[5] ただしこのなかには，第5のケースのように複数の基盤を有すると考えられるポジション優位もある。

助成を得ることがポジション優位につながる。たとえば,「国内企業優遇政策をとる国では,業界で唯一の国内企業となることが優位性につながる」(Saloner, et al., *ibid.*, pp. 44－45；邦訳, p. 56)。政府により新規参入が規制されている業界では,政府から許認可や免許を得ることでポジション優位がもたらされる。

第2に,1市場に1企業しか成立しえない構造を持つ業界では,地理的立地が優位性の源泉となりうる。たとえば一般的にアメリカのディスカウントストア業界では,地方の同じ町村内で存続できるのは1店舗だけである。このような業界で地方町村にチェーン展開しているウォルマートは,立地によるポジション優位を有していると言える (Saloner, et al., *ibid.*, p. 45；邦訳, p. 57)。

第3に,ステータスに多様性がある業界では,高いステータスによってポジション優位が得られる場合がある。このようなステータスには社債格付け等の公式的ステータスもあるし,顧客側に広く形成されている心理的ステータス,言い換えれば社会的に共有されている認知的ステータスもある。[6] 資源や能力もさることながら,このようなステータスが優位性の源泉として非常に重要な業界もある。たとえば,「株式の引受けで競合する投資銀行は,銀行業界内のステータスによってポジション優位を得る。『ステータスが高い』銀行は,収益性の高い,よりよい条件で引き受けができる」(Saloner, et al., *ibid.*, p. 45；邦訳, p. 56)。

第4に,規格に多様性がある業界では,デファクト・スタンダード陣営に入っているということが,その企業にポジション優位をもたらす。ソフトウェア業界におけるマイクロソフトの地位はこの典型である (Saloner, et al., *ibid.*, p.

---

[6] このような心理的ステータスは,言い換えれば消費者が抱くイメージ上のポジションである。すなわち消費者は主観によって,なじみのある企業をその知覚マップ上に位置づけている (Wind, 1982, pp. 79－81)。多くの消費者がある企業を同じように知覚マップに位置づけ,かつその位置づけが収益性の面で有利に働くときに,それはポジション優位となると考えられる。

45；邦訳，p.57)。ただしこれは多様な規格があるからこそ生じる優位性であり，全企業がデファクト・スタンダードを採用すると，当該スタンダードに関する特許等を有している企業以外の優位性はなくなる。

　第5に，商品が卸・問屋等の中間業者，小売店等を経由して販売され，かつ流通チャネルにおける地位に多様性がある場合，流通チャネルにおいて支配的地位を有しているということがポジション優位につながる。これは「多様性」によって成り立つポジション優位であるが，「関係性」も基盤となっているとみることができる。たとえばプロクター・アンド・ギャンブル（P&G）はこのような地位にあり，「チャネルパートナーに依頼して，よりよい陳列スペースに新製品を並べることができる」(Saloner, et al., *ibid.*, p.45；邦訳，p.57）。[7]

　第6に，製品や情報の流れにおけるゲートキーパーとして，他社や顧客をつなぐアクセスをコントロールすることでポジション優位が得られることがある。これは「関係性」によって成立するポジション優位の1つである。「製品を川の向こう岸に運ばなくてはならない場合，1つしかない橋の所有者がポジション優位を得るのと同様に，（ヤフーやライコスなどの）サーチエンジンもインターネットで得られる情報への主要アクセスポイントを支配しているので，広告主に対してサイトに載せる権利料を請求できる」(Saloner, et al., *ibid.*, p.45；邦訳，p.57，（　）内の補足はサローナー他による）。[8]

　サローナーらは以上の事例から，ポジション優位が持つ一般的性質を次のように考察している。すなわち，「ポジション優位の多くは，『先に動いた』先行企業に与えられる」(Saloner, et al., *ibid.*, p.45；邦訳，p.57）という傾向がある。

---

(7)　一般に，どの業界でも新規参入業者は流通小売業者に商品をなかなか扱ってもらえないといった様々な参入障壁に直面する。このような場合，遅れて参入するということがいわば「ポジション劣位」をもたらしているとみなせる。

(8)　このほかにサローナーらは，ナイキにみられる「世界的な知名度・好感度」による優位，マークス・アンド・スペンサーとノードストロームにみられる「顧客との信頼関係」による優位を取り上げているが，両事例とも内容的にはポジションとともに組織能力や無形資源と関係が深いので，ここでは省略した。

言い換えれば，一社があるポジションを占有すると，他社がそのポジションにつくことは難しくなる。ある同一のポジションを複数の企業が占めることができる場合でも，後から参入しようとする企業ほどそのポジションを得ることが困難になる。したがって自ら選択し，先に動くということがポジション優位を得るうえでは重要だというのが彼らの立場である。

(4) ポジション優位と慣性

企業のポジションは，高利益率をもたらす有利なものであっても，持続性がないとその企業にとって優位性とはならない。つまりポジション優位は，有利なポジションにある種の「慣性」が働くときに成立する。

たとえば政府の許認可企業，その地域で唯一の企業といったポジションを持続的にしている要因は，規制や限定的需要によるいわゆる参入障壁である。デファクト・スタンダードというポジションが持続的なのは，これに5章で述べるネットワーク外部性，バンドワゴン効果という慣性が働いているためである。

購買に際して，消費者が常に厳密さと合理性を期した選択行動をとるならば，認知的ステイタスや流通チャネルにおける支配的地位といったポジションは持続的にならない。しかしブランド・ロイヤルティという心理的慣性が働き，消費者が「指名買い」を行うために，これらがポジション優位となるのである。

繰り返しになるが，ひとたび企業が慣性に裏打ちされた有利なポジションを得ると，それは当該企業に長期的に高収益をもたらす。有利なポジションを獲得するプロセスでは資源と能力の有効活用が重要であっても，一度当該ポジションを得ることに成功すれば，これに慣性が働く間は資源と能力がよほど劣っていない限り収益性は高くなる。それがポジション優位という現象なのである。そして，その慣性が強ければ強いほど，ポジション優位は強固で持続的となる。

この点について，青島・加藤 (2003) は次のように述べている。「このような考え方（ポジション優位論）に基づけば，『高い壁』や『深い堀』に囲まれていれば，その内部にいる企業には，高い利益率が保証されることになる。この

典型例は，政府の規制下にある多くの許認可産業に属する企業である。日本で言えば，かつての銀行や保険会社，あるいは高等学校や大学をはじめとする学校などを考えるとよい。当事者からは反論が出るかもしれないけれども，その種の産業に属する企業は，少なくとも最近までは，経営の巧拙が大して問われることもなく，果実を手に入れてきたといえる」(青島・加藤, 2003, p.46, ( )内の補足は白石による)。[9]

　ポジションのなかには，先に取りあげた「先発者」のように永遠に持続するものもある。すなわち最初にその事業を始めた，あるいは最初にその商品の市場を立ち上げたという事実は永遠に変わらない。この地位は，その事業や商品がなくなるまで，当該企業に付随し続ける。先発者という地位によりどれだけ収益性を高め維持できるかは別問題であるものの，絶対的，究極的な慣性がこの地位には働いているとみることができる。

第2節　ポジション分析の理論

(1) 市場における競争ポジションの類型

　ポジションの概念の1つに，市場における競争上のポジションがある。これは，主としてマーケティングの領域で発展してきたものである。たとえばコトラー (1984) は，シェアが40％，30％，20％，10％の企業4社からなる市場モデルを示し，シェアが最大の企業をマーケット・リーダー，シェアが2位の企業をマーケット・チャレンジャー，3位の企業をマーケット・フォロワー，4位の企業をマーケット・ニッチャーと名付けた (Kotler, 1984, p.386)。[10]

---

[9] ポジション優位をより持続的にするためには，これを維持するための企業努力が重要となるのは当然である。

[10] ただし後に述べるように，マーケット・チャレンジャーとマーケット・フォロワーの相違は，前者が競争ポジションの向上を目ざしシェアの積極的拡大を図るのに対し，後者は現在の競争ポジションの保持を目ざしシェアの維持を図るという点にある。

シェアが最大のマーケット・リーダーは,「一般的に,価格の変更,新製品の導入,製品の流通範囲,販売促進の密度において市場の先頭に立っている」(Kotler, ibid., p.386)。そういう意味で,リーダーはその市場において支配的なポジションにある。リーダー企業は,「憧憬され尊敬されることもあるし,場合によっては同じ業界内の他社からその市場支配力が認められていることもある。競合他社にとっては目標であり,挑戦相手であり,模倣の手本であり,時には正面からの競争を避けて通るべき相手である」(Kotler, ibid., p.386)。

マーケット・チャレンジャーは,「業界内で2位,3位,4位といったポジションにあり,リーダー企業を追走する企業で,シェア面ではリーダーに劣るものの,一般的には相当の企業規模を有している」(Kotler, ibid., p.397)。シェアが2位以下の企業には,ポジションの向上をめざして攻撃的な戦略をとり積極的にシェアの拡大を図るタイプと,現在のポジションに満足してあえてリスクの大きい行動をとらないタイプがある。前者がマーケット・チャレンジャーにあたる。

ただし2位以下の企業が顧客を奪おうとチャレンジした際に,リーダー企業は通常それを見逃さない。そして,「低価格,サービスの改善,製品バラエティの追加による攻撃をしかけても,その攻撃を全く無効にしてしまう力をリーダー企業が持っている場合もあるし,総力戦になればリーダー企業の力の強さがよりはっきりする。激しい競争はリーダー企業,挑戦者双方を疲弊させる」(Kotler, ibid., p.409)。このようなことから,2位以下の企業がすべてマーケット・リーダーへの挑戦を志向するわけではない。往々にして,「製品や流通における画期的なイノベーションに成功した場合以外は,2位以下の企業はリーダー企業を攻撃せずに,これに追従する戦略をとる」(Kotler, ibid., p.409)。そのような企業がマーケット・フォロワーである。

マーケット・ニッチャーは,「ほとんどの業界に見られる多くの小規模企業」(Kotler, ibid., p.410)をさす。このようにニッチャーはシェアにおいて小規模な企業群であるが,意識的に,大企業が興味を示さない小さなセグメントを対象として事業活動を行っている場合もある。すなわちニッチャーのなかには,

特定需要を持つ顧客層,特定の地域,特定の製品,注文生産,特定の品質や価格,特定のサービスに特化したスペシャリスト的ニッチャーも多い(Kotler, ibid., p. 411)。

このように,コトラー(1984)は基本的にはシェアとその拡大意欲によって市場における競争上のポジションを類型化したが,嶋口(1986)は保有する資源と能力の量および独自性に重点を置いてこれを類型化した。ただしポジションの名称についてはコトラーを踏襲しており,またシェアに関しても競争や目標との関連で言及されている。

嶋口の類型化概念において,「リーダーとは,当該対象市場内で最大の相対的経営資源を有する企業(SBU)である」(嶋口,1986, p. 98,( )内の補足は嶋口による)。彼のフレームワークでは,シェアはポジション類型化の尺度とはなっていないが,実際には「ほとんどの場合,リーダーは,当該市場で最大の市場シェアを持っており,オーバーオールな独自能力の優位性をも有している。リーダーは,当該市場で1社のみであり,競合地位から市場シェア・ベースの挑戦を受けている」(嶋口,前掲書,p. 98)。

一方,「チャレンジャーは,リーダーに準ずる相対的経営資源を持ち,しかもリーダーとの市場シェア争いを行い得る地位(相対的経営資源の保有)と意欲をもつ企業(SBU)である。ただ,チャレンジャーは,リーダーに比べてきわだった総合的独自能力の優位性は有していない」(嶋口,前掲書,p. 98,( )内の補足は嶋口による)。換言すれば,リーダーに匹敵する保有資源によりリーダーに準ずる市場競争上のポジションを得ており,ポジション向上の意欲もあるが,能力の独自性において劣るためにリーダーになっていない企業がチャレンジャーである。

そして,「フォロワーは,相対的経営資源や意欲において市場シェア(つまりリーダーシップ)を狙う位置になく,同時に何らのきわだった独自性を持たない存在である」(嶋口,前掲書,p. 98,( )内の補足は嶋口による)。[11]

最後に,「ニッチャーは,フォロワーと同様,相対的経営資源や意欲が,もはやリーダーを直接狙う位置にはないが,何らかの独自性を有する企業である。

その意味で，ニッチャーとフォロワーの類似性は，共に限定的な経営資源しかなく，大手（リーダーやチャレンジャー群）との市場シェア競争に参入する地位にないこと，その差異は，その独自性の有無が，ニッチャーとフォロワーで分かれること，である」（嶋口，前掲書，p.98，（　）内の補足は嶋口による）。

　これらのフレームワークは個別企業が市場における競争に関し，現在どのようなポジションを占めているかを類型化するもので，主体的な選択の要素はここでは弱い。たとえば現在マーケット・リーダーの地位にある企業がマーケット・ニッチャーのポジションを選択し，これを目ざして努力するということは通常あり得ない。

　またコトラー（1984）と嶋口（1986）のフレームワークには，市場成長性（魅力度）の視点を欠くという限界がある。成長が止まり衰退しつつある市場で強力なリーダーシップ，強固な支配的地位を得ていたとしても，その企業は将来性の面で有利なポジションにあるとは言えない。企業が存続し成長するためには，市場そのものを選択するという視点も重要なのである。

(2) PPM

　これまでポジション理論は，精緻化と厳密化を志向して発展してきた。たとえば企業が事業を1つしか経営していない，あるいは単一製品しか生産していないという場合もあるが，複数の事業，複数の製品を保有しているという場合もある。前者の場合，「企業のポジション」イコール「事業や製品のポジション」となるが，後者の場合，事業や製品によってポジションが異なることも多い。したがって複数の事業・製品を保有している場合には，事業ごと，製品ごとにそのポジションを分析する必要があることになる。

　このような複数の事業・製品を保有する企業における各事業，各製品のポジションを市場の成長率と自社のマーケットシェアで分析するというフレームワ

---

(11) 資源が少なく，また独自性が欠けていることと，ポジション向上の意欲がないことには関連性があるとも考えられる。

ークが，BCG（Boston Consulting Group）によって概念化された。これがいわゆるPPM（Product Portfolio Management）理論である。[12]

BCGのトップコンサルタントでかつ会長職にあったヘンダーソンによれば，事業あるいは製品のポジションは具体的には，最大競合者と比較した相対的マーケットシェアと市場成長率によって，次の4タイプに類別される。

　　花形（star）：シェアも高く，成長率も高い
　　問題児（problem child）：シェアが低く，成長率が高い
　　金のなる木（cash cow）：シェアが高く，成長率が低い
　　負け犬（dog）：シェアも低く，成長率も低い
　　　　　　　　　　　　　（Henderson, 1979, p.164 ; 邦訳, pp.233 – 234）

そしてx軸（左方向が大）に最大競合者と比較した相対的マーケットシェア，y軸に市場成長率をとると，第1象限は問題児，第2象限は花形，第3象限は金のなる木，第4象限は負け犬となる。x軸の原点は1.0で，当該事業・製品市場において自社シェアが最大である場合には，シェアを比較する最大競合者は第2位企業となり，相対的シェアは1.0以上の値となる。自社のシェアが2位以下である場合には，シェアを比較する最大競合者は第1位企業となり相対的シェアは1.0未満の値となる。y軸の市場成長率は5年あるいは10年など過去一定期間におけるその業界の売上合計の伸び率で示されるが，原点は0とする場合と，同期間におけるその国の名目GNP成長率とする場合がある（Henderson, ibid., p.165 ; 邦訳, p.236）。[13]

PPM理論は複数の事業・製品を保有する場合の各事業，各製品のポジション分析に有効かつ操作的なツールを提供することとなったが，さらにこの理論はキャッシュフローと事業・製品の成長に関しても豊富な示唆をもたらした。

一般に企業内のキャッシュフローに関しては，以下の4つのことが言える。

---

[12] PPM理論はSBUのポジション分析にも適用されることがある。
[13] 実際には，10とする場合も多い。

「①生み出されるマージンとキャッシュは，市場シェアの関数である。高マージンと高シェアは並行する。これは広く観察できる事実であって，エクスペリエンス曲線効果で説明できる。

②成長製品には，設備増強のための資金が必要である。市場シェアを確保するためにどれだけの資金がさらに必要かは，成長率の関数である。

③高シェアは，手を拱いていたのでは入手できない。市場シェアを増やすには，それなりの投資増が必要である。

④どんな製品市場も，無限に成長することはできない。成長からの利得は，成長速度が鈍くなって入手できるか，まったく入手できないかである。その利得はその製品に再投資する必要のないキャッシュである。」

(Henderson, *ibid.*, p.164；邦訳, pp.232−233)

一企業が保有する財務的資源は有限であるから，複数の事業・製品を保有する企業においては，財務的資源の配分が重要な戦略的問題となる。換言すれば，どの事業，どの製品にもふんだんに資金を投下するというわけにはいかないから，このような企業は重点的に資金を配分し成長を促す事業や製品を決めなければならない。

前述したキャッシュフローに関する4つの一般的傾向ないし原則から，事業間，製品間のキャッシュフローとそれらの成長に関する，よく知られている以下の指針が導かれる (Henderson, *ibid.*, pp.164−166；邦訳, pp.232−234)。

シェアが高く成長率も高い「花形」は，高シェアにより収益性が高い一方，成長のための先行投資も必要としている。そのため，獲得した利益のほとんどは自己に再投資する必要があり，多くの場合ほかの製品や事業に余剰資金をまわす余裕はない。ただし高いシェアが維持される限り，市場成長率が鈍化して再投資の必要が小さくなった場合，大きな資金発生源となる。

シェアは低いが成長率は高い「問題児」は，一般的には生み出す利益よりもはるかに多くの資金を必要とし，資金の供給が止まると事業の継続が危うくなる。後に述べるように，金のなる木からの資金供給によりシェアを拡大し，こ

れを花形に成長させるのが望ましい。ただし巨額の投資を行っても，せいぜいシェアを維持するだけならば，市場成長率が止まると，多くの場合それは負け犬になる。

シェアは高いけれども成長率は低い「金のなる木」は，シェアを維持するのに投資を必要とするものの，この投資額を超える利益を生み出す。後に述べるように，企業ではバランスのとれた事業・製品のポートフォリオ（構成）が維持される必要がある。つまり常に，次の時代の花形を育てることが意識されなければならない（図表3－1）。

このような理由から，金のなる木から生まれる余剰資金は，問題児に供給され，これを花形に育てるために使われるのが望ましい。他方，金のなる木自体はこのような資金の供給源としてなるべく長期にわたり維持される必要があるし，これが衰退した場合には別の事業・製品が金のなる木としての役割を新たに担わなければならない。

シェアが低く市場成長率も低い「負け犬」は，収益性も低いのが一般的である。たとえ利益を計上しても，多くの場合シェアを維持するためにそれを自己にすべて再投資しなければならない。したがって撤退の検討対象であり，利益率がマイナスである場合には時機をみて清算する必要がある。

このようなキャッシュフローと事業成長の方向をまとめると，新たに開発された問題児に，金のなる木から資金を供給することによって（図表3－2の実線矢印），これを花形に育成し，最終的には金のなる木にソフト・ランディングさせる一方（図表3－2の点線矢印），負け犬は適当な時期に清算するのが，望ましいキャッシュフローと事業成長のあり方である。

金のなる木から「金食い虫」的な負け犬に資金を落とし続け，それでも足りないために，さらに花形からも資金を投下し続け（図表3－3の実線矢印），その過程で花形が競争力を失ってシェアを低下させることにより問題児となり，やがて市場成長率が鈍化して負け犬になる（図表3－3の点線矢印）というのが，不適切なキャッシュフローと事業成長のあり方である。

企業が持続的に存続し成長するためには，バランスのとれた事業・製品のポ

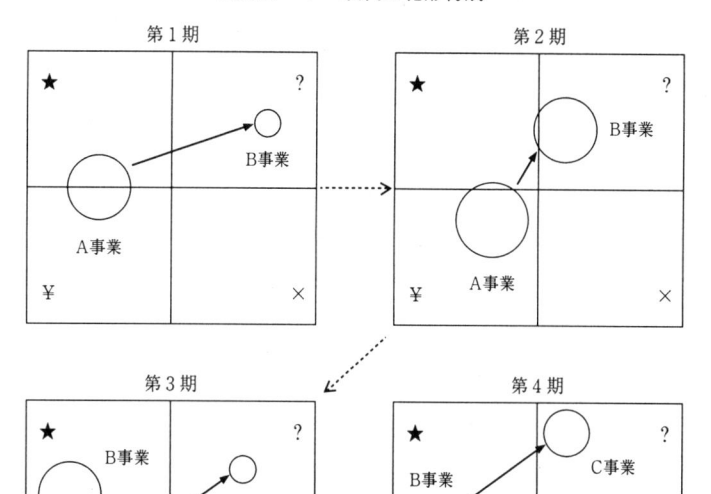

図表3−1　次代の花形育成

```
第1期                          第2期
★         ?                  ★         ?
    ○→  ○ B事業                   ↗ ○ B事業
 A事業                            ○
¥         ×                    A事業
                              ¥         ×

第3期                          第4期
★         ?                  ★         ?
 ○ B事業   ○ C事業                ○ → ○ C事業
       ↗                      B事業
   ○                         
   A事業                        ¥  ○ A事業  ×
¥         ×
```

★花形　?問題児　¥金のなる木　×負け犬
　────▶　資金の流れ　　┈┈▶　事業成長の方向
円の大きさは事業規模（売上の大きさ）を示す

第1期　成長率の鈍化した花形事業Aの利益をB事業の育成のために使う。
第2期　B事業を問題児から花形に育てるために，A事業から資金を供給し続ける。
第3期　B事業が花形に育ったため，新たに生まれた問題児C事業に，A事業から資金を投入する。
第4期　A事業の代わりにB事業が，C事業に資金を投下する。つまりB事業が新しい金のなる木となる。

ートフォリオ（構成）が維持される必要がある。そしてバランスのとれたポートフォリオには，企業の事業活動で中心的な役割を果たす花形，資金を供給してくれる金のなる木，資金を投入すれば花形に成長しうる問題児，の3つが必要である。市場全体としては有望な問題児は，「将来の芽」という性格があるので必要だが，市場の伸びが止まり自社の競争力も弱い負け犬は，その会社全体の利益率を下げるので，基本的には製品のポートフォリオには必要でない。

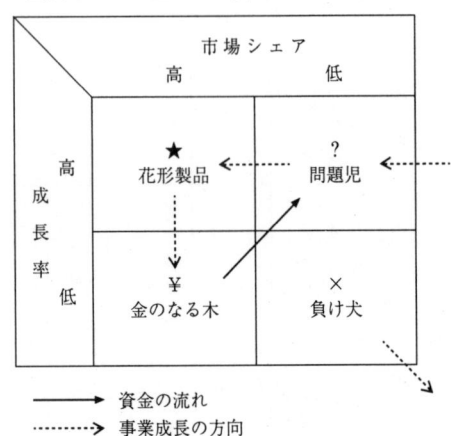

図表3-2　望ましい資金の流れと事業成長

	市場シェア	
	高	低
高成長率	★ 花形製品	? 問題児
低	¥ 金のなる木	× 負け犬

──→　資金の流れ
┈┈→　事業成長の方向

（出所）Henderson, 1979, p.165を参考に筆者作成。

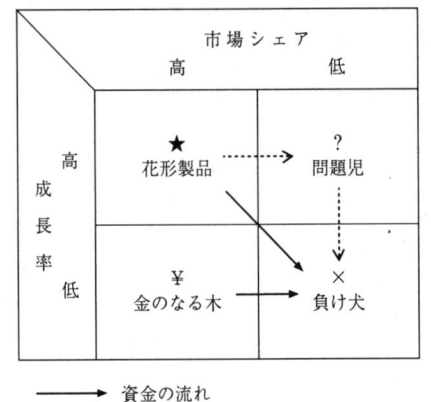

図表3-3　不適切な資金の流れと事業成長

	市場シェア	
	高	低
高成長率	★ 花形製品	? 問題児
低	¥ 金のなる木	× 負け犬

──→　資金の流れ
┈┈→　事業成長の方向

（出所）Henderson, *ibid.*, p.165を参考に筆者作成。

（3）事業スクリーン分析

　PPMは事業や製品のポジション分析を4グリッドで行うフレームワークであるが、これから派生したものに、9グリッドでポジション分析を行う「事業

スクリーン」（戦略計画グリッド）理論がある。

このフレームワークでは，相対的マーケットシェアのほかに価格競争力，製品の質，その他を考慮した「競争ポジション」を横軸にとり，市場成長率のほかに市場規模，競争度を反映した「産業の魅力度」を縦軸にとって，その2次元平面上に，各事業，各製品に関し産業全体の売上規模を反映した円と当該企業のシェアが描かれる（図表3-4）。

基本的にはこれは，PPM理論に立脚したフレームワークであるが，競争ポジションと産業魅力度に関し複数のインディケータによる複合尺度が導入されているところに特徴がある（Kotler, 1980, p. 83）。基本的な意図や概念はPPM理論を踏襲していることから，この手法もPPMに含めて考える研究者も多い（たとえば山田，1997，pp. 76-77）。なお，この分析フレームワークは，アメリカの大手電機会社ゼネラル・エレクトリック（GE）の戦略策定部門により開発されたとされている。

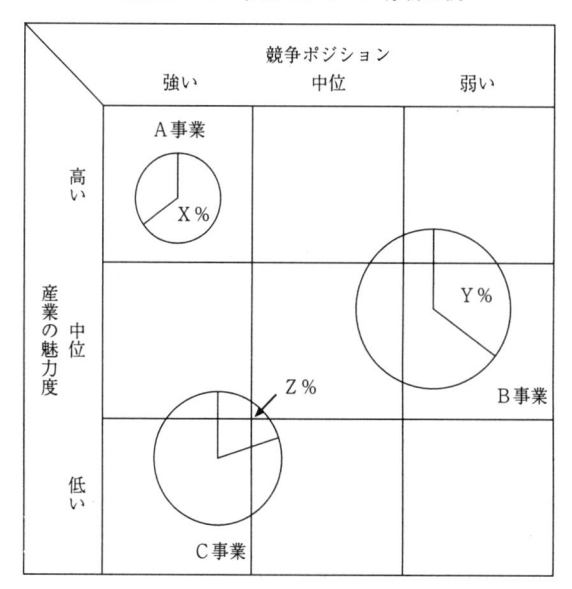

図表3-4　事業スクリーン分析の例

加護野（1985b）はこのような事業スクリーン理論との関連で、望ましい事業成長の方向を整理した。すなわち彼によれば、「市場の魅力度も高く、競争力も高いSBUには、成長あるいは優位性の確保という使命が与えられる。競争力は強いが市場の魅力度が低いSBUには、選択性を高め収益性指向を高めるという使命が与えられる。競争力も低く市場の魅力度も低いSBUは、ロスの最小化あるいは撤退という目標が与えられることになる」（加護野，1985b, p. 170）。また競争力と市場魅力度のうち片方が強く（高く）、もう一方が中位のSBUにも成長と優位性確保というミッションが与えられる。競争力は弱いが市場魅力度は高いSBU、あるいは両者がともに中位であるSBUも選択と収益性向上の対象となる。そして競争力と市場魅力度のうち一方が中位で、もう一方が低い（弱い）SBUは、投資を回収してから時機をみて撤退すること（収穫撤退）が目標となる（加護野，前掲書, p. 170）。

　一方、ホファー＝シェンデル（1978）は事業スクリーン分析の考え方に立脚した場合、複数産業企業（multi-industry firm）すなわち多角化企業の理想的な事業ポートフォリオはどのように描けるかを考察した。彼らによれば、理想的なポートフォリオとは端的に言えば、（1）勝者のみで、（2）それも確立された勝者（established winners）と未来の勝者（developing winners）で構成されているというものである（Hofer & Schendel, 1978, p. 82；邦訳, p. 93）。すなわち彼らによれば、事業スクリーン分析に立脚した理想的事業ポートフォリオとは、シェアが高く競争力の強い事業ばかりで、しかも収益力の面で確固たる基盤を築いた事業と成長しつつある事業がバランスよく保有されているような事業構成である。

　しかしながら彼らによれば、「実際にはこのような理想的なポートフォリオをつくり上げるのはきわめてむつかしい」（Hofer & Schendel, ibid., p. 82；邦訳, pp. 93－94）。というのは、事業がすべて勝者になるというのはとうてい不可能であり、現実のポートフォリオには、「いくつかの平均的事業と通常は2～3の問題事業および敗者もある」（Hofer & Schendel, ibid., p. 84；邦訳, pp. 94－95, 強調はホファー＝シェンデルによる）からである。

また競争ポジションと産業の魅力度に関して事業や製品のポートフォリオが理想的であっても，そこにおいてキャッシュフローが理想的に形成され維持されるとは限らない。というのは，勝者的な事業・製品はキャッシュに関してたとえ自己充足的であっても，未来の勝者を成長させるに十分な余剰キャッシュを生まない場合もあるからである。むしろ現実には，理想的なポートフォリオであっても，未来の勝者にキャッシュを供給する「利益の稼ぎ手」はせいぜい2，3しかないことが多い（Hofer & Schendel, ibid., p.82；邦訳, p.94）。

このように，事業スクリーン分析的な意味で理想的なポートフォリオであっても，キャッシュフロー的に理想であるとは限らない。この事実は，事業スクリーン分析の限界を示していると言ってよい。

そして理想的ポートフォリオには収益性と成長性でみて色々な組合せがあり，同じ理想的ポートフォリオと言っても，「未来の勝者」と「確立された勝者」の比率は色々な場合がありうる。一般的には前者の比率が高いと企業の成長性は高くなるが収益性は抑えられ，後者の比率が高いとその逆になるという傾向がある。また前者の比率が高い企業は高い負債比率と低い配当率に特徴づけられ，後者の比率が高い企業は逆であることが多い。このような傾向があることはわかるものの，いかなる比率が企業経営的に最良なのかは，事業スクリーン理論は示してくれない（Hofer & Schendel, ibid., p.84；邦訳, p.94）。

さらにホファー＝シェンデルは，事業スクリーン理論に対し，市場が発展段階上どこにあるかを捨象しており，強い競争ポジションがなぜ必ずしも高いマーケットシェアにつながらないかということを説明できないという批判も加えている。すなわち競争ポジションが強くとも，マーケティング等に関し発展段階と整合的な戦略がとられていなければ，マーケットシェアは小さくなる。

そして彼らはこの限界を克服する15セルの枠組を示した。ここでは横軸に競争ポジションがとられ，縦軸には市場の発展段階がとられる。彼らは，これにより強力な競争ポジションを有する事業のなかに，なぜ高いマーケットシェアを得られない事業があるのかが分析できるとしている（Hofer & Schendel, ibid., p.33；邦訳, pp.40-41）。すなわちこのような事業においては，価格競争

力や製品の質等でみた競争ポジションは強くとも，市場の発展段階に適した戦略がとられていない可能性がある。たとえば市場が導入（立ち上がり）期の事業に成熟期に適したマーケティング戦略をとっていれば，競争ポジションは強くとも，シェアは低くなる。

ただし彼らは事業スクリーン理論の意義を否定しているわけではない。というのは市場が発展段階のどこにあるかを考慮するといっても，同じ事業内には市場が立ち上がりつつある開発段階の製品もあれば，衰退段階にある製品もある。したがって，「事業の性質によってGEのマトリックス（事業スクリーン分析）か，製品／市場発展マトリックスかの選択をすべきである」(Hofer & Schendel, ibid., p. 33；邦訳, p. 41，（　）内の補足は白石による) と彼らは述べている。より具体的には，「事業の多くがいくつかの製品／市場セグメントの集計である場合には，GEマトリックスのほうがすぐれている。しかし，多くの事業が個々のあるいは小範囲の関連製品である場合には，製品／市場発展マトリックスを使うべきであろう」(Hofer & Schendel, ibid., p. 33；邦訳, p. 41) としている。

（4）ポジション理論の意義と限界

ところでこのようなフレームワークは事業が「どこにあるか」を分析する枠組であり，そこでは「どこを選ぶか」という主体的選択の要素は全くないか，弱い。もしこれが主体的選択を前提にした議論であり，しかもそれが現実にも可能ということになれば，どの企業の事業も花形事業ばかりになってしまう。また主体的選択を前提にしていると考えると，そのことと事業ポジションの定義に相対的マーケットシェアを採用していることが矛盾をきたす。

すなわち本節で紹介したポジション分析の枠組はポジションに関する現状把握のフレームワークであり，戦略的なポジショニングのフレームワークというよりはむしろ，ポジションに適合的な戦略を策定するための準備的フレームワークとみなすべきであろう。その意義は，合理的な戦略策定を可能にするための事前分析のツールを提供していることにあるとみることができる。実際，先

に紹介した嶋口（1986）もポジション類型化の枠組を示した後に,「ここで示された競争地位はSBUの対象市場における相対的投入経営資源を反映したものであり，その経営資源に応じたもっとも合理的な市場対応の方法が市場戦略の論理を形成する」（嶋口，1986, p.99）としている。

第3節　能動的なポジショニング

（1）バリューによるポジショニング

企業のポジションには，市場から付与されるという受動的側面以外に，自ら選択するという能動的要素もある。換言すれば，企業は顧客，競合他社といった外的コンテキストに一方的に翻弄される存在ではない。外的コンテキストにより「どこに位置づけられているのか」の分析も重要だが，実際のところは，ポジションには外部環境の「どこに位置づけるのか」という能動的要素がある。

このような能動的選択要素を含むポジショニングの概念は，コトラー（1999）によって提示されている。すなわち2節で述べたように，コトラー（1984）により「市場における競争上のポジション」という概念が提示され発展したが，それとは別に近年，「どこに位置づけるのか」という能動的選択の要素を含むポジショニング概念がやはりコトラーによって示されている。それは選択的基準とバリューによるポジショニングである。

コトラー（1999）によれば，すべての尺度で最高のポジションを得ることは現実には困難なので，企業はポジショニングの基準を選択した方がよいという。すなわち彼によれば，「すべての領域で卓越した完璧な企業など存在しない」（Kotler, 1999, p.55；邦訳，p.84）。その理由は2つあり，次のように説明される。「理由の1つは，企業は使用可能な財源を定め，それらをどこに集中させるかを決定しなければならないからである。2つ目の理由は，1つのことに卓越することは同時に他の可能性を捨てることになるからである。たとえば，最低コストを達成するために標準化製品を大量生産しようとすれば，変更や調整

を求める多くの顧客の要求に応えることはできない」(Kotler, *ibid.*, p. 55；邦訳, p. 84)。

したがってコトラーは，自社にとって重要な基準を選んだうえで，その基準に関して最も有利なポジショニングを図った方がよいとしている。彼によれば，主要な基準とポジショニングには以下のようなものがある。

「特質によるポジショニング」：企業は，何らかの特質や特徴，一言で言い表せるようなアイデンティティによって，自らをポジショニングできる。たとえばあるビール会社は自社を最も古いビール・メーカーだと主張し，あるホテルは自分のところを町一番の高層ホテルだと称する。

「ベネフィットによるポジショニング」：製品はベネフィットを約束する。企業や製品はこのベネフィットによりポジショニングされうる。たとえば石けんメーカーの場合洗浄力が強力，自動車メーカーの場合安全性が高いというポジショニングがありうる。

「用途または適用によるポジショニング」：製品はある特定の用途に最適であるというようにポジショニングされうる。たとえばスポーツシューズの場合，競走に最適，バスケットボールに最適というようなポジショニングが可能である。

「ユーザーによるポジショニング」：製品や企業は対象とする顧客グループによってポジショニングされうる。たとえばコンピュータ業界では，グラフィックデザイナー向け，設計技師向けというようにポジショニングが行われうる。

「競合企業によるポジショニング」：企業は自社製品の優秀性や違いを競合企業の製品と比較することで示すこともできる。[14]

「カテゴリーによるポジショニング」：企業は自らをカテゴリー・リーダーと規定することもできる。すなわち何々業界のトップ企業というようなポ

---

[14] どの企業の製品を比較対象としているか自体で，消費者はその企業および製品のポジションを推し量れる。

ジショニングもありうる。

「品質または価格によるポジショニング」：品質，価格水準でもポジショニングが行われうる。高品質，高価格，コストパフォーマンスがよいなど，これによって色々なポジション設定が可能である。[15]

(Kotler, *ibid*., p. 58；邦訳，pp. 89-90)

企業はこういったポジショニング基準から，自社にとって本質的で重要なものを選択したうえで，自社という企業あるいは保有する個々の事業，製品のポジショニングを行う必要があるというのがコトラーの立場である。他方でコトラーは，どの企業も「バリュー」に関するポジショニングは必ず行う必要があるとしている。すなわちコトラーによれば，バリューはすべての企業においてポジショニングの基準とならなければならない。

バリューとは端的に言えば，価格と品質水準の関係である。たとえば同じ業界でも，最高級品に特化し，価格を高く設定するポジショニングがありうる。「『よいものをより高い価格で』というポジショニングは，派手な消費に臆することがなく，高品質なものを提供する作り手を支持したいと感じる裕福な買い手がいる限り成立する」(Kotler, *ibid*., p. 59；邦訳，p. 91)。したがって実際，大抵の業界にはこのようなバリューポジションを持つ企業が存在する。

また業界内には，最高級品ではないがこれと遜色のない品質と性能を持つ製品を最高級品と同じ価格で提供する企業群，標準的な製品を低い価格で販売する企業群もあるし，標準より劣るそこそこのものを極めて安い価格で売る企業群もある。さらに，いわゆるカテゴリーキラーにみられる，よいものをより安くというポジショニングもありうる (Kotler, *ibid*., pp. 59-61；邦訳，pp. 91-95)。

バリューによるポジショニングが行われた後，企業はターゲットとする市場

---

[15] コトラーは後に述べるように，特に価格と品質水準の関係，両者のペアリングを「バリュー」と呼び，ポジショニング基準として重視している。

を明確にしなければならない。ここで重要なのはポジションとターゲット市場の整合性である。すなわち，「『よいものをより高い価格で』というブランドには，それ特有のターゲット市場があり，『そこそこのものをはるかに安い価格で』というポジションにも別のターゲット市場がある」(Kotler, *ibid.*, p. 61；邦訳, p. 95)。

前述したように，バリューポジションには色々なものがあるが，どの業界でも成立しえないポジションが1つだけある。それは「悪いものを高く売る」というものである。これは失敗が避けられない唯一のポジションで，このポジションをとる企業や製品はやがて市場から消えていく (Kotler, *ibid.*, p. 61；邦訳, p. 95)。

(2) 戦略グループへのポジショニング

このような能動的なポジショニングの概念は，ポーターによっても比較的早期に提示されていた。すなわち1つの業界内の企業がとる戦略には種々様々なものがあるが，そのような多様な戦略を分類する次元として，ポーター (1980) は以下のものをあげている。

- 専門度：製品，顧客層，販売地域を限定している程度
- ブランド志向度：価格ではなくブランドの力で競争に勝とうとする程度
- プッシュ対プル：消費者に直接働きかけることと，流通業者から情報を得ることのどちらに重点があるか
- 流通チャネル：自社所有，専門店，総合店のどれであるか
- 品質：原材料，耐久度，仕様などを含む製品水準
- 技術：技術面でリーダーシップをとろうとしているか他社を模倣追従しているか
- 垂直統合度：川下統合および川上統合がどれ位進んでいるか
- コスト：コスト削減のための投資と努力の程度
- サービス提供度：製品に付加的なサービスをどの程度つけているか
- 価格政策：他社の価格よりも高いか安いか

・依拠する力：財務力か営業力か
・親会社との関係：行動を規定している他企業やグループは何か
・政府との関係：活動拠点のある自国・外国の政府からどのような援助あるいは規制を受けているか

(Porter, 1980, pp. 127−129；邦訳, pp. 180−182)

　そしてある業界内の企業は，「その戦略次元上での特徴によって戦略グループに分けることができる」(Porter, ibid., p. 129；邦訳, p. 183)。このグルーピングは，各戦略次元に関し微小な差異は捨象して本質的に同じ戦略がとられているかどうかという観点でなされる。「したがって，戦略グループは，各戦略次元上で同じか，あるいは類似の戦略をとっている企業のグループということになる」(Porter, ibid., p. 129；邦訳, p. 183)。

　ポーターによれば，戦略グループが1つしかない，あるいは逆に無数にあるという業界も理論的には考えられるが，実際にはそのような業界は少ないという。すなわち，「もし，業界内のすべての企業が本質的に同じ戦略をとっているとしたら，その業界には戦略グループはただ1つだけしか存在しない。この逆は，業界内のすべての企業が全部異なった戦略を採用している場合である。しかし，ふつうは業界は少数の戦略グループで形成されており，それらのグループ間では採用している戦略にはっきりしたちがいが見られる」(Porter, ibid., p. 129；邦訳, p. 183)。

　戦略グループが生成する理由や背景としては，色々なことが考えられる。「たとえば，競争業者の企業力にはもともと差があること，その業界への参入時期がちがうこと，あるいは，まったくの偶然すらも戦略グループ形成の理由になる」(Porter, ibid., p. 130；邦訳, p. 185)。

　同一戦略グループ内に属する企業は同じような戦略をとっているため，「企業環境の変化や競争業者の動きによって受ける影響と，それらに対する反応もまた似かよってくる傾向がある」(Porter, ibid., p. 130；邦訳, p. 185)。

　このように企業は，ブランド志向度，流通チャネル，製品の品質・価格，技

術面でのイニシャティブの有無，垂直統合度，その他から，自社がどの戦略グループに位置するかを判別できるし，また企業はこれを的確に把握しなければならない。そしてその戦略グループが，自社の存続性と成長性を維持し向上させるうえで適切であるかどうかを判断する必要がある。

他の戦略グループに移動するのが有利であるならば，そのグループへの移動が検討課題となる。ただし他のグループに移動する際には，次に述べるような移動障壁を見極め，これを克服する必要がある。

一般に，ある業界への参入を妨げる要因，いわゆる参入障壁には規模の経済性，製品差別化とブランド・ロイヤルティ，巨額の必要最小投資，買い手側の仕入先変更コスト，流通チャネル確保の難しさ，政府・監督官庁による規制などがある。企業がある業界に新規参入するということは，言い換えれば戦略グループマップのどこかに自らをポジショニングする，プロット（位置付け）するということである。プロットされたポジションはいずれかの戦略グループ内に入っていることが多いし，意識的にいずれかのグループ内への位置付けが図られることも多い。このように，ある業界に参入するということは厳密には，ある業界内の特定戦略グループに参入するということである。

したがって，前述の諸要因のうちどれが参入障壁として実際に機能するかは，「新規参入業者が加わりたいと望んでいる特定の戦略グループの特性によって決まってくる」(Porter, *ibid.*, p. 132；邦訳, p. 187, 強調はポーターによる)。たとえば戦略グループには，ナショナルブランドを持ち製品の種類も数多くそろえ垂直統合度も高いグループがある一方，自社ブランドを持たず限られた種類の製品をプライベートブランド業者向けに組み立てるグループ（アセンブラー）もある。前者と後者では，前者の方が参入障壁として機能する要因は多いし，またその機能も強いものとなる (Porter, *ibid.*, pp. 132－133；邦訳, p. 187)。

すでにその業界で活動している企業が，他の戦略グループに移動しようとする際にも同様のことが言える。「参入障壁は，その戦略グループへの業界外からの企業参入を防ぐだけでなく，業界内の企業が1つの戦略グループから別のグループへ移動するのを防ぐ役割も果たす」(Porter, *ibid.*, p. 133；邦訳, p. 188,

強調はポーターによる)。そして具体的にどのようなファクターが「移動障壁」となるかは，移動先の戦略グループによって変わってくる。業界内の移動障壁すべてに対応するということではなく，移動先のグループにある障壁を見極めて克服することが移動企業には求められるのである。

このような戦略グループと移動障壁の存在は，一般的に観察される，業界内で企業間に一貫した収益性の相違があるという現象に1つの説明を与える。もし移動障壁がないならば，戦略グループ間での移動が自由になるので，収益性は戦略グループつまりポジションに規定されなくなる。しかし，「業界内の戦略グループは，それぞれ固有の移動障壁をもっており，それが企業間の収益性に格差をもたらしている」(Porter, ibid., p.134；邦訳, p.188) のである。

また成功している他社の戦略をまねることが意外に難しいということも，移動障壁の存在によって説明されうる。すなわち他社の戦略をまねるということは一時的にせよ，本来の戦略グループから抜け出て当該他社の戦略グループに移動することを意味するから，移動障壁的性格を持つ様々な困難に直面するのである。

しかしながら，ポジショニングしている戦略グループに将来性がなく，自社の存続と成長を確保するためには他のグループに移動する必要があると企業が判断することもある。このような企業は，前述したようにその業界にあるすべての移動障壁に対処するのではなく，移動先グループにある特定の移動障壁を見極めて克服しなければならない。そして「特定の移動障壁を打ち破るのに要するコストは，その企業の現在の戦略上の位置や，その企業の経営資源の質と量によって異なる」(Porter, ibid., p.135；邦訳, p.190)。

以上のような，バリューおよび戦略グループ概念を用いたポジショニングには，企業あるいは事業が置かれている位置の把握すなわち現状分析を行うという含意以外に，ある業界において存続し成長するためにどのようなバリューを提供するか，あるいはどの戦略グループを選ぶかという能動的選択の要素がある。企業は市場や顧客により，ポジションを付与されるだけでなく，自己のポジションを選ぶことができるし，他社との競争で優位に立つためにはポジショ

ンを主体的に選択しなければならない。すなわち「どこにあるか」の分析に終始し,「どこに位置づけるか」の主体的選択を怠る企業は,自己に有利な位置から競争をしかけてくる競合他社に対抗できない。

第4節　PIMS研究

　PPM理論には高シェアは高収益につながるという前提があったが,この関係を含め,事業部門が有するポジション等の特性と収益性の間にある諸関係を実証分析しようとした研究に,PIMS (Profit Impact of Market Strategies) 研究がある。研究主体はハーバード大学の外郭団体である戦略計画研究所 (Strategic Planning Institute) で,予備調査が終わり本調査が始まったのは1972年であった。それから1980年代半ばまでに約450社分のデータが集められ,事業特性と収益性の関連が分析された。

　分析にあたっては,競争ポジションや戦略,市場特性や業界構造が事業の収益性にいかなる影響を及ぼすかが測定された。研究チームは特に6つの関係を取りあげて,これらに対する詳細な検討を行った。具体的には,相対的品質と収益性,マーケットシェアと収益性,資本集約度（固定資産率）と収益性,PPM的事業ポジションとキャッシュフロー,垂直統合度（付加価値率）と収益性,ROI向上要因と長期的事業価値の関係である。

(1) 品質と収益性

　PIMS研究によれば,事業単位の業績に影響を与える重要なファクターには,競争相手と比較した製品およびサービスの相対的な品質がある。「短期的には,優れた品質は,価格のプレミアムによって収益の増加をもたらす」(Buzzell & Gale, 1987, p.7；邦訳, p.11)。一方,「長期的には,相対的品質をより優れたもの,あるいは改善されたものにすることによって,事業の成長が効果的にもたらされる。品質はまた,市場拡張と市場シェアの上昇の双方をもたらす」(Buzzell & Gale, *ibid.*, p.7；邦訳, p.11)。

第3章　ポジショニングとポジション優位　◆―― 115

　実際，データを分析した結果，投資収益率（ROI）と売上高利益率（ROS）は，顧客の立場からみた品質「相対的知覚品質」の高い企業群の方が，そうでない企業群よりも明らかに高かった（Buzzell & Gale, *ibid*., p. 107；邦訳, pp. 134 − 135）。

　このような相対的高品質と高収益率を媒介する要因としてあげられているのは，顧客側の強いロイヤルティ，反復購買の増加，価格競争によって損害を受けにくいこと，市場シェアに影響を与えずに相対的に高い価格の設定が可能であること，低いマーケティング費用，市場シェアの拡大である（Buzzell & Gale, *ibid*., pp. 107 − 108；邦訳, p. 135）。

（2）シェアと収益性

　市場において高いシェアを占めているというのはある種の重要なポジションであるが，これと収益性にはどのような関係があるのだろうか。PIMS研究によれば，「市場シェアと収益性は強く結びついている」（Buzzell & Gale, *ibid*., p. 8；邦訳, p. 12）。

　市場ポジションと収益性の関係はあいまいで市場における強い地位それ自体は高収益をもたらさない，あるいは強いポジションと高収益性は高い品質や有能なマネジャーがもたらしたものであって両者の間に関連はないという見解も従来はあった。

　しかしPIMSの分析結果はこれに否定的で，ポジション優位の存在，すなわち強いポジションが高収益性をもたらすという関係を実証している。[16]　具体的には彼らは，「市場シェアの正味の影響は，市場シェアが10ポイント増すごとにROIはおよそ3.5ポイント増す」（Buzzell & Gale, *ibid*., p. 8；邦訳, p. 14）という分析結果を得ている。

　市場における高いシェアと高収益性を媒介する要因としてあげられているのは規模の経済性，顧客によるリスク回避，市場支配力，共通の基本要因である。すなわちシェアが高いと規模の経済性により生産コストが低下するし，リスク回避的な顧客の購買が増える。また管理価格等により市場をある程度コントロ

ールできる。ただしシェア,ROIともに共通の基本的要因,たとえば有能なマネジャーによってもたらされるという要素も一部ある (Buzzell & Gale, *ibid.*, pp. 73-74；邦訳,pp. 93-94)。

このうち最も重視されているのは規模の経済性で,「規模の経済性はシェアと収益性を結びつける基本的かつ直接的なメカニズムである」(Buzzell & Gale, *ibid.*, p. 73；邦訳,p. 93)とされている。

(3) 資本集約度と収益性

資本集約度あるいは投資集約度とは,売上高,付加価値,あるいは従業員1人当りでみた投下資本の大きさをさす。PIMS研究では,「高水準の投資集約化は,収益性に強力な障害として作用する」(Buzzell & Gale, *ibid.*, p. 10；邦訳, p. 15)という傾向が見出されている。より具体的には,資本集約的であるということは,一定の売上をあげるために多くの固定資産,たとえば工場や設備を使っているということであるが,このことは工場稼動率を調整したROS,ROIを低下させる傾向があるという (Buzzell & Gale, *ibid.*, pp. 138-140；邦訳, pp. 174-176)。[17]

高い資本集約度と低い収益性を媒介する要因としてあげられているのは,資本集約度の高さは積極的かつ破壊的な競争につながりやすいということ,資本投資が大きいと収益性が低くともその事業から撤退しにくいということ,資本

---

[16] この点について,PIMSの研究チームは次のように述べている。「シェアと収益性の関係は,これまで何人かの観察者によって擬似的であると疑問視されていた。つまり,かれらは強い市場地位と高いROIの双方とも,他の要因の影響,特に経営スキルや運といったものによるものであると述べている。確かに大きなシェアの事業によって得られた利益の一部は,通常強い競争地位に伴うさまざまな要因—特に相対的品質によって説明されるであろう。しかし,われわれが説明に用いた20もの市場要因や戦略要因と品質要因とを検討してみると,市場シェアは,そのなかでもかなりのインパクトをもっていることがわかる」(Buzzell & Gale, 1987, p. 8；邦訳, pp. 12-14)。

[17] ただし売上に対し運転資本が多い場合も資本集約的となる。

集約度の高い事業における標準的（あるいは低めの）利益目標の設定，資本の使用効率の悪さである（Buzzell & Gale, ibid., p. 148；邦訳, p. 182）。資本集約度の高さが，機械化され自動化された生産体制を通じて高い生産性をもたらすこともあるが，負の影響を持つこれらの媒介要因がその高い生産性を相殺し，収益性を低下させてしまう（Buzzell & Gale, ibid., pp. 153－156；邦訳, pp. 191－192）。

（4）PPM的事業ポジションと収益性

PPM理論では，シェアが高く市場成長率の低い「金のなる木」が資金供給源として機能する一方，シェアの低い「負け犬」と「問題児」は余剰キャッシュを生まないとされていた。PIMS研究は基本的にはこれを支持しつつも，例外もあることを明らかにした。すなわち金のなる木であっても余剰キャッシュを生まない事業もあるし，負け犬や問題児に分類される事業のなかにも余剰キャッシュを生むものがあるという。

具体的には，プラスのキャッシュフローを生む事業の比率は金のなる木では74％，花形で72％，負け犬で59％，問題児では54％で，比率の大きい順位はPPM理論における想定と一致していた。ただし負け犬と問題児のなかにもキャッシュバランスが正であるものが比較的多いということがわかった。

これについて研究チームは，相対的シェアと市場成長率でみたPPM的事業ポジションがキャッシュフローを左右するのは確かだが，ほかにもこれに関連する要因があるからだと説明している（Buzzell & Gale, ibid., p. 12；邦訳, pp. 17－18）。しかしいずれにせよ，PPM的事業ポジションが収益性に大きな影響力を持っていることはPIMS研究によっても確かめられた。

（5）垂直統合度と収益性

企業，特にアメリカの大企業のなかには垂直統合戦略によって発展してきた企業が多いが，PIMS研究によれば垂直統合は必ずしも収益性向上にはつながらず，これを悪化させる場合もあるという。彼らによれば，垂直統合が収益性

にプラスに働くか,マイナスに働くかは,シェアでみた事業の競争ポジションによって異なる。

具体的には,小さなシェアの事業に関しては,垂直統合度が高いほどROIは低くなる。これは,垂直統合度の増大によって一般的にもたらされる投資集約度の向上が,小さなシェアの事業にとってある種の「重荷」になってしまうからである。すなわち小シェア事業の場合,垂直統合の各段階において最小の効果的運営規模,効率的運営を維持できる最小事業規模をクリアできるかどうかが大きな問題となる（Buzzell & Gale, ibid., pp. 12－14；邦訳,pp. 18－19）。[18]

一方,平均以上のシェア・ポジションにある事業に関しては,垂直統合度が低水準にあるか逆に高水準にある場合ROIが高く,垂直統合度が中位である場合ROIは低くなる（Buzzell & Gale, ibid., pp. 12－14, pp. 175－176；邦訳, p. 18, p. 212）。[19]

(6) ROI向上要因と長期的事業価値

短期的な収益性と長期的な事業価値の関係,すなわち「現時点の収益性の最大化と長期的価値の向上との間のコンフリクトはどの程度のものか」という問題もPIMS研究では取りあげられ,考察されている。その結果,「ROIを上げる戦略要素のほとんどは,長期的な事業価値の向上にも貢献する」(Buzzell & Gale, ibid., p. 14；邦訳, p. 19) ということが明らかになった。[20]

たとえば初期に強力な競争ポジションを築いた事業は,その後有効な経営が

---

[18] 垂直統合度は,売上高付加価値率すなわち（売上高－買入高）÷売上高×100の値で測定されている。買入高は原材料費,備品購入費,光熱費等,他社からの購買に支払った金額の合計である（Buzzell & Gale, ibid., p. 165；邦訳, p. 201）。

[19] 平均以上のシェアを有する事業においてこのような傾向がみられる理由については,必ずしも明らかにされていない。すなわちこの分析結果については,「ここに要約された事実は,特定の統合戦略がどのように収益性に影響を及ぼすかということを明示していない」(Buzzell & Gale, ibid., p. 178；邦訳, p.215) という総括のなされ方がされている。

なされるか否かにもよるが，一般に長期的な価値においても十分な成果を残す。この点でもポジションは本質的重要性を持つ（Buzzell & Gale, *ibid.*, p. 15；邦訳, p. 21）。

ただし現在の収益性と事業の長期的増分価値の間に，ある種のトレードオフが働くこともある。そのほとんどはR＆Dやマーケティングに関連している。たとえば研究開発投資の大きさ，より厳密には売上高に対する研究開発支出率の高さは，ROIに対しマイナスに働くが，長期的事業価値の増分にはプラスに働く（Buzzell & Gale, *ibid.*, pp. 214－216；邦訳, pp. 260－261）。

第5節　ポジションの活用と競争

以上，本章で強調してきたことは，ポジションには主体的選択の要素があるということと，企業や個別事業の収益性に対するポジションの影響力は大きいということである。これまで述べてきたように，企業は市場の構造特性と自社の地位に関する分析を行う以外に，主体的にポジションを選択する必要がある。すなわちポジションは分析し把握する対象であるだけでなく，能動的かつ戦略的に選択する対象と考えられなければならない。またそう考えないと，ポジション理論の意義も示唆も小さいものとなる。

ただし有利なポジションを選択し獲得することをもって，企業の戦略行動は完結するわけではない。企業はこれと並行して資源と能力を蓄積し，競争戦略に基づいてこれらを活用しなければならない。

すなわちあるポジションを獲得し，これを維持するうえで資源と能力が重要なことも確かである。偶然あるポジションについたという場合もあろうが，そのポジションを活かせるかどうかは当該企業がどのような資源と能力を保有し

---

[20] 事業価値の増分は，SBUの最初の市場価値に対する総価値（割引キャッシュフロー＋将来の市場価値）比率と定義されている（Buzzell & Gale, *ibid.*, p. 14；邦訳, p. 21）。

ているかに大きくかかっている。

　有利なポジションは，その企業に高収益をもたらす。しかしどれくらいの高収益をもたらすかは，ポジションを活用し，それが有するポテンシャルを引き出す当該企業の組織能力の高低によって変わってくる。ポジションを活かす組織能力が低ければ，ポジションが有利なものであってもそれが収益性を高める度合いは小さくなるし，ポジション活用の組織能力が高ければ，ポジションの収益性に対する寄与は大きくなる。

　資源に関しても同様のことが言える。ポジション活用の土台となる資源が豊富にあれば，企業は収益性を大きく高めうるが，これが不足していれば収益性の向上は限られたものとなる。

　複数事業を経営する多角化企業に関して言えば，事業間に資源と能力の何らかの相互強化・相互補完の関係があるし，またこのような関係を有効に形成し維持することが重要であるのに，ポジション分析の理論特にPPM理論ではこのことが軽視されている。現実の事業間にあるのはキャッシュフローすなわち資金を供給する，されるだけの関係ではないから，単純に利益率がマイナスで資金供給源となっていないので撤退するというわけにはいかない。このような資源と能力の問題，特にこれらの蓄積については，6章で取りあげる。

　また前述したように，ポジションを獲得した後には，競争戦略に基づいた資源と能力の活用が必要となる。すなわち有利なポジションにいるということは，競争にさらされなくて済むということを保証してはいない。有利なポジションにも競争が発生する可能性はある。つまり同じポジションに強力な競合他社がいる場合これとの熾烈な競争に直面することがあるし，また同じドメインで活動している違うポジションの企業とも競争は発生しうる。したがってあるポジションを獲得したうえで，他企業とどのように競争するのかという問題もやはり重要なのである。このような競争戦略の問題は，4章および5章で取りあげる。[21]

(21) マガーン=ポーター (1997) は，資源アプローチの戦略論に批判的な立場から，事業のポジションがその収益性にどのような影響を及ぼすかについて実証研究を行った。彼女らの直接的な問題意識は，近年，資源ベースビュー (resource-based view) と時に呼ばれる一連の理論が，企業業績に最も強い影響を与えるのは独自の組織的プロセスであると論じているけれども，業績に対するポジションの影響は小さいのだろうかということである (McGahan & Porter, 1997, p. 15)。ただし彼女らの言うポジションと本章で扱ってきたポジションはやや異なる。彼女らの言うポジションは事業の置かれているコンテキストないし設定，事業を取り巻くある種の状況であり，これに選択の要素はない。

この研究では，事業のポジション (コンテキスト) と企業のポジションが区別され，前者に焦点が当てられている。主として取りあげられている独立変数は，年度，所属産業，所属企業，業界特性で，従属変数は事業の利益率である。このうち年度を除く3つの独立変数が，事業の有する広義のポジションであるとみなされている。すなわち，ある産業に所属しているということ，ある企業において経営されているということ，平均資産等で特徴づけられるある業界特性のなかで経営されているということは，各々1つの事業ポジションである。これらは事業の保有する資源と能力と同様に，あるいはそれ以上に当該事業の収益性に影響を与えているはずだというのが2人の認識であり，この研究における仮定である。

彼女らの研究では，これらの独立変数が従属変数にどのような影響を与えているかということが，分散分析によって考察されている。概念的モデルは以下の式で表される。

$r_{i,k,t} = \mu + \gamma_t + \alpha_i + \beta_k + \phi_{i,k} + \varepsilon_{i,k,t}$

ここで左辺の $r_{i,k,t}$ は，i 産業に属する k 社が経営する事業の t 年における資産に対する利益率である。右辺の第1項 μ は，期間全体かつ全産業の平均利益率，第2項の γ_t は μ と t 年における全産業の平均利益率の差を表す。次の3つの項は産業，所属企業，セグメント特殊効果を表す。具体的には，α_i は i 産業に属することによる利益増分，β_k は多角化企業 k 社における1事業として経営されていることによる利益増分，$\phi_{i,k}$ は k 社の i 産業ビジネスが置かれている業界特性 (平均資産額等) による利益増分である。産業 (industry) は4ケタの標準産業分類でみられ，業界 (business segment) という用語はこれをさらに細分した概念で使われている。

ここではその事業が多角化企業に属し，これによって経営されている場合のみ，何らかの所属企業効果が発生すると仮定されている。$\varepsilon_{i,k,t}$ は残差 (剰余) 項である。どの利益増分もプラス，マイナスいずれの値もとりうる (McGahan & Porter, ibid., p. 17)。なお，α_i, β_k, $\phi_{i,k}$ には実際の分析の際，ダミー変数が用いら

れている。

　分析の対象とされた期間は1982年から1994年で，サンプルは農業・鉱業，製造業，運輸業，卸売・小売業，宿泊・娯楽業，サービス業のいずれかに属する事業で，サンプル数は合計58,132事業であった。データは主としてCompustatデータベースから入手された（McGahan & Porter, *ibid.*, p.21）。

　結果として，利益率の分散（variance）のうち，年度が2.39％，所属産業が18.68％，所属企業（多角化企業への所属）が4.33％，業界特性が31.71％を説明することがわかった（図表3－5）。これらの合計から産業効果と所属企業効果（変数 α と β ）の共分散5.51％を引いた51.60％がモデルの説明力となる。また2.39％という年度の効果（year effects）は，マクロ経済的変動が特定年において全事業に同じように与えた影響とみなせる（McGahan & Porter, *ibid.*, p.24）。

図表3－5　利益率に対する事業ポジション（コンテキスト）の影響

	全体	農業鉱業	製造業	運輸業	卸小売業	宿泊娯楽	サービス
年　度	2.39	2.25	2.34	3.25	2.64	N/A	4.17
所属産業	18.68	29.35	10.81	39.50	41.79	64.30	47.37
所属企業	4.33	22.35	N/A	28.33	44.06	14.71	N/A
業界特性	31.71	5.02	35.45	9.72	2.04	19.41	33.46
共分散	−5.51	−9.45	−2.27	−16.49	−20.24	−29.80	−23.98
モデル	51.60	49.52	46.33	64.31	70.29	68.63	61.02
誤　差	48.40	50.48	53.67	35.69	29.71	31.37	38.98
合　計	100.00	100.00	100.00	100.00	100.00	100.00	100.00

（出所）McGahan & Porter, 1997, p.27より抜粋。

　ただしこの結果は全体に関するものであって，利益率に対するポジション（コンテキスト）効果には，産業ごとに相違があることがわかった。具体的には農業・鉱業，製造業においてはその効果はやや大きいと言える程度だが，運輸業，卸売・小売業，宿泊・娯楽業，サービス業においてはその効果は非常に大きい（McGahan & Porter, *ibid.*, p.24）。さらには以下のことが言える。

　第1に，卸売・小売業，宿泊・娯楽業，サービス業では，これらの産業に所属しているということ自体が利益率の分散の40％以上を説明する。それに対し製造業では，所属産業の説明力は10.81％に過ぎない。第2に，所属企業の効果も産業によって大きく異なる。特に卸売・小売業でこの効果が最も大きくなっていることが目を引く。第3に，製造業においては，業界特性が利益率のばらつきに最も大きな影響力を持っている。同じ製造業といっても色々な業界（セグメント）があるので必ずそうだとは言えないが，平均的には製造業では，持続的ポジショニング（sustainable

& positioning）が利益率の面で有利となる。最後に，所属企業効果と所属産業効果の負の共分散は製造業では小さいものの，一部産業では利益率分散に対する所属企業効果を消してしまうほど大きい（McGahan & Porter, *ibid.*, pp. 26－27）。

第4章
競争優位の構築

第1節 競争の目標と指向

(1) 企業のバックグラウンドと競争上の指向

　前章までで述べてきたように，企業は存続し成長するためにドメインを適切に定義し，そこで有利なポジションを占めなければならない。実際，現実の企業では，このようなドメイン定義とポジショニングは戦略的意思決定の重要な構成要素となっており，トップマネジャーはその検討と判断に多大なエネルギーを費やす。

　しかし適切なドメインと有利なポジションを選べば，それで戦略策定は終わりというわけではない。かつての固定電話やタバコ業界のように，政府の規制が強く新規参入が極めて困難な業界でない限り，同じドメインに何らかのポジションをとる他の企業が存在しないというのは極めて稀である。そして同じドメイン内に他の企業が存在すれば，形態の違いや強弱の差はあれ，そこに競争が不可避的に発生する。

　そのような企業間競争における競い方は，企業によって異なることが多い。保有している資源と能力が異なれば実行可能な戦略あるいは有利な戦略は異なるし，異質なバックグラウンドを持つ企業は競争の仕方や指向も同じでないのが一般的である。[1]　たとえば創業の事情，沿革，経営理念，組織風土，親会社との関係などで異なる会社は，競争上の目標も違えば，望ましいと考える競争のあり方，戦い方も違う。このような企業が「ゲームのルール」で一致す

ることは難しい (Porter, 1980, p.19；邦訳, p.37)。

そのような競争の指向に影響を及ぼすバックグラウンドとして，コトラー (1984)，石井 (1985)，嶋口 (1986) は3章2節で述べた競争上のポジションを重視している。すなわち彼らによれば，目ざす競争の方向性，有利な競争のあり方は，業界や市場における競争上のポジションに大きく影響されるという。

そしてこのような競争指向は実際にとられる具体的な競争戦略に強い影響を及ぼすし，ポジションは競争指向を媒介せずに具体的競争戦略に直接的にも影響を及ぼす（図表4－1）。つまりポジションや競争指向の違いを反映して，有利な競争戦略，実際によくとられる競争戦略も異なるのである。

図表4－1　競争戦略に対するポジションの影響

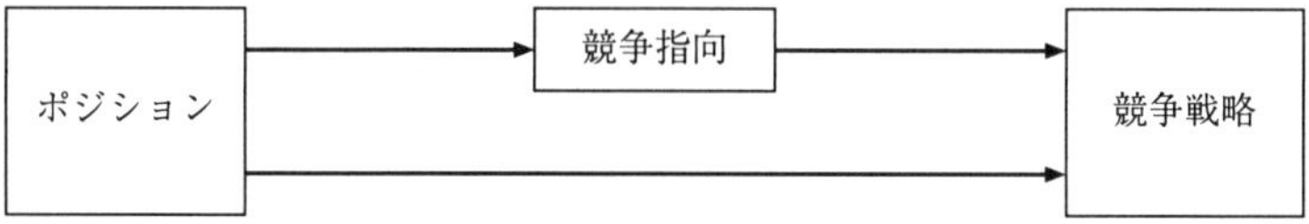

```
┌─────────┐      ┌────────┐      ┌─────────┐
│ ポジション │─────▶│ 競争指向 │─────▶│ 競争戦略 │
│         │──────────────────────▶│         │
└─────────┘                       └─────────┘
```

（2）リーダーの競争指向と戦略

それでは，ポジションがリーダーである企業は，競争に関しどのような指向を持つのであろうか。リーダー企業にとっては，業界全体の収益性を維持する秩序ある競争が行われることが望ましい。というのは，最大シェアのリーダー企業は，その業界の生み出す収益を最も大量に獲得できる企業だからである。したがって，「業界の全体収益が減少するような方向を避ける強いインセンティブをもつことになる」（石井, 1985, p.102）。

このように業界全体の収益が減少する典型的なケースは，企業間競争が価格をめぐって行われる場合である。特に再三再四にわたり価格引き下げの応酬が

---

(1) 自己の意志として目ざすのではなく，ポジション上どうしてもそのようになってしまう，そうせざるを得ないという含意で，ここでは「志向」ではなく「指向」としてある。

行われる場合，収益の減少は大きなものとなる。そして価格競争による収益の犠牲額が最大になるのは，リーダー企業である。したがってリーダーにとって価格競争は望ましくなく，少なくとも自らこれを引き起こすことは避けなければならない。

逆に，リーダーにとっては市場全体の売上規模が拡大することが望ましい。売上規模が拡大した場合に，増収効果が最も大きく現れるのはシェア最大の企業だからである。たとえば市場全体の売上規模が1,000億円拡大した場合に，シェア80％の企業の売上は800億円増えるが，シェア1％の企業が得るのは10億円の売上増にすぎない。

この点について，コトラー（1984）は次のように述べている。「支配的な企業（dominant firm）は，市場規模が拡大するとき，最も大きな利益を享受する。たとえば，アメリカで自動車販売数が800万台から1,000万台になった場合，その最も大きな成果を獲得するのはGMである。というのは，GMは全米で販売される車2台のうち1台を販売しているからである。1つの家庭には2ないし3台の車が必要で，車は頻繁に買い換えるべきであるとアメリカの消費者に信じ込ませることができた場合，恩恵を受けるのはGMである」（Kotler, 1984, p. 387)。このように，リーダー企業にとっては市場全体の需要拡大が，他社との収益格差を広げるうえで重要となる。

また，既存の製品を無価値にするような全く新しい製品を発売する際には，製品と市場両方を新しく立ち上げるためのコストとリスクを負担しなければならない一方，リーダー企業は先発者の製品を比較的容易に模倣でき，またそうすることで業界におけるポジションを維持できるから，そのような新製品の発売においてイニシャティブをとらない傾向がある。

しかしリーダーが，新製品と新市場の立ち上がりに全く対応しなくてもよいというわけではない。リーダーは，「成熟型市場の中で自社にない製品やサービスを他社が出し，それが伸びるなら相対的に自社の市場シェアが落ちてしまうため，対応的に同質的製品やサービスを揃えていかなければならない」（嶋口，1986, p. 114）。[2] リーダーは「少しぐらい遅れて参入しても，そのもつ

圧倒的な物量に物をいわせてその市場での地位を容易に確立することができるので，新製品が新市場でうまくいくかどうかを見きわめてからでも十分間にあう」（石井，1985, p.105）し，「同質競争をすれば規模の力（経営資源）で勝てる」（嶋口，前掲書，p.114,（　）内の補足は嶋口による）ため，いわゆる2番手戦略，模倣と同質化の戦略を指向する。

（3）2位以下の競争指向と戦略

　一方，マーケット・チャレンジャーにとっては，リーダーと異なる価格水準での商品提供が有利となる。たとえばチャレンジャーがとりうる戦略のうち，「代表的な攻撃戦略は，リーダー企業と同品質の製品をリーダー企業より安い価格で市場に供給する」（Kotler, 1984, p.407）というものである。これは一般に低価格戦略と呼ばれている競争戦略である。ただしリーダーが対抗的に価格引き下げを行い，価格競争が泥沼的になることもありうる。価格競争は前述したように，リーダーにとっては望ましくないものの，これが泥沼化した場合には，財務力の強いリーダーに有利となる。[3]

　このためリーダーの提供する商品が主として高級品である場合には，「高級品でなく，中級もしくはそれ以下の品質の大衆品，普及品を徹底的な低価格で販売する戦略もある」（Kotler, *ibid.*, p.407）。同品質の商品をリーダーよりも低価格で販売すると，チャレンジャーにとって不利な長期間の価格競争が発生しかねないため，あえてリーダーより品質の劣る商品を安く売るのである。このような商品は原価も安いため，低価格で売っても一定水準の収益を確保できる。それどころか，需要の価格弾力性の強い商品市場においては，優位に競争を展開できる。実際，いわゆるディスカウント業者と呼ばれる企業はそのようにし

---

(2) 嶋口（1986）は，「同質化政策には，完全同質化（競合他社とまったく同一のもので対応する場合）と改善同質化（ややベターな後発改良品として対応する場合）とがあるが，名声をも目標とするリーダーは，後者の対応の方が望ましい」（嶋口，1986, p.115,（　）内の補足は嶋口による）としている。

て成長してきたのである。

コトラーによれば,前述したようにリーダーと異なる価格水準で商品を提供するというのはチャレンジャーにとって有効な代表的競争戦略なのであるが,これは低価格での販売に限定されない。すなわち以上とは逆にチャレンジャーは,「マーケット・リーダーより,高品質の製品を高価格で売る高級品戦略もとることができる」(Kotler, ibid., p.407)。

またチャレンジャーは,リーダーの経営資源をもってすれば実行可能であっても,ポジションや従来(現行)の戦略と矛盾をきたすためにリーダーはとることができないという戦略を遂行できる場合がある(石井,1985, p.109)。たとえばコピー機販売業界のリーダー企業は,自社のポジションと収益力,全体としての現行戦略の有効性を維持するために,コピー機のレンタル,コピーサービス店のチェーン展開には進出できないが,チャレンジャーならばこれらが可能ということもありうる。

---

(3) ベサンコら(2004)によると,「誰が始めたのかにかかわらず価格競争はマーケット内の全企業に損害を与える。一般に期待されているように,もし大きな既存企業が小さいライバル企業よりも(たとえば融資がより容易に受けられやすいために)損失を長く維持できるとしたら,大企業の方が価格競争を長く続けることができる。このような場合,価格競争に資金をまかなうための『深いポケット』(deep pockets) を持っていると言われる。他方では,特に競争が始まる前に大きな売上を持ち,小さなライバル企業に対してコスト優位がない場合には,価格競争の間により大きな損失を被ることになる」(Besanko, Dranove, Shanley & Schaefer, 2004, p.322)。価格競争が長期化すると,企業はライバルを撤退に追い込み,その顧客(シェア)を奪うことによって,累積損失を解消せざるを得なくなる。ライバル企業が市場に存在しなくなれば,販売価格を適正価格以上,すなわち適正利潤を確保できる水準以上に戻し,利潤を得ることによって累損の削減が可能になる。価格競争が長引けば長引くほど,この方法でしか累損を減らすことが困難になるので,当事者が途中でその競争をやめることは難しくなる。このため低価格戦略の応酬は一般に「消耗戦」になりやすい。場合によっては,そのような消耗戦により勝者さえ財務状態が悪化し,経営が破綻することもある。この点について,ベサンコらは次のように述べている。「価格競争は消耗戦(wars of attrition)の例である。消耗戦では,2ないしそれ以上の当事者

他方,リーダーと正面から競争する資源も意思もないマーケット・フォロワーについては,リーダーが軽視する領域でシェアを維持することが指向される。ただしリーダーが軽視している分野であっても,そこが収益的に魅力があり,有望な分野であるということが明らかになれば,リーダーもやがて本格的に参入してくるであろう。

したがってフォロワーにとっては,強固なブランド・ロイヤルティを形成し,顧客を奪われないようにすることが重要となる。言い換えれば,自己のドメイン内で顧客の「囲い込み」を図る必要がある。

また商品をリーダーとは異なる品質や機能にして,高収益を目ざす戦略も有効である。このような独自性の強い商品づくりにより,「フォロワーはリーダーよりもシェアでは劣るが,利益では同等か,場合によってはリーダー以上の業績を上げることもできる」(Kotler, 1984, p. 410)。フォロワーはリーダーよりも規模の点で大幅に劣るものの,商品次第では収益性をリーダーより高くす

が互いに戦いながら資源を費消する。最終的に,生き残った企業は報酬を得るが,負けた企業は何も得るものがなく競争に参加したことを後悔しさえする。競争が長引けば,勝利した企業さえも競争が始まった時より財務状態が悪化する。というのは競争に勝つために費やした資源が最終的な報酬よりも上回ることもあるからだ。(中略)実質的にすべての企業が長期化した競争の間に財務状態が悪化する。しかし価格競争により何社かの企業がマーケットから撤退すれば,生き残った企業は価格を競争が始まる前の水準より上に引き上げることができる」(Besanko, et al., *ibid.*, p. 322)。

なお,コトラー(1984)によれば,商品が同質的で差別化が難しい業界ほど価格競争は泥沼化しやすい。そのため,そのような業界では2位以下の企業は価格に関してリーダーにチャレンジせず,これを模倣追随することが多いという。彼は具体的には次のように述べている。「鉄鋼,肥料,化学などの資本集約的で同質的な製品の産業では,意識的な模倣が見られる。品質の差別化やイメージの差別化が困難である一方,サービスの質はしばしば比較され,買い手側の価格弾力性は強い。したがって価格競争がいつ起きても不思議ではない。しかしながらこのような産業には,短期的にシェアを奪うことに否定的な雰囲気がある。そのような戦略は報復を招くだけだからである」(Kotler, 1984, p. 409)。

ることができるのである。

　ニッチャーに関しては，大企業が軽視し，かつ独自の優位性を発揮しうる「すきま」的領域に特化し，そこで競争優位を維持して存続することが指向される。つまり大企業が軽視しているか，参入できない狭い領域で，専門化による効率性を発揮することが重要となる（Kotler, ibid., p. 410）。これはいわゆるニッチ戦略と呼ばれる戦略である。

（4）ポジション別競争戦略論の限界

　以上のフレームワークでは，競争ポジション別に有利な競争の方向と戦略が示されていた。競争上のポジションが違えば戦略行動も異なるというのは，現実にも観察されることであり，以上の枠組はそのような現象を理論的に説明するのにかなり成功していると言えるだろう。

　ただしこの枠組は競争上のポジションの類型化と，「ポジションが異なれば指向や目標も異なる」という暗黙の前提から出発しているので，ポジションによって競争上の指向やそれを反映した具体的戦略が違うということが強調された枠組になっている。そのような相違の理論的説明にウェイトがあるため，他企業との競争において優位に立つための本質的方法が必ずしも明確には語られていない。たとえば需要の拡大といってもどのような方法でそれを行えばよいのかが明らかではないし，価格引き下げといってもどのようにすれば企業は価格引き下げを行えるのかが示されていない。[4]

　言い換えれば，これらの競争戦略を遂行するためには何らかの能力がなければならない。どのような能力的土台があれば，需要の拡大や低価格戦略，ブラ

---

[4]　原価割れの販売をしていては企業は存続できないから，価格引き下げ自体は競争優位の源泉ではない。なお，本文でも述べたように，ポジション別競争戦略の枠組は企業によって競争上のポジションが異なり，またポジションが異なれば指向や目標も異なるという前提から出発しているので，ポジション別の競争指向の相違が前面に出るのはある意味ではやむを得ない。また実際，そのような相違は広く観察されるから，この枠組の現実妥当性は高いと言えるだろう。

ンド・ロイヤルティの構築，独自性の強い商品づくり，ニッチ戦略等は遂行可能になるのだろうか。次節以降では，このような競争戦略の能力的土台（源泉）について述べる。

第2節　競争優位の能力的土台と戦略選択

（1）持続的競争優位と収益性

　本章の冒頭でも述べたように，自社の存続と成長を促すようにドメインを定義し，そこで有利なポジションを占めていても，同じドメインに何らかのポジションをとる他の企業が存在すれば，形態の違いや強弱の差はあれ，そこに競争が発生することは避けられない。企業が存続し成長できるかどうかは色々な要因に規定されるものの，このような他企業との競争において継続的に優位に立てるか否か，すなわち競争優位を実現し維持できるか否かにも大きくかかっている。

　設定したドメイン，占有しているポジションも企業の業績を左右する重要な要因であるが，「その業界の平均収益性とは関係なく，ある会社が他の会社よりもずば抜けた収益性を誇示している」（Porter, 1985, pp. 1－2；邦訳, p. 4）という場合も多い。この1つの，そして重要な理由は，その会社が遂行している競争のための戦略，競争戦略が優れていることにより，他企業との競争において持続的優位を実現しているからである。

　逆に，競争戦略がよくないと，属している業界全体の収益性が高く，ポジションも有利であっても，それらが自社事業の高い収益性に結びつかないということになりかねない。このように，他企業との競争の仕方がまずく高い収益性を実現できない企業は，ドメインの収益性の高さ，有利なポジションを活かせない企業であると言える。

　ポーターのことばを借りるならば，「長期にわたって平均以上の業績をあげられる土台となるのが，持続力のある競争優位である」し，競争戦略が内容的にも遂行能力との関係でも適切であれば当該戦略は持続的競争優位をもたら

し,「業界構造が思わしくなく，そのために業界の平均収益率がそこそこのものであっても，会社はかなり高い収益率を享受することができる」(Porter, *ibid.*, p. 11；邦訳, pp. 15-16)。

(2) 基本競争戦略と能力

ポーターによれば，前項で述べたような持続的競争優位を実現する方法には，方法そのものと戦略を遂行する範囲により，コストリーダーシップ (cost leadership)，差別化 (differentiation)，集中 (focus) がある。そして集中には，さらにコストリーダーシップ集中と差別化集中があるという。

前項で紹介したポーターの研究において，競争戦略とは競争優位に到達するための論理的道筋であり，コストリーダーシップ，差別化，集中はそのような競争戦略として最も基本的，代表的なものである。そのようなことから，彼はこの3つを「基本競争戦略」(generic competitive strategies) と呼んでいる (Porter, *ibid.*, p. 11；邦訳, p. 16)。

ただしこれらは，より具体的な競争戦略を遂行するための能力的土台，さらには能力形成に関する基本的指針とみることもできる。すなわちコストリーダーシップ，差別化，集中もそれ自体もちろん競争戦略となりうるが，これらは本章1節で取りあげた低価格戦略，ブランド・ロイヤルティの構築といった競争戦略とは明らかにレベルが異なる戦略である。ポーターが基本競争戦略と名づけたこれら3つの戦略はより深層にある土台的な戦略，すなわち具体的競争戦略の基盤となる能力のうちどういう能力を形成するかという能力形成のベクトルであるとも考えられるのである。

たとえばチャレンジャーの競争戦略として取りあげた低価格戦略は，低コストで生産したり仕入れるという能力に裏打ちされていなければならない。そのような能力構築を目ざすのがコストリーダーシップであると言える。

5章で「ネットワーク外部性」の概念を取りあげるが，このネットワーク外部性の弱い製品市場で持続的競争優位を構築するために重要な企業の能力は，ポーターの言うコストリーダーシップ，差別化，集中のいずれかであると言っ

てよい。実際,このような市場で企業は様々な競争戦略を策定し,実行しているものの,ほとんどはこのいずれかを土台にしているとみることができる。

(3) 戦略選択の重要性

差別化は,端的に言えば製品やサービスに独自特性を持たせる戦略もしくは能力であるが,これを遂行ないし確立するには多大なコストがかかる。したがって差別化と,コスト面で優位に立つコストリーダーシップを同時に実行することは難しい。

差別化,コストリーダーシップの2つと,集中(フォーカス)の間にも,戦略遂行の範囲に関して根本的な相違がある。[5] 要するに,3つの基本競争戦略は内容上,排他的なものであり,基本的には同時に追求しえない。[6] 換言すれば,複数の基本競争戦略を追求することには論理的矛盾(logical inconsistencies)がある(Porter, 1991, p.102)。

したがって企業は,原則的には基本競争戦略を1つだけ選んだうえで,これを追求しなければならない。この選択は競争の結果を大きく左右するから,企業にとって本質的重要性を持つ。[7]

---

[5] この場合のコストリーダーシップと差別化は,それぞれ広範囲でコスト優位,特性優位の構築を目ざす戦略をさす。なお,3つの基本競争戦略については,次節で改めて詳しく取りあげる。

[6] ここで「基本的には」としたのは,特別な条件があれば同時追求が可能であるとする研究も少なくないからである。この点については,3節(4)で詳しく述べる。

[7] どのような企業にも,3つの基本競争戦略からの選択が可能であるわけではなく,保有している資源と能力により選択肢が2つ,あるいは1つに制約される企業もある。さらには資源と能力が十分であれば3つからの選択ができるかというと,そうではないという立場もある。すなわちマレー(1988)によれば,3つの基本競争戦略のなかには,外部環境の状況により有効性が低く,実際には選択できないというものが往々にしてある。言い換えれば,3つの競争戦略には各々,有効(選択可能)となる外部要因がある(Murray, 1988, p.396)。したがって企業は,コンティンジェンシー(状況適合)的に競争戦略の選択を行う必要があるという(Murray, ibid., pp.398-399)。

内外の状況を考えて基本戦略を1つ選び，それを追求するということをせずに，3つの戦略を試行錯誤する企業は「窮地に立つ」ことになりかねない。この点について，ポーター自身は次のように述べている。「窮地に立つ（stuck in the middle）のは，戦い方の選択から逃げようとしたからである。あらゆる手段を使って競争優位を手にしようと試みても，1つとして成功しない。というのは，異質な競争優位をいろいろと手にしようとすると，ふつうは，首尾一貫しないアクションをやらなければならないからである。窮地に追い込まれると，過去に成功してきた会社でも，泥沼に落ちかねない。成長をあせったり，威信を傷つけまいとするあまり，基本戦略そのものを曖昧にしてしまうからだ」(Porter, 1985, p. 17；邦訳，pp. 23-24, 強調はポーターによる)。[8] つまり内容的に両立しない複数の競争戦略を同時に追求すると，往々にして戦略遂行のための行動が矛盾をきたし，組織は混乱し，何の成果も得られなくなってしまう。

したがって，「基本戦略を選ぶこと，それをうまく実行に移すこと，これらはけっして容易なことではないけれども，競争優位に達するための論理的ルートなのだから，どんな業界にいようともこのルートを探求しなければならない」(Porter, *ibid.*, p. 11；邦訳，p. 17)。

そして競争戦略論の立場から戦略策定の1つの本質を述べるならば，次のようになる。「競争優位というものがどんな戦略の核心にもあるということと，競争優位を達成するためには会社は1つの選択を行わなければならないということである。つまり，どんなタイプの競争優位を求めるのか，狙う戦略ターゲットの幅をどうするのかについて選択を行わなければならないのである」(Porter, *ibid.*, p. 12；邦訳，p. 17)。[9] この選択は戦略的意思決定の重要要素であり，トップマネジャーの役割のうち最も本質的なものの1つであると言っ

---

[8] ポーターによれば，いくつかの条件がそろったときに，企業は差別化とコストリーダーシップの両方を追求できるが，そのような状況は例外的であるという（Porter, 1985, pp. 19-20；邦訳，pp. 26-28）。

てよい。

　それでは，競争戦略の選択と遂行で成功する企業とは，どのような企業であろうか。ポーターは，これに関して次の2つの考え方があるとしている。

　1つは，戦略の細部を進化させ修正しつつ，安定的（stable）で総体的（overall）な競争戦略たとえば差別化戦略を長期にわたりとり続ける企業が成功するという見方である。もう1つは，情報の収集と処理に関して高い能力を有し，適切な情報と綿密な分析によって臨機応変に戦略選択を行い，選択のたびに素早く全活動をその戦略に整合的にできるような企業が成功するという考え方である。[10]

　競争戦略の選択においては，保有している資源と能力の観点で自社に実行可能かどうかが考慮されなければならないのは当然であるが，競争相手に対する持続的有効性も念頭に置かれなければならない。戦略は競争相手に対して持続

---

(9)　企業によってドメインやポジション，資源と能力には違いがあるから，すべての企業に適した競争戦略というのは存在しない。ポーターはこの点について，「『万人向き』というのは，平々凡々たる戦略，したがって，平均以下の業績しかもたらさない処方箋である。それはひとかけらの競争優位も持てないという意味だからである」（Porter, ibid., p. 12；邦訳, p. 17）と述べている。

(10)　本文で取りあげている2つの立場のうち前者は，環境変化は予測不能であるから，「環境変化のなかで学習し，継続的に戦略を修正できる柔軟な組織を持つことが重要であるという立場」（Porter, 1991, p. 110）である。この立場では，「成功している組織は戦略を改良はするが，頻繁にこれを変更するということはしない。そのような企業は，競争に対する新しい洞察を得て，戦略の細部を進化させ修正することにより安定的で総体的な戦略（たとえば差別化戦略）を改良し，実行する能力を向上させる」（Porter, ibid., p. 110,（　）内の補足はポーターによる）という見方をする。これは1章で取りあげた「論理性と創発性の統合型戦略形成」に相当するであろう。2つの立場のうち後者は，成功している企業は的確で迅速な情報収集とその綿密な分析によって戦略選択を行っているという立場である。そして，「ひとたび選択がなされると，成功している組織は全活動をその戦略に整合的にし，必要な活動と資源を素早く集積（accumulate）する。そして環境が変わったとき，あるいは集積した活動と資源が新しい戦略オプションを提供するとき，次の選択が行われる」（Porter, ibid., p. 110）と考える。

的有効性のあるものでなければ,自社に高業績をもたらさないからである (Porter, *ibid.*, p.20；邦訳,p.29)。

そしてこのことは,競争戦略の選択においては,競争相手の見極めが本質的に重要であることを意味する。管理者の頭のなかに自社の競争相手として具体的な企業名があることも多いが,そのような競争相手と本当の相手が一致するとは限らない。そのため競争相手を明確にする定性的,定量的基準を設けることも重要なのである (Besanko, Dranove, Shanley & Schaefer, 2004, p.200)。

比較的古くからあるそのような基準は,「需要の交差価格弾力性」である。これは自社商品の価格が1％変化した際に生ずる他社商品の需要の変化率と定義される。これが大きい場合には,自社商品と他社商品にある代替関係が強く,競合する度合も強いことになる。

自社商品と競合しそうなすべての他社商品に関して,実際にこの数値を測定することは困難であるが,ベサンコら (2004) によると,この弾力性が高くなるのは一般に, 1) 同一または同様の商品特性があり, 2) 同一または同様の用途があり, 3) 同じ地理的市場で販売されている商品に関してである (Besanko, et al., *ibid.*, p.201)。[11]

第3節　3つの基本競争戦略

(1) コストリーダーシップ

コストリーダーシップは競合他社よりも低いコストで製品やサービスを生産したり仕入れる戦略,あるいはそのようなことを行う企業の能力をさし,コス

---

[11] 商品特性や用途,地理的市場が同じであるかどうかの判断を客観的に行うことが難しいこともある。その場合,これらの基準で競争相手の見極めを行うと,結局は見極めに主観的要素が入ってしまうことになる。また戦略には組織を統合するという機能もあるから,「誰が相手か」という客観的判定ではなく,「誰を相手にするか」という主観的・能動的選択を行うことにも意義がある。

ト優位（cost advantage）とも呼ばれる。たとえば本章1節で述べた低価格戦略は，このコストリーダーシップを土台にしなければ実現しない。

コストリーダーシップの成否を左右する1つの鍵は，長期的にこれを維持できるかどうか，より厳密にはその能力が模倣されにくく持続的かどうかということにある。すなわち，「コスト優位が戦略的に持つ価値は，ひとえにその持続性にある。会社のコスト優位の源泉が競争相手によって模倣されにくいときに，持続性が生まれる」（Porter, 1985, p.97；邦訳, p.123）。

後に述べる差別化の場合，機能・デザイン等に関し特異性が形成され差別化が行われた後，そのような特異性がなくなっても，買い手がその製品を特異と認識し続けることがある。つまり差別化は惰性・慣性が働くことにより持続することがあるが，コストリーダーシップについては何もせずにそれが継続することは基本的にはない。

商品の品質など，他の条件を同じとすれば，コストリーダーシップを維持している企業は他社と同じ価格で商品を販売することにより，他社よりも大きな収益を得ることができる。あるいは，他社と同じ利幅とした場合には，コストが低いことにより，販売価格も低くなり，シェアの拡大を通じてその企業の収益は増大することになる。[12]　ただし，その商品が買い手に，他社と少なくとも同等かあるいは望ましい品質と認識されていない場合には，コストリーダーシップのもたらす効果が消滅することもありうる。

そして，「コスト優位の源泉は，いろいろ種類が多く，業界の構造によってみな違う。規模の経済性を追求するもの，独自の技術によるもの，他社より有

---

[12] この場合の競争優位性は低価格にではなく，あくまで低コストにある。この点について，サローナー＝シェパード＝ポドルニー（2001）は次のように述べている。「同じ製品の場合，低コストの企業の方が，競合者より安い価格で販売し，マーケット・シェアを増やしたり，競合者と同じ価格で売り，他社よりも多くの利益を得たりできる。低コストのメリットは，価格に反映されることが多いが，競争優位性は低コストにあるのであって，低価格自体にあるのではない」（Saloner, Shepard & Podolny, 2001, p.311；邦訳, p.382）。

利な原材料の確保の道などがある」(Porter, *ibid.*, p. 12；邦訳, p. 17)。[13]

またコストを変動させる重要ファクター,「コスト推進要因」(cost drivers)には, 規模の経済性, 習熟度, 固定資本等のキャパシティ利用パターン, 社内活動間の関係あるいは他の業者との関係, 社内の他の事業単位との関係, 垂直統合の度合, 特定アクションのタイミング, 品質・品種構成・マーケティング等に関するポリシー, 立地, 政府および労組等の制度的要因がある (Porter, *ibid.*, pp. 70 - 83；邦訳, pp. 88 - 106)。

ただしポーターによれば, コスト優位の源泉とコスト推進要因は様々であっても, コスト優位を確保する方法は大きく分けて次の2つであるという。

「・コスト推進要因をコントロールする。トータル・コストの大きな部分を占める価値活動のコスト推進要因を有利に動かす。

・価値連鎖の再編成。製品の設計, 製造, 流通, 販売について, 別の, より効率のよい方法を採用する」[14]

(Porter, *ibid.*, p. 99；邦訳, p. 125, 強調はポーターによる)

---

[13] 従来は自動化された生産システムがコストリーダーシップあるいは競争優位の源泉となっていた企業もあったが, 一部の研究者は, 生産システムの自動化が高度に進展し, またそのようなシステムが一般的になるにつれて,「低コストを実現する生産システムは競争優位の源泉というよりは競争参加の前提条件 (precondition) となる」(Fuller, O'conor & Rawlinson, 1993, p. 89) という傾向を指摘している。すなわち自動化された生産システムが普及するにつれて, そのような生産システムは構築できて当然になりつつある。これを構築できなければ企業間競争に参加することすらできないという意味では非常に重要であるが, 今日ではこれを構築できたからといって必ずしもコストリーダーシップあるいは競争優位にはつながらないという。

[14] ポーター (1985) によれば,「価値連鎖」(Value Chain) とは競争優位の源泉となりうる, 企業の行う一連の活動をさす。具体的にはこれは, 購買・製造・出荷物流・販売・サービスという主活動と, 全般管理・人事労務管理・技術開発・調達活動といった支援活動の複合体である。そしてこの1つ1つの活動を価値活動と呼ぶ。このうち1つあるいは2つ以上の活動において, 企業は競争優位を確立しうるという (Porter, 1985, p. 37；邦訳, p. 49)。

ところでコストリーダーシップには，情報技術（IT）のサポートを受けている場合と，受けていない場合がある。たとえばCIM（Computer Integrated Manufacturing）のように，コンピュータを高度に活用して受注から生産，出荷までの流れを円滑化すれば，製造原価や管理費が他社に比べて低水準になるが，これは情報技術を土台にしたコスト優位の典型である。また各種の取引にコンピュータとインターネットを有効利用することにより，仕入（調達）や販売にともなうコストが他社よりも低額になるし，ICタグやリーダーといったデバイスを有効に活用することにより在庫管理コストが低くなる。

ただし情報技術に頼らなくとも，企業はコストリーダーシップを実現できる。たとえば流れ作業を大規模に導入したフォードシステムは，情報システムのバックアップがあったわけではないが，フォード社にコストリーダーシップをもたらした。フォードシステムの導入は，実用的なコンピュータが開発される以前のことであり，情報技術のサポートは全くなかった。それは流れ作業を大々的に取り入れ，作業を細分化・単純化することなどによって生産コストを下げたのである。つまり生産のしかたそれ自体が，コスト優位を導いたと言える。

また一部のコンビニエンス・ストアは商品配送の低コスト化を実現しているが，この低コスト化は情報技術よりも，むしろ共同配送方式，いわゆる「共配」という物流形態によってもたらされている。すなわち各メーカー，各問屋が自社の商品をそれぞれストアに配送する個別配送方式では，配送に時間とコストがかかる。それに対し，共同配送センターを地区ごとに設け，どのメーカー，どの問屋の商品も一度そこに集めてから，各ストアに配送する共同配送方式にすれば，時間もコストも減少する。

このような集配のしかたは，運送業界では国全体，あるいは世界規模で，ハブ・アンド・スポーク方式として取り入れられている。たとえばフェデラル・エクスプレスはメンフィスにハブを設け全米規模でこの方式を徹底することにより，コストリーダーシップを実現し維持しているのである。企業は情報技術によってではなく，このような共同配送方式，ハブ・アンド・スポーク方式と

いう物流の仕組そのものによっても，コストリーダーシップを築くことができる。[15]

このほかに，先にも言及したように，企業は規模の経済性を追求することによってもコストリーダーシップを形成できるし，独自の技術，他社より有利な原材料入手ルートの確保などによってもこれを確立することができる。

このように，コストリーダーシップは情報技術のサポートを受けている場合と，受けていない場合に大別できる一方，その具体的な要因は様々で，業界の構造によっても異なる。[16]

（2）差別化

差別化についてポーターは，「買い手がたいへん重要だと思ういくつかの次元に沿って，自社を業界内で特異性を持つ会社にしようとするものである。すなわち，業界内の多くの買い手が重要だと認める特性を，1つまたはそれ以上選び出して，このニーズを満たすのは当社以外にはないという体制をつくるのである」（Porter, ibid., p. 14；邦訳，p. 19）と説明している。言い換えれば，差別化は製品・サービスに独自性を感じさせる戦略，あるいは独自性を感じさせる企業の能力をさす。たとえば本章1節で取りあげた高級品戦略やブランド・ロイヤルティの構築は，この差別化の能力に裏打ちされていないと失敗する危険が大きい。

---

[15] もちろん，このような共同配送センター方式，ハブ・アンド・スポーク方式において，情報技術が全く使われていないというわけではない。配送の合理化，在庫管理等に情報システムが用いられていることが多い。

[16] コストリーダーシップを追求する際に陥りやすい罠，いわゆる「陥穽（かんせい）」として，アバナシー＝ウェイン（1974）は，低コスト化に躍起になると革新的な変革を起こす能力や他社が引き起こした変革に対応する能力が低下するということを指摘している。たとえばGMの製品イノベーションにフォードが有効に対応できなかったのは，同社が長期にわたりモデルTの低コスト化に夢中になったからだという（Abernathy & Wayne, 1974, p. 115）。

独自性を「感じさせる」ということであるから，後に述べるように，客観的にみて機能や品質の面で独自性があるとは限らない。そのような独自性がなくとも，自社の製品・サービスが特別なものであると思われるような状態をつくり出せれば，差別化が行われたことになる。

差別化は他社の商品よりも高い価格で販売できる，あるいは同じ価格なら販売量とシェアが増大するという効果となって現れる。すなわち一般的に差別化にはコストがかかるが，他方では差別化によって価格にプレミアムをつけられるし，あるいは同じ価格ならばより多く売ることができ，周期的または季節的閑散期にも買い手の忠実性（buyer loyalty）により一定レベル以上の収益が得られる（Porter, ibid., p.120；邦訳，p.152）。

ここで述べたように，差別化にはコストがかかる。したがって，当然と言えば当然ではあるが，差別化による収益増がこのコストを上回る場合にのみ，企業は差別化のメリットを享受できる。つまり，その場合の両者の差が差別化による利益となる。価格にプレミアムを上乗せするケースについて言えば，「差別化に成功し，それを持続できる会社は，特異性のために支払われる価格プレミアムが，特異性をつくるに要した特別コストを上回る場合に，業界平均以上の収益をあげることができる」（Porter, ibid., p.14；邦訳，p.20）のである。

ただし場合によっては，製品の性能や主要スペック，デザイン等には他社製品と大きな相違がないのに，マーケティング等の活動によって，顧客の内部に特異性の認識が生まれることもある。このように特異性が顧客の心理や認識だけに立脚する場合にも，差別化が行われたとみなしうる。製品の差別性は設計・開発のプロセスで形成されると思われがちだが，必ずしもそうではないのである。

場合によっては，最初のうちは機能や品質の独自性によって差別化が行われ，その後これらに差がなくなったのに心理的に差別化が継続するということもある。つまりコストリーダーシップはそうではないが，差別化は顧客側の心理的慣性によって継続する。[17]

要するに，差別化は「独自である」「特別である」という顧客の知覚や認識

によって実現するが,このような知覚や認識が製品の機能や性能,デザインなどによってもたらされる場合と,そうでない場合がある。

このことは,顧客が製品を使用価値だけでなく,シグナル価値で判断しているという事実を反映している。すなわち顧客が製品を評価する基準には,使用基準（use criteria）とシグナル基準（signaling criteria）がある。たとえば前者には製品の機能・性能・品質,デザイン,納品時間,技術的サポート等があり,後者には評判またはイメージ等がある。

差別化の源泉は,価値連鎖の全体に潜在的にあるが,使用基準での特異性形成については開発,製造,物流,サービス活動が中心的役割を果たす。一方,シグナル価値は買い手がどう知覚し認識するか以外の何物でもない。そのようなことから,シグナル基準での特異性形成においては,消費者の心理に影響を与える情報の提供が大切であり,マーケティング活動が重要な役割を果たす（Porter, *ibid.*, p. 142；邦訳, pp. 179−180）。

一例をあげると,機能や品質のうえで他の商品と差がなくても,「宮内庁御用達」であるとか,有名人・芸能人が使っているという情報が提供されることにより,独自性が心理的に形成される。またシェアでトップであるという情報がもたらされると,消費者は一般に,売れているからには何か理由があるのだろうと思い,その商品によいイメージを持つようになる。[18] ただしシグナル基準は,純粋に買い手がどう知覚・認識するかという問題であるから,これには偶然の要素,非合理的な要素もある。

このように差別化は色々な方法でなされうるものの,買い手が重要と感じていないことで差別化を実現しても,それは当該企業に高収益をもたらさない。あくまで買い手が商品選択の際に関心を持つこと,言い換えれば商品比較の際

---

[17] 多くの消費者の間で,ある企業に関する同様の特異性認識あるいは知覚マップ上の位置づけが共有されており,かつそれが心理的慣性により継続して当該企業の収益性を長期的に高めている場合には,それはある種のポジション優位とみることができる。この点については前章で述べた通りである。

に注目する要素，後に取りあげる「差別化属性」に関して差別化を図ることが重要なのである。そして業界内にそのような差別化属性が複数ある場合には，それらすべてに関して差別化は成り立ちうる。[19]

(3) 集　中

　集中（フォーカス）は業界内の狭いセグメントを選んで，そこに最適な事業活動を行うことにより競争優位を実現しようとする戦略，あるいはそのように特定の狭いセグメントに最適な事業活動を展開する企業の能力である。

　このように集中の意味するところは，単に特定セグメントに資源を集中するということではない。競争優位を構築するためには，単にこれを特定セグメントに集中投下する，すなわち重点投資するだけでは不十分なのである。それにとどまらず，当該セグメントの特性を捉えて，それに最も適した事業活動を行うというのがポーターの言う集中である。本章1節で述べたニッチ戦略を遂行

---

[18]　シグナル基準での差別化，顧客の内部で行われる心理的差別化は，一般に広告の累積，本社の外観と規模，営業年数，資本系統，顧客リスト，市場シェア，価格水準，その他によって行われる。実際，成功しているサービス会社はオフィスの装飾や従業員の服装に大変細かな神経を使っているし，また一流のピアノ・メーカーは，買い手の多くが正確にピアノの品質を判定できないために，コンサート・ピアニストが自社のピアノを使っているという事実をアピールする。ポーターによれば，買い手にとって売り手の能力測定が難しいとき，あるいは買い手の購入頻度が少ないようなときには，シグナル基準が特に強く機能する（Porter, 1985, pp. 144－145；邦訳，pp. 183－184）。ベサンコら（2004）はこの点について次のように述べている。「製品の特性を判断することが難しいとき，消費者は容易に観察でき，評価できる特性に注目するであろう。これにより，なぜ小売業者があれほど店舗の外観に注意を払うのか，なぜ医者や弁護士が特に有名な学校を卒業している場合自分の卒業証書をしばしば掲示しているのかが説明できる。当然，このような観察可能な属性への注目は，本当は重要だが測定困難な属性について消費者はごまかされやすいことを意味する」（Besanko, Dranove, Shanley & Schaefer, 2004, p. 294）。

[19]　ポーターのことばを借りるならば，「買い手が非常に重要だとする特性がたくさんある場合は，成功する差別化戦略は1つの業界内で1つだけにとどまらない」（Porter, *ibid*., p. 14；邦訳，p. 20）。

するためには，この集中の能力が必要となる。[20]

　ポーターによれば，集中はこのような事業活動の最適化によってコストリーダーシップを目ざすものと，差別化を図るものに大きく二分される。すなわち，「集中戦略には，2つの種類がある。コスト集中戦略は，ターゲットとしたセグメントにおいてコスト優位を求めるものであり，差別化集中戦略は，ターゲットにおいて差別化を探すものである」(Porter, ibid., p. 15；邦訳, p. 21, 強調はポーターによる)。

　集中戦略は，保有している資源と能力が不足しているので狭いセグメントで競争するというように，消極的理由でとられると，失敗する可能性が高い。集中においてターゲットとされるセグメントは，市場や業界の単なる一部分と理解されるべきではない。もしそれが市場や業界の単なる一部分で，他の部分と技術特性も市場特性も同質ならば，市場・業界全体でコストリーダーシップあるいは差別化を追求する競合者との厳しい競争にさらされることになる。

　したがって，「ターゲットにされたセグメントは，特異なニーズを持つ買い手がいるか，そうでなければ，そのセグメントにいちばん適した製造方法や流通システムが，業界内のその他のセグメントのそれとまったく異質であるか，どちらかでなければならない」(Porter, ibid., p. 15；邦訳, p. 21)。つまり，「集中戦略はセグメント間の差異を根拠にしている」(Porter, ibid., p. 264；邦訳, p. 318, 強調はポーターによる)。[21]

　前述したように，集中にはコストリーダーシップ集中と差別化集中がある。前者は特定セグメントにおけるコスト条件の特殊性，後者はニーズの特殊性を活用する戦略である。すなわち，「コスト集中戦略は，特定のセグメントにお

---

[20] 集中戦略は，特定セグメントにおいて価値連鎖全体を最適化しようとする点で，マーケット・セグメンテーション（市場細分化）を行った後に特定セグメントに対し集中的マーケティングを行う，いわゆる「ターゲット・マーケティング」とは異なる。
[21] 換言すれば，「ターゲットとしたセグメントが，それ以外のセグメントと異質でない場合には，集中戦略は成功しない」(Porter, ibid., p. 16；邦訳, p. 22)。

けるコスト・ビヘイビアの差異を追求し,差別化集中戦略は,特定のセグメントにおいて買い手の特殊なニーズに目をつける」(Porter, *ibid.*, p.15；邦訳, p.21)。

広いセグメントで競争する企業は,特定セグメントのコスト条件だけに対応するわけにはいかないし,特定セグメントのニーズを満足させるには不十分な手しか打てないから,そのセグメントに関して収益を最大化できない。言い換えれば,広いセグメントで事業活動を行う企業は,ほかを犠牲にしてあるセグメントのことだけを考えるというわけにはいかないので,そのセグメントに最適な事業活動を行って高い収益性を維持するということがなかなかできない。一方,「1つだけの,あるいはごく少数だけのセグメントに価値連鎖を最適化するから,集中戦略をとる会社は,そのセグメントで妥協せざるをえない広ターゲットの会社に比べると,コスト・リーダーシップまたは差別化が達成しやすいのである」(Porter, *ibid.*, p.264；邦訳, p.318)。[22]

集中戦略は,「広いターゲットを狙う競争業者が,それ以外のセグメントと同時に特定セグメントにも同じように対処するために,どうしてもうまく運ばない,その間隙を突くものである」(Porter, *ibid.*, p.15；邦訳, p.21)。つまりこの戦略は,広いセグメントで事業活動を行う総合型企業が,他にも色々なセグメントを抱えているため,特定セグメントについてはコスト削減やニーズ充足等に関しどうしても妥協せざるを得ないという現実をつくものである。

このような集中戦略で対象として選ばれうるセグメント,フォーカスされうるセグメントは,1つの業界に複数あるのが一般的である。そして,「集中戦略をやる会社が,それぞれ異質なセグメントを狙うとしたら,業界内で集中戦略に成功するやり方が幾通りもあるということになる。ほとんどの業界にはいろんな種類のセグメントがあり,それぞれでは買い手のニーズも違い,最適の製造工程や流通システムも違うものだから,みんな集中戦略の候補になりうるのである」(Porter, *ibid.*, p.16；邦訳, pp.22-23)。

---

[22] 前述したように,「集中戦略は,マーケティング活動だけを差別化する市場細分化とは異なり,価値連鎖を総動員する」(Porter, *ibid.*, p.264；邦訳, p.318)。

図表 4－2　基本競争戦略の類型

	優位性のタイプ	
	コスト優位	特性優位
広い 対象セグメント	コストリーダーシップ 　ITによる 　ITによらない	差別化 　使用基準 　シグナル基準
狭い	集　　　　中	
	コストリーダーシップ集中	差別化集中

（出所）Porter, 1985, p.12 を参考に筆者作成。

（4）コストリーダーシップと差別化の両立可能性

2節で述べたように，広いセグメントでコストリーダーシップあるいは差別化を追求する戦略と，狭いセグメントで資源と能力の最適展開を図る集中（フォーカス）は，定義上両立し得ない。差別化とコストリーダーシップも基本的に両立は難しいが，これについては研究者の間で議論があり，業界内に特別な条件があったり，企業が特別な工夫や努力をすればこの両立は可能とする研究もある。言ってみれば，前者は「普通ならば難しいが業界内に特別な条件があれば両立は可能」とする研究で，後者は「普通にしていては難しいが特別なことをすれば両立は可能」とする研究である。

前者つまり「業界内に特別な条件があれば両立は可能」とする代表的な研究には，以下のようなものがある。

ホール（1980）は，生産規模が大きく，かつ業界全体の成長率が頭打ちになっている重機，洗濯機等の家電，自動車といった成熟産業では，差別化とコストリーダーシップの両方を追求することが可能であるし，またそうしないと高収益性は維持できないと指摘している。そして実際これを行って成功している企業が存在することを示した。そこで代表例としてあげられているのは，重機業界におけるキャタピラー，家電業界におけるワールプールである（Hall,

1980, p. 84)。このような業界では，自動化された生産システムにより低コスト化を図りつつ製品を差別化することが可能であるし，そうすることにより価格競争に耐えられるようにしなければ，高収益はあげられないというのである。

またヒル（1988）は，差別化の確立が時としてコストリーダーシップの構築を容易にする，すなわち一定の条件がそろっている場合には前者の実現が後者の形成を促すということを示した。その条件とは，当該企業の差別化能力が高い，消費者が競合企業の製品を継続購買する傾向が小さい，市場の成長率が高い，市場がいくつかのセグメントに細分されている，製造プロセスが新しく複雑である，規模の経済性がある，範囲の経済性があるということである（Hill, 1988, pp. 409-410）。

ゲマワット（2001）は競争戦略の策定においては，企業内の一貫性よりも，市場のニーズに対応することが重要であるとして，市場が低コスト化と差別化の両方を要求しているならば，企業はたとえ戦略遂行の行動が多少混乱しても，コスト優位と差別化優位の両方を追求する必要があるとした。すなわち彼によれば，「企業内部の一貫性（internal consistency）」を追求するあまり，企業はコスト優位か高い差別化かという戦略選択をしがちだが，外部要因によって2つの戦略を同時に追求する状況が強いられることもありうる（Ghemawat, 2001, pp. 56-57；邦訳, p. 87）。

さらには，そのような2つの戦略の同時追求が成功せず，製品の価格や品質が中途半端になってしまったとしても，高収益が得られないとは限らないという。市場が中途半端な製品を好むならば，むしろ「品質もコストも中程度の製品を提供することが利益を最大化する戦略となる」（Ghemawat, *ibid*., p. 57；邦訳, pp. 87-88）のである。

たとえば最悪の服装とは，すれ違った際に相手が振り向くようなものであるというような価値観が支配的な国もある。つまり衣料品に関してそこそこの価格，かつそこそこの品質のもの，要するにあえて人目を引くということがないようなものに最大のニーズがあるという国も存在する。こういう国では，消費

者の大多数は自動化された生産システムにより低コストで大量生産された衣料品を好まない一方，デザインと材料面での差別化が高度になされた最高品質の衣料品も好まない。実際，「イギリスの衣料小売業者であるマークス・アンド・スペンサーは，最高の価格プレミアムも最低のコストポジションも確立していない」が，業界で最も高い収益性を維持しているのである（Ghemawat, ibid., p.57；邦訳, p.88）。

一方，後者つまり「特別なことをすれば両立は可能」とする代表的研究には，次のようなものがある。

ホイットニー（1988）は，新製品開発において部品の数をなるべく減らし，かつ個々の部品のバリエーションと部品間のインターフェースをあらかじめ決めておくことにより，コストリーダーシップと差別化の両方を追求できるとした。実際，日本電装（現デンソー）はこれを行って成功しているという（Whitney, 1988, p.87）。

自動車部品等の加工では，加工対象を機械の刃物やドリル部分に導くための器具，いわゆるジグを必要とする。そして製品の差別化を図ると，部品も従来と異なる特別なものとなり，場合によっては新たな工作機械を導入しなければならなくなるし，そうでない場合でも新たなジグや固定器具は必要となる。

そしてこのような工作機械とジグ導入費用が，往々にして製品の生産コストを高めてしまう。しかしあらかじめ一定のルールを設けて部品を設計するようにすれば，工作機械は従来のものでよく，新たなジグもいらなくなる。[23] それどころか，部品の性能・機能は変化しても形状は変化しないということになれば，工作機械が専用化しジグ自体不要になる可能性もある。ホイットニーはこれをジグレス（jigless）の生産と呼んでいる（Whitney, ibid., p.88）。

またロバートソン＝ウルリッヒ（1998）によれば，コダックはアメリカ市場で日本企業との激しい競争にさらされたが，94年に70％を超えるシェアを獲得し，事実上この競争に勝利した。その戦略の中核になっていたのは，共通の製品プラットフォームから様々なモデルを開発するというものであった。同社はこれにより，製品の差別化を行う一方，開発や生産等のコストを日本企

業より低い水準に抑えたのである (Robertson & Ulrich, 1998, p. 19)。[24]

　彼らによれば、消費者は製品の比較を行う際に、すべての性能や品質を見るわけではない。製品を比較する際に、重視する属性が製品ごとにいくつかある。彼らはそのような属性を差別化属性 (DA: Differentiating Attribute) と呼ぶ。

　たとえば自動車の場合、室内の騒音レベル、操作パネルのデザイン、車体前後のスタイルはこの差別化属性にあたるが、タイヤのサイズはそうではない。実際、ユーザーは車種の選択の際に騒音レベル、操作パネルのデザイン、前後のスタイルを重要な判断材料とするし、同じ乗用車でもスポーティクーペとファミリーセダン、ステーションワゴンでは、ユーザーのニーズを反映してこれらに大きな相違がある。一方、タイヤのサイズは購入時の判断材料とはならないし、もともと車種によりタイヤサイズに目立った差があるわけでもない (Robertson & Ulrich, *ibid.*, p. 21, p. 24)。

　そして彼らは、製品を構成する部品をこのような差別化属性に大きな影響力を持つクリティカルなものと、そうでないものに区別し、前者についてはユー

---

[23] このように新製品開発において個々の部品のバリエーションと部品間のインターフェースをあらかじめ決めておいたり、あらかじめ一定のルールを設けて部品を設計するという発想は、近年注目されているモジュール化の考え方と相通ずるものがある。ただしこのモジュール化という用語は、使う人により多少概念が異なる。近年研究者と実務家双方から注目を集めているのは、「あらかじめシステムの全体構想の中で、インターフェースの形状や、そこを流れる情報の形式（プロトコル）を、社内共通、あるいは企業をこえた業界共通の形で標準化する」（藤本, 2004, p. 128, （　）内の補足は藤本による）というものである。

[24] ほぼ同時期にアメリカのコピー機市場では、逆に日本企業が同様の戦略でゼロックスからシェアを奪っていった。具体的には、80年代においてキヤノン等の日本企業は、普通紙コピー機のプラットフォームを長期にわたって維持し低コスト化を図る一方、差別化を図るための技術開発も行い、次々と周辺特許を獲得していった。実際、コスト水準はゼロックスよりも低くなり、そしてコストが低下した分だけ利幅を小さくしたため、日本企業のコピー機はゼロックス製に比べて低価格で、かつ差別化されたものとなった。結果として、ゼロックスは業界リーダーの地位から転落した (Jacobson & Hillkirk, 1986, pp. 141-152)。

ザーのニーズに合わせて差別化を行い，後者は共通化・標準化を進めて生産の低コスト化を図れば，コスト優位と差別化の両立は可能であるとした。つまり部品を大きく二分して，差別化と共通化（commonality）の発想を組み合わせれば，コストリーダーシップと差別化の両立は可能だというのである（Robertson & Ulrich, *ibid.*, pp. 21−22, p. 26）。

このほかに，事業単位が高業績をあげるためには戦略指向（目標）を明確にすることが重要なのであり，たとえその指向が複数であってもかまわないとする研究もある。すなわちロビンソン＝ピアース2世（1988）は，コスト等の面での効率性とブランド・アイデンティティの確立を組み合わせた戦略指向を持つ事業単位の業績が高いことを実証した。

具体的には，彼らは現実の事業単位にみられる戦略指向として，a）品質管理やコスト面での効率性，b）きめの細かいサービスと高価格での販売，c）新製品開発と製品革新，d）ブランド・アイデンティティと流通チャネルに対する影響力の確立をあげている（Robinson & Pearce II, 1988, p. 52）。

むろん現実の事業単位の具体的戦略がこれらすべてを指向しているわけではない。彼らによれば，実際にとられている戦略がこのうちどれを指向しているかによって，事業単位は大きく5クラスターに分かれるという。すなわち戦略指向がaとbであるクラスター1，指向が不明瞭なクラスター2，これがbとdであるクラスター3，cであるクラスター4，aとdであるクラスター5である（Robinson & Pearce II, *ibid.*, p. 53）。

このうち最も業績がよかったのはクラスター5，その次がクラスター4で，クラスター1，クラスター3がこれに続き，クラスター2の業績は著しく低かった（Robinson & PearceII, *ibid.*, p. 54）。ポーターが言うように，選択を怠る事業単位，戦略の方向性があいまいな事業単位は確かに業績が悪いが，これがはっきりしている事業単位は，たとえそれが複数あったとしても業績がよいというのが彼らの分析結果なのである。つまりポーターの見解のうち，選択を行うことの重要性は支持されているが，それが1つでなければならないという点は必ずしも肯定されていない。[25]

なお，キム＝モボルニュ（2005）はコスト優位と差別化の両立を「バリュー・イノベーション」と名付け，これを土台に独自の市場セグメントを形成する戦略を「ブルー・オーシャン戦略」と呼んでいる（Kim & Mauborgne, 2005, pp. 12－13；邦訳，pp. 31－32）。

第4節　競争戦略の実行価値と情報技術

（1）競争戦略の実行価値

ワイズマン（1988）は，前述したポーターのフレームワークに依拠して情報技術の戦略的活用に関する考察を行い，その過程でこのフレームワークの示唆をより豊かにした。

ワイズマンによれば，競争優位ということばは，ある競争の舞台（競争空間）において競い合っている複数の競争者間にある1つの状態ないし関係を表すことばである。具体的には，「『Aにおいて，XはYに対して競争優位にある』（Aは競争の舞台，XとYは競争者）という表現の意味は，XはYにない能力もしくは能力の組合せを保有しており，その能力もしくは能力の組合せのおかげで，XはAにおける戦闘を支配することができるということである」（Wiseman, 1988, p. 109；邦訳，p. 101，（　）内の補足はワイズマンによる）。

ワイズマンとポーターの立場には，以下で述べるような2つの大きな相違がある。1つは，何をめぐって企業は競争するのか，あるいは競争優位は何に現れるのかということに関する相違である。そしてもう1つは，競争優位の持続性をめぐる相違である。

具体的には，本章2節で述べたように，ポーター（1985）においては，企業間競争の本質は収益性をめぐる争いであると認識されていたが，ワイズマン

⑸　ただしロビンソン＝ピアース2世の言うコスト等の面での効率性およびブランド・アイデンティティの確立と，ポーターの言うコストリーダーシップおよび差別化とが全く同じ概念かというと，そうとは言えない。

(1988) は必ずしもそのような立場をとっていない。収益性以外の色々なこと，たとえばシェアや市場からの評価をめぐっても企業は競争するのであり，そのような競争を支配できている状態が競争優位なのである。より具体的には，彼はそのような競争優位の具体的現れとして，投資収益率（ROI）の高さ，マーケットシェアの大きさ，新規顧客の数などをあげている（Wiseman, *ibid.*, p. 122；邦訳, p. 115）。

そしてワイズマンによれば，「優位性はある明示的な戦略－すなわち，ある競争力を達成するための意識的な選択や行為－の直接的な結果である場合が多い」（Wiseman, *ibid.*, p. 109；邦訳, p. 100）。[26] したがって彼の立場では，「競争戦略は，競争優位を獲得あるいは維持するため，もしくはライバルの優位性を弱める（すなわち自己の劣勢を弱める）ための計画であると定義される」（Wiseman, *ibid.*, p. 104；邦訳, p. 95,（ ）内の補足はワイズマンによる）。

このように，ワイズマンは競争戦略の目的を競争優位の形成としつつも，その具体的現象ないし帰結を高い収益性の実現に限定せず，これを自社の優位性強化と相手の優位性（自社の劣勢）弱化と広く捉えている。ポーター（1985）と同様に適切な競争戦略は競争優位をもたらすという立場をとりつつも，必ずしも収益性が高くなることだけが競争優位の現れではないと考えるのである。要するにワイズマンによれば，「あらゆる競争戦略の目的は，独立した舞台（arena）であれ関連した舞台であれ，そこでの自分自身の優位性を獲得・維持し，敵の競争力を弱めることにある」（Wiseman, *ibid.*, p. 104；邦訳, p. 95）。

ところで，ある企業にとって競争する舞台は1つとは限らず，むしろ企業は複数の舞台で異なる競争者と競合していることが多い。そのため企業は，「独立した個々の舞台において，もしくは関連した舞台の間で，複数の競争優位も

---

[26] ここでワイズマンが，「である場合が多い」としているのは，彼が競争優位は適切な競争戦略の直接的結果であるという立場を基本的にはとりつつも，競合企業の不適切な事業活動や偶然の要因により競争優位がもたらされることがあることも否定していないからである。

第4章　競争優位の構築　◆——— 153

しくは競争劣位をもつことになる」(Wiseman, ibid., pp. 109-110；邦訳, p. 101)。しかも，ある舞台で優位をもたらす競争戦略が，他の舞台で優位をもたらすとは限らないから，企業は舞台ごとに複数の競争戦略を持つ。この点についてワイズマン自身は，「ある舞台での競争優位は他の舞台での競争優位ではないかもしれないから，複数の舞台で競争している組織は複数の競争戦略をもつだろう」(Wiseman, ibid., p. 110；邦訳, p. 101) と述べている。

　ポーター (1985) とワイズマン (1988) の第2の相違点は，前者が持続的な競争優位を重視するのに対し，後者が持続期間とは関係なく競争優位を重視している点にある。つまり前者においては，持続的競争優位をもたらす場合にのみ，競争戦略は実行する価値があるとみなされる。それに対し，後者においては，もたらされる競争優位が持続的でなく，また他社にとって対抗可能であっても，その戦略は実行する価値があると判断されうる。この点に関しワイズマンは，現実の競争戦略策定への貢献を大きくするために，「ポーターの著書に端的に代表される経済学者の狭い観点を拡張し，(戦略を考える際の認識を) 競争優位と競争戦略に対する実務家のより広い認識に合わせていく必要がある」(Wiseman, ibid., p. 104；邦訳, p. 96, (　) 内の補足は白石による) と述べている。[27]

　以上のようにワイズマンによれば，経済学者 (理論家) と実務家とでは価値のある競争優位と有効な競争戦略に関し，考え方がやや異なり，通常，前者の方がこれらをより厳密に考える。一般に，「経済学者は，長期的に持続力のある価格優位または特性優位を探求し，それを業界の平均以上の投資収益率によって評価する。一方実務家は，はるかに広範囲にわたる機会 (短期・中期・長期，持続力・対抗可能，価格・製品特性など) を追求し，それを業界の平均以上の投資収益率の他に，マーケット・シェア，新規顧客の数といった多様な尺度に

---

[27] ただし一方では，ワイズマンは，「ポーターの観点は説得力があり啓発的である」(Wiseman, 1988, p. 104；邦訳, p. 95) とし，また「ポーターのモデルを拡張するということは，それを否定するということではない」(Wiseman, ibid., p. 104；邦訳, p. 96) と述べている。

よって評価する」(Wiseman, *ibid*., p. 122；邦訳, p. 115)。

　前述したように，ワイズマンの立場では，企業は収益性だけをめぐって競争しているわけではないし，競争優位の具体的現象あるいは帰結も高い収益性とは限らない。たとえば顧客満足度をめぐって競争し，適切な競争戦略によってそのような顧客満足度に関する競争優位がもたらされ，その帰結として相手よりも圧倒的に高い評判や信用，株価が得られる，逆に相手企業はこれらが致命的に低くなり経営の危機や破綻に追い込まれるようなケースもあるということを重視しているのである。

　またワイズマンによれば，「経済学者は，ある舞台だけにおけるライバル間の競争をみて単一の基本戦略を作成し，収益率を押し下げる作用をもつ産業の競争要因に対して防衛的な地位を確立することを目指す。一方実務家は，多数の舞台を認識して戦略スラストを設計し，それによって企業の競争戦略を支援し形成しようとする」(Wiseman, *ibid*., p. 122；邦訳, pp. 115－116)。ここで戦略スラスト (strategic thrusts) とは，「競争優位を追求している組織がとりうる主要な動き」(Wiseman, *ibid*., p. 131；邦訳, p. 122) をさす。言い換えれば，これは競合他社に対して競争優位を形成し，収益性やマーケットシェアを高める基本的な方法である。そしてワイズマンはこれには差別化, 低コスト化, 革新, 成長, 提携があるとしている。

　このように競争戦略と優位性に関する理論家と実務家の考え方の相違を説明した後，ワイズマンが主張しているのは，持続性のある競争優位を達成する機会は実際にはそう多くはないから，競争戦略の実行価値を理論家の考えている「持続性があるか否か」という基準で判断すると，競争戦略の策定が行き詰まることになりかねないということである (Wiseman, *ibid*., p. 125；邦訳, p. 118)。ワイズマンは明確には言及していないが，戦略策定が行き詰まっている間に，競争相手が有効な戦略を策定し実行に移すという可能性もある。

　また競争戦略のなかには，短期的に大きなインパクトを持つというものもある。持続性についての厳格な基準を満たさないという理由で次々と競争戦略を排除していくと，持続性はないが短期間のうちに競争相手に大きな打撃を与え

られる競争戦略が廃棄されることになる。(28)　したがって競争戦略の実行価値は，もたらされる競争優位の持続性のほかに，競争相手に対する打撃の大きさによっても判定される必要があろう。持続性はないが，短期的にはインパクトがあるという競争戦略もあながち無視できないのである。

(2) 5つの戦略スラスト

ワイズマンは戦略スラストとして，ポーターが指摘した差別化とコストリーダーシップ以外に，革新，成長，提携の3つをあげている。つまりワイズマンのフレームワークでは競争優位を築くための基本的方法が差別化，低コスト化，革新，成長，提携の5つに類型化されている。そして彼は，これら5つの戦略グループには，次のような具体的戦略があるとしている。(29)

①差別化

差別化については，期待される製品における差別化，期待以上の価値を持たせた製品における差別化，差別化製品に対するマーケティング・サポートという具体的戦略がある。

期待される製品（expected product）とは，消費者の最低限度の期待を満たす製品，すなわち製品（品質），価格，チャネル，プロモーションのいわゆるマーケティング・ミックス（4P）に関し最低限の基準を充足する製品のことで，言い換えれば基本的製品，普及品である。(30)　基本的製品と差別化という概念は一見相反するようにも思われるが，ワイズマンは基本的な製品にも差別化

---

(28) 同様にゲマワット（1986）も，持続的競争優位につながらない戦略でも実行する価値はあるとしている。具体的には彼は，「競合他社が対抗可能な戦略でも捨て去るわけにはいかない。一時的な優位性をもたらす戦略であっても，それにより競争上の不利が解消されさえすれば，それは実行する価値があるからだ。また対抗可能な戦略が対抗されることなく効力を発揮し続けることもある」（Ghemawat, 1986, p.58）と述べている。

(29) 集中（フォーカス）については簡単に紹介されているだけで，詳細な言及はなされていない。

の機会は存在するとし，情報技術によってそれができないかどうかを企業は綿密に調べる必要があるとしている（Wiseman, *ibid.*, p. 170；邦訳, p. 162）。

また企業は，高付加価値製品においても差別化を追求しうる。すなわちマーケティング・ミックスの各要素に関して，顧客が抱いている最低限の期待レベル以上の価値を持たせた製品（augmented product）を開発する過程でも，差別化は行える（Wiseman, *ibid.*, p. 175；邦訳, p. 167）。

さらに，情報技術を差別化製品のマーケティング活動に利用することにより，企業は差別化を強化しうる（Wiseman, *ibid.*, p. 187；邦訳, p. 183）。

②低コスト化

低コスト化には，規模の経済性による低コスト化，範囲の経済性による低コスト化，知識による低コスト化という具体的戦略がある。規模の経済性，範囲の経済性については2章で述べた通りであるが，ワイズマンはコストと価格や戦略などについての知識，経済・社会・政治的環境や技術の動向に関する知識を増やすことによってもコストを他社より低水準にしうるとしている。これは，「知識のより豊富な企業は，そうでない企業と比べると情報の経済によってより安い単価で製品を入手，生産，加工，保管，輸送，あるいは販売できる」（Wiseman, *ibid.*, p. 215；邦訳, p. 204）ためである。[31]

③革　新

革新戦略はさらに製品革新戦略と工程革新戦略に分けられる。前者は新しい

---

[30] ワイズマンによれば，期待される製品もしくは基本的製品とは，消費者が一般的に期待する最低限の価値・機能を持つ製品，あるいは「競合者が容易に模倣できるような，基本的な，プレーン・バニラのようなものである」（Wiseman, 1988, pp. 168–169；邦訳, p. 160）。本文でも述べているように，ワイズマンはこのような製品にも差別化の余地はあるとしている。

[31] ワイズマン（1988）においては，知識と情報の区別があいまいであるが，両者には，前者がストック的性格を持ち意思決定の「土台」として機能するのに対し，後者はフロー的性格を有し意思決定の「前提」となるという根本的相違がある（白石, 2003, p. 27）。

製品を創造する戦略であり，後者はビジネスプロセスを一新する戦略である。

ワイズマンによれば，「革新には新しい製品や工程の採用が含まれている。製品革新は，かつては満たされなかった顧客のニーズないし欲求を満足させる。また工程革新は，製品の製造工程をより効率的あるいは効果的にする」(Wiseman, *ibid.*, p. 237；邦訳，p. 219)。その源泉について考察した場合，「革新は，技術的な種 (sources)，組織的な種，その他のあらゆる種から生み出されてくる」(Wiseman, *ibid.*, p. 237；邦訳，p. 219)。

④成　長

成長戦略には，製品の成長，機能の成長，グローバルな成長，スピンオフという4つの具体的戦略がある。

製品の成長は，端的には製品ラインを拡大，深化する戦略をさす。すなわちこれは，品揃えの強化，製品ラインおよびスペックの多様性増大を図る戦略である。[32]

機能の成長は，「原材料の売り手からサービスの提供者に至る，供給業者が遂行する諸機能を自社にとり込むこと」，また「流通チャネルの中で，あるいは最終顧客によって遂行される諸機能を自社に取り込むこと」をさす (Wiseman, *ibid.*, pp. 291−292；邦訳，pp. 272−273)。[33]

グローバルな成長とは，製品ラインの一部，あるいは調達から納品までの諸

---

[32] 情報技術に関して言えば，これはたとえばPOSのように売れ行きのよい商品と悪い商品を把握することにより，品揃え強化に貢献することができる (Wiseman, *ibid.*, p. 284；邦訳，p. 263)。

[33] ワイズマンによれば，これらの機能成長は買収によってもなされるが，「コンピュータに支援された機能面での成長スラストが行われる」(Wiseman, *ibid.*, p. 292；邦訳，p. 273) こともある。そしてこのような情報技術による機能成長においては，「用途の広い強力な電気通信ネットワークをもつことが，成功の必要条件である」(Wiseman, *ibid.*, p. 293；邦訳，p. 274) という。たとえば販売を流通業者に任せず，インターネットで行うようにするのはこのような情報技術を土台にした機能成長と言えるだろう。

機能の一部を海外で確保することをさす。すなわちこれは,「自社の製品ネットワークの中に外国の要素－新製品でも新機能でもよい－をとり込むことによって企業成長を実現すること」(Wiseman, *ibid.*, p. 295;邦訳, p. 277) を意味する。

さらにワイズマンは,「ある機能活動に振り向けられた資源を, その機能と関連した商品やサービスの販売を行う新規の独立した事業部門に向けて放出することによって, 企業は,(中略)成長することができる」(Wiseman, *ibid.*, p. 308;邦訳, p. 293) とし, これをスピンオフと呼んでいる。(34)

これら4つのうち, 機能の成長, グローバルな成長, スピンオフは明らかにドメインの変更をともなう。すなわち機能の成長はいわゆる「垂直統合」であり, グローバルな成長は「国際化」(多国籍化), スピンオフはある種の「関連多角化」である。

このようにワイズマンは, 一部のドメイン戦略をも競争戦略に含めて考えている。彼の問題意識は情報技術の活用可能性を念頭に置きつつ, 競争優位を構築するための戦略を体系的に整理するということなので, ドメインに関する戦略であっても, 競争優位を構築するうえで有効であるならば競争上の戦略として扱うのである。

⑤提　携

提携については, ワイズマンはこのことばを,「ある共通の目的を達成するために協力している複数のグループや個人の結合を意味する」(Wiseman, *ibid.*, p. 333;邦訳, p. 308) と広く定義している。そしてその具体的戦略として, 製品統合のための提携, 製品開発のための提携, 製品拡張のための提携, 製品流通のための提携を提示している。

このうち,「製品統合のための提携では, 別々に販売することのできるいく

---

(34) 企業は,「①情報技術への投資によって発生する範囲の経済を利用すること, あるいは②情報技術を中核として新規の事業ラインを創設する」(Wiseman, *ibid.*, p. 308;邦訳, p. 293) という形でこの戦略に情報技術を活用しうると, ワイズマンは指摘している。

第4章　競争優位の構築　◆―― 159

つかの製品の一部もしくは全部をひとつにまとめることによって，新しいシステムがつくりだされる」（Wiseman, *ibid.*, p. 337；邦訳, p. 313）。このような製品統合がよく行われる代表的な業界はコンピュータ業界で，そこでは新しいシステム商品は共通の情報技術的基盤のうえで形成されることが多い。

一方，製品開発のための提携は，新製品の創造を目的とした複数企業による提携である。ただしこの種の提携では，ベンダー以外にユーザー企業が参加して効果をあげることも多い（Wiseman, *ibid.*, p. 345；邦訳, p. 323）。むしろ情報技術の発展と普及を考えると，近年有効性が高まっているのは，そのようなユーザー企業を巻き込んだ製品開発であろう。[35]

そして製品拡張のための提携は，製品の新しい用途，市場，利用法の創出を目的とした提携である。そこでは用途の拡大により，製品の市場価値の増大と新市場の開拓が図られる（Wiseman, *ibid.*, p. 346；邦訳, p. 324）。[36]

最後に，「製品流通のための提携では，製品の新しい流通チャネルが創出される」（Wiseman, *ibid.*, p. 348；邦訳, p. 327）。自動車会社が他社製の車を自社ディーラーで売るといった同一業界内の提携ではなく，他業界に属するメーカーの製品を自社チャネルで売る異業種企業間の提携が大きな効果を生むこともある。[37]

---

[35] インターネットや携帯電話など，コミュニケーションツール系の情報技術の発展と普及により，個人ユーザーを巻き込んだ，消費者参加型のいわゆる「プロシューマー」型開発も容易になっているし，実際これを有効に行えるかどうかが新製品開発に成功するための鍵となりつつある。

[36] たとえば不動産開発会社と情報通信会社の提携で建物がインテリジェント化するというように，製品拡張のための企業間提携に情報技術が活用されることにより，製品の用途が拡大しその市場価値が高いものとなる場合がある（Wiseman, *ibid.*, p. 347；邦訳, p. 326）。

[37] ワイズマンはこのような流通チャネルに関する提携においても，情報技術が欠くことのできない重要な役割を果たす場合があるとしている（Wiseman, *ibid.*, p. 348；邦訳, p. 327）。たとえばインターネット上の自社サイトで他社製品を紹介し，受注を行うというのはその一例であろう。

第5章
デファクト・スタンダードの獲得

第1節　ネットワーク外部性

（1）ネットワーク外部性と競争戦略

　前章で取りあげた競争戦略の理論，すなわちポーター（1985）を代表とするこれまでの競争戦略論では，製品の便利さと利益を規定するのは性能や付属するサービス（使用価値），イメージ等（シグナル価値）であり，製品選択において重要な判断基準となるのはこのようなイメージ等を含む製品の属性そのものであると想定されていた。

　しかし製品のなかには，自分以外の他の顧客がどれだけその製品を使っているかということが自分にとっての便利さと利益に大きな影響を及ぼす製品もある。確かに現実の経済には，顧客数と製品から得られる便益との関係が弱く，属性が便益を大きく左右し，これが製品選択の際に重要な基準とされる製品も多いが，他方ではユーザーが多いということが自分の享受する便益を増大させる製品も少なからず存在する。こういう「ネットワーク外部性」（network externalities）の強い製品[1]の場合，製品選択の際には，多くの人がそれを使っているので自分もそれを選ぶというように，ユーザー数の多さが購入の決め手となる。

　このようなネットワーク外部性の強い製品市場では，ポーター流の差別化，コストリーダーシップ，集中（フォーカス）を基本とする競争戦略の有効性は限られており，これとは異なる競争上の戦略が探究されなければならない。

すなわちネットワーク外部性が強く働く製品市場では，それ以外の製品市場を対象にした競争戦略の有効性は限られているため，そこで競争優位を構築するには，異なる視角で戦略の策定が行われなければならない。また理論的にも，このような市場の分析における従来のフレームワークの説明力は限られているから，新しい枠組の構築が必要となる。[2]

そこで，ここではネットワーク外部性の本質およびこれが強い製品市場の特徴を明らかにし，そのようなネットワーク外部性の強い製品市場を前提とした場合に，いかなる競争戦略が有効かを考察しよう。あえて誤解を恐れずに言うならば，前章で取りあげた競争戦略論，ポーター（1985）を代表とする従来の競争戦略論は，現代において有効な競争戦略の半分を体系化したにすぎない。残りの半分は，ネットワーク外部性の強い製品市場を対象とした競争戦略，言い換えればデファクト・スタンダード獲得のための戦略として理論化されなければならない。

（2）需要の収穫逓増と相互依存

先にも述べたように，製品のなかには自分以外にどれ位の顧客がその製品を

---

[1] ネットワーク外部性があっても，それが微弱であるならば，その効果および後に述べるインストールド・ベースの大きさは企業間競争において意味を持たない。したがってネットワーク外部性は，あるかないかの二分法ではなく，その製品市場の競争に影響を及ぼすほど強いか弱いかという観点でみられるべきである。このような立場から，本書ではネットワーク外部性に関し「ある」「ない」という表現を避け，「強い」「強く働く」あるいは「弱い」という言い方をすることにする。この場合の「強い」というのは，ネットワーク外部性がその製品市場の競争形態に影響を及ぼすくらい強いという意味である。

[2] 3章で取りあげた，いわゆる「ポジション優位」の観点では，ネットワーク外部性が強いと，「マーケット・シェアのわずかな優位性が巨大で持続的なポジション優位性に転換する」（Saloner, Shepard & Podolny, 2001, p.311；邦訳，p.382）。したがってネットワーク外部性とポジション優位性を結ぶロジックを解明し，外部性に基づいたポジション優位をどのように獲得し強化するかが重要となる（Saloner, et al., ibid., p.311；邦訳，p.382）。

使っているかということがその製品から得られる便益に影響するもの，顧客数が多いと当該製品から受ける自分の便益が増大する製品がある。このように，自分以外のユーザー数が増大することによって，その製品から得られる便益が増大する効果がネットワーク外部性である（Katz & Shapiro, 1985, p. 424）。

たとえば電話のような通信機器の場合，それを購入している人がどれ位いて何人と通話できるかによって，当該製品から受ける便益が変わり，ユーザー数が増えれば便益が増大する。したがってネットワーク外部性は，「需要サイドの収穫逓増効果」（Demand-Side Increasing Returns）とも言い換えられる（Saloner, Shepard & Podolny, 2001, p. 306；邦訳, p. 376）。

ネットワーク外部性の強い製品市場では，購入するか否かの判断が，他人の購入の影響を受けるという意味で，需要が相互依存的となる。この相互依存効果は，最初にその製品が市場に登場した際にそれを購入するか否かを判断するときにも，競合する同種の製品や代替関係にある製品が複数併存している際にどれを選択するかを決めるときにも働く。具体的には前者の場合，多くの潜在的顧客の間に，他の需要者がある程度購入するまで自分は購入を待とうという意識が働く。後者の場合も，潜在的顧客は一般に，すでにより多数の人が購入している製品を選択しようとする。言い換えれば，顧客側に「勝ち馬」に乗ろうとする心理，いわゆるバンドワゴン効果（bandwagon effect）が働く（Leibenstein, 1950, p. 189）。(3)

したがってネットワーク外部性の強い製品市場では，生産における規模の経済性ではなく，「需要における規模の経済性」が働いているということになる

---

(3) ライベンシュタイン（1950）は，バンドワゴン効果が発生する条件として，「ある人の財に対する需要が，他の人によるその財の消費量とともに増える」（Leibenstein, 1950, p. 189），あるいは「消費者Ａの需要が（所与の価格のもとで）当該市場の他の全員が有する総需要の関数である」（Leibenstein, *ibid.*, p. 190，（　）内の補足はライベンシュタインによる）ということをあげているが，これは取りも直さず本書の言う「需要の相互依存効果」である。したがって彼の考えに依拠すると，厳密にはバンドワゴン効果は需要の相互依存効果がある場合にのみ生ずるということになる。

(依田, 1999a, p.78；林, 2000, p.173)。

　端的に言えば，ネットワーク外部性の強い製品市場は需要が相互依存的で，需要の規模の経済性，デマンドサイドの収穫逓増性のある市場なのである。いわゆるデファクト・スタンダードの多くは，このようなネットワーク外部性とバンドワゴン効果の強い市場において成立する。

（3）一般的な外部性との相違

　一般的な外部性については，従来より多くの研究者により議論されてきた。この従来よりあった一般的な外部性概念は，ある行為がその当事者以外の第三者に正と負の便益を与えるというものである。

　たとえば鉄道の駅を建設するという行為は，周辺住民に対し土地の値上がりという正の効果と，交通量の増大およびそれによる自然環境の悪化という負の効果をもたらす。この負の効果が発生するのを防止したり，発生後に解消するのには多大なコストがかかる。そのため，負の効果を免れることは容易ではない。鉄道駅建設の場合，交通渋滞を食い止めるために道路の拡張を図ろうとすると，住民に土地の供出（セットバック）を強いることになり，場合によっては地価の値上がりという正の効果を帳消しにしてしまう。

　ネットワーク外部性にも，ユーザーが増えることにより，回線が混雑し使いづらくなるといった負の効果が生じうるが，多くの場合，回線の容量を増やすなどの方策によりそのような負の効果を低コストで解消することができる。したがってネットワーク外部性として重要なのは正の効果であり，これに関する議論で想定されるのは，基本的には正の効果である。

　また一般的な外部性の場合，事後的に受益者となるのは容易ではない。駅建設の場合，正の効果獲得を意図して他の住民が駅付近に引っ越そうとしても，簡単にはこれができない。それに対し，ネットワーク外部性の場合は，外部の第三者がその製品を購入することにより，簡単に受益者となることができる。

　そして一般的な外部性の場合は，効果が及ぶ範囲が明確ではない。つまり効果の及ぶ境界があいまいで，はっきり線引きすることができない。鉄道駅建設

の場合，駅から遠くなるにしたがって正・負の効果は徐々に弱まっていくのであり，ここまでは効果が及び，ここから効果が及ばないという境界をはっきり示すことはできない。それに対し，ネットワーク外部性の場合，購入した人は受益者，購入していない人は非受益者というように，受益者・非受益者の境界が明確である。

（4）ネットワーク外部性の源泉

このようなネットワーク外部性の源泉とは何であろうか。別の言い方をすれば，「ユーザー数が増大することによって便益が増す」といった場合の，その「便益」にはどのようなものがあるのだろうか。これをカッツ＝シャピロ（1985）は次のように整理している（Katz & Shapiro, 1985, p.424）。

1）ビデオ機器やパソコンなどの場合，ハードの売れ行きとその補完財（ソフトなど）の多様性に相互関係があり，よく売れているハードほど補完財が多い。[4]

2）耐久消費財を購入する場合には，アフターサービスの充実度が選択の1つの基準となるが，売れ行きのよい製品ほど充実したサービスが期待できる。

3）売れ行きのよいものほど，その製品に関する情報の入手が容易で，疑問や不安を解消しやすい。

4）売れ行きのよさは価格パフォーマンスや性能のよさを示すという認識が需要者側にある。

一方，クレンペラー（1987）は，ある規格の製品を使っているユーザーが互換性のない他の規格の同種製品に買い替える場合には大きなスイッチング・コ

---

[4] たとえばコンピュータ・ソフトのメーカーにとっては，ユーザーの多い機種向けのソフトを開発した方が売上が大きくなるから，ある機種のコンピュータのユーザーが増大するとこの機種用のソフトが増え，ユーザーの便益が増す。そして便益の増大がその機種のユーザー数を増大させ，それがさらに補完財を増大させる。

ストが発生すると指摘している。たとえばパソコンの場合，特定の機種を使用しているユーザーのもとには，一般的には使用のプロセスで，その機種向けのソフトや有効利用するためのノウハウ，操作に関わるナレッジが蓄積していく。他の規格の機種に買い替えた場合には，そのようなソフトの蓄積や学習の成果は活用できなくなり，新たに購入した機種向けのソフトやナレッジを最初からまた蓄積し直さなければならない。それまでのソフト蓄積や学習に費やしたコストが無駄になってしまうのである（Klemperer, 1987, p.375）。[5]

したがって多数のユーザーが使っている規格の製品は，市場に残り続けることにより，スイッチング・コストを課さないという便益を消費者に提供することになる。消費者がユーザー数の多い製品を選ぶのは，このようなスイッチング・コストを意識し，なるべく長期的に使用できる規格，市場からなくなる可能性の最も低い規格の製品を選んでいるからだとみることもできる。

第2節　ネットワーク外部性が強い場合の競争

（1）インストールド・ベースとは

前節でも述べたように，ネットワーク外部性が強く働く製品市場では，前章で取りあげたポーター流の競争戦略は有効性が低い。すなわちポーター（1985）は，企業間競争で持続的競争優位を形成するための基本戦略としてコストリーダーシップ，差別化，集中（フォーカス）をあげたが，これは需要者が製品の性能や価格を重視して購買を行うことを前提にしている。

しかしネットワーク外部性の強い製品の場合，現在における便益を大きくす

---

[5] クレンペラー（1987）はこのほかに，航空会社のマイレージ・サービスのように，利用頻度もしくは消費量の多い顧客，いわゆる常連客やヘビー・ユーザーに対し企業が何らかの特典や利益を与えている場合に，利用企業ないし購入製品を変えるとそのようなベネフィットが得られなくなるというスイッチング・コストもあると指摘している（Klemperer, 1987, p.376）。

るために，買い手はその製品の価格や性能等よりも，むしろすでにその製品を購入している人がどれ位いるかに関心を持つ。また将来におけるより大きな便益を確保しようとして，その製品をこれから購入する人がどれ位いるか，その製品が今後いわゆる「売れ筋」になるかどうかの予測を試みる。つまり最後に支配的となる製品，今後最も多数のユーザーを獲得するはずの製品を選びたがる（Shapiro & Varian, 1999, p.177；邦訳, p.315）。

ところで歯ブラシのような日用品の市場では，需要の相互依存性とバンドワゴン効果は極めて弱い。したがってこれまでの顧客数や現時点での売れ行きから，将来の売れ筋を予測することは難しい。

一方，ネットワーク外部性が強く，需要の相互依存性が顕著である製品市場では，現在最も売れている製品，あるいは今まで一番売れてきた製品が，これからも一番売れ続けるだろうと予想できる。前者は言い換えれば現時点でマーケットシェアが最大の製品であるが，後者はこれまでの累積購入者数が最大の製品である。そしてこのような累積購入者，すでにある規格の製品や技術を選択し購入した人を全体としてみた場合，これはインストールド・ベース（installed base），顧客基盤と呼ばれる。[6]

ネットワーク外部性の強い製品市場では，製品の選択においてこのようなインストールド・ベースの大きさが重視される。前述したように，それが現在における顧客の便益を大きく左右するとともに，今後の売れ行きあるいは将来において享受できる便益を予測するのに役立つからである。

---

[6] ロールフズ（1974）はインストールド・ベースの代わりにユーザーセット（user sets）ということばを用いて，ネットワーク外部性の強い製品市場について分析している。彼によれば，ネットワーク外部性の強い製品市場には，他の製品市場に比べて複雑かつ困難な立ち上げの問題（start-up problem）がある（Rohlfs, 1974, pp.35-36）。基本的には，このような製品市場では，「事業者は最低限の自己充足的ユーザーセット（self-sufficient user sets）を構築することでサービスを開始できるようになる。そして徐々にユーザーセットが拡大し，望ましい均衡状態の規模にそれが達すると，サービスは自己発展を始める」（Rohlfs, *ibid.*, p.36）。

実際，このような製品の場合，市場がある段階，いわゆるクリティカル・ステージまで成長すると，将来の市場ドミナント製品が現在のインストールド・ベースから予測され，これが大きい製品に加速的に購買が集まるようになる（Leibenstein, 1950, p. 189）。前にも述べたように，このような「勝ち馬に乗る」心理をバンドワゴン効果（bandwagon effect）と言う。

（2）インストールド・ベースをめぐる競争

インストールド・ベースやシェアの大小に関する評価には，累積でみた購入者数，あるいは一時点でみた購入者数がある水準に達するまでは問題とされず，それを超えると重視されるようになるという「クリティカル・ステージ」があると考えられる。そうでなければ，最初の1人が購入した時点で，後に述べる事実上の標準，デファクト・スタンダードは決まってしまうことになるからである。

したがってネットワーク外部性が強く働く製品市場の成長は，次のように概念化することができる。すなわちどのような製品についても，周囲にまだ誰も購入者がいなくても購入する人，いわゆる先行的購入者がいる。そういう先行的購入者によって当該製品市場が立ち上がり，初期および前期の採用者が増え，また他企業が続いて参入することで，この市場は成長する。ここまでは通常の製品市場の成長と同じである。[7]　そしてこのプロセスのどこかで購入者数がクリティカル・ステージに達し，バンドワゴン効果が働き始める。

これ以降，購入において他の購入者数の多さが重視されるようになるから，このクリティカル・ステージにおけるインストールド・ベースやマーケットシェアの差は決定的に重要な意味を持っている。すなわちこの時点における小さ

---

[7] ネットワーク外部性の弱い製品市場の成長について取りあげている代表的研究にはロジャース（1962），レヴィット（1965）がある。前者は市場の成長を主として購入者の増大で説明し（Rogers, 1962, pp. 161－163），後者はこれを売上と利益の増減によって分析している（Levitt, 1965, pp. 81－83）。

なシェアの差が増幅し,逆転のできない大きなシェアの格差に発展することになる。場合によっては,価格や性能等の製品属性は同等で企業のマーケティング等の力も拮抗しており,それまでシェア面で逆転を繰り返してきたようなケースでも,クリティカル・ステージでたまたま少しだけシェアで優位に立っていたことにより,その後その製品が飛躍的に販売数を増大させ,市場支配的製品になることもありうる。(8)

　ネットワーク外部性の極めて弱い製品の場合には,55：45にマーケットシェアが分割されている市場の競争構造は安定的で,多少のシェアの変動はあっても,将来的に当該2社がこの市場において存続すると予測できる。しかしネットワーク外部性の強い製品市場では,クリティカル・ステージ以降は購入においてインストールド・ベースやシェアの差が重視され,買い手側にバンドワゴン効果が働くため,少しでも大きなユーザー数を持つ製品が徐々に支配的になる (Saloner, Shepard & Podolny, 2001, pp. 311-312；邦訳, p. 383)。すなわち小さな差が拡大し逆転不可能な差となって,シェアで劣る企業が撤退に追い込まれる。要するにこの種の製品市場は弱者がますます弱くなり,強者がますます強くなる市場,いわゆる「勝者の総取り市場」(winner-take-all market) なのである (Shapiro & Varian, 1999, pp. 176-177；邦訳, pp. 313-314)。

　以上のように,ネットワーク外部性の強い製品については,市場の成長がクリティカル・ステージを超えると,インストールド・ベースの大きさ,シェアの差が競争上,決定的に重要な意味を持つようになる。したがって市場の成長がクリティカル・ステージに達する前の段階で,より大きなインストールド・ベースやシェアを獲得するために熾烈な競争が行われる。(9)　後に述べるデ

---

(8) 当然のことながら,だからと言ってクリティカル・ステージにおいてだけシェア面で優位に立てばよいというわけではない。企業は市場全体の購入者数がいつクリティカル・ステージに達するかを確実に予測することはできないから,市場の立ち上がり当初から意識的にシェアを拡大し,インストールド・ベースを大きくする必要がある。

ファクト・スタンダードのポジションを獲得するまでは，収益よりもインストールド・ベースやシェアの大きさが重要であるから，そこではソフトウェア業界における「無償配布」のような他の業界では考えられないような戦略も成り立ちうる。(10)

　他の製品市場とネットワーク外部性の強く働く製品市場では，自社製品の違法コピー，いわゆる「海賊版」に対する態度も異なってくる。具体的には，ネットワーク外部性の弱い製品市場の場合，自社製品の違法コピーは自社の収益性を低める存在なので排撃すべき対象となる。ところがネットワーク外部性の強い製品市場では，大きなインストールド・ベースを形成するうえで海賊版の存在に目をつむった方がよいこともある。海賊版のユーザーが後に，正規のユーザーになることもあるからである。

　また補完財メーカーからみれば，当該製品の補完財である自社製品を買ってくれさえすれば，海賊版ユーザーでも正規ユーザーであっても構わないから，両者の区別はない。すなわち補完財メーカーは海賊版ユーザーも正規ユーザーと同じようにみなし，両者の合計をユーザー数として認識し，そのユーザー数が多ければ当該製品向け補完財の開発と供給に積極的になる。

　このように補完財が増えるという間接的効果を通じて，海賊版ユーザーはその後の当該製品のユーザー数拡大に貢献する場合が往々にしてある。そのためネットワーク外部性の強い製品市場では，戦略的にその存在が黙認されること

---

(9)　企業間競争におけるポジション優位を重視するサローナー＝シェパード＝ポドルニーは，この点について次のように述べている。「大きな利用者基盤を得ると持続的なポジション優位性が得られるため，企業は利用者基盤を確立しようと熾烈な競争をする。競争が市場での競争から市場をめぐる競争へ転換することもある」(Saloner, Shepard & Podolny, 2001, p.315；邦訳，pp.387－388，強調はサローナー他による)。

(10)　たとえばこの典型的な事例は，初期のインターネット用ブラウザ市場にみられる。1990年代において，ソフトウェアメーカーのネットスケープ社はこの戦略をとった。具体的には，同社はブラウザ市場で大きなインストールド・ベースを形成するために，「ナビゲーター」を無償提供した。

が多い。

　以上で述べたように，ネットワーク外部性が強く働く製品市場における企業間競争は，これが弱い製品市場における競争とはかなり様相が異なっている。端的に言えば，このような製品市場における競争は価格や性能等の製品属性に関する競争ではなく，インストールド・ベースあるいはシェアをめぐる競争となる。

　そこでは，製品属性における強みよりも，インストールド・ベースやシェアの大きさが競争優位の構築に大きな意味を持っている。言い換えれば，属性で劣っていてもインストールド・ベースの大きい製品は需要の相互依存性とバンドワゴン効果によりデファクト・スタンダード化してしまい，これが市場における「勝利者」となる。

　したがってネットワーク外部性の強い製品市場において競争優位を築くための戦略，自社製品をデファクト・スタンダード化するための戦略は，これが弱い製品市場を対象とした従来の戦略とは異なったものとなる。その具体的内容については4節で述べる。

第3節　デファクト・スタンダードと標準化決定因

(1) デファクト・スタンダードの本質

　ネットワーク外部性の強い製品市場では，前述したように自分以外のユーザー数の多い製品が選好され，製品選択の際に価格や性能といった製品の属性よりもインストールド・ベースあるいはシェアの大きさが重視される。この点について，浅羽（1995）は次のように述べている。「競合製品よりも機能が劣っていても，あるいは価格が高くても，多くのユーザーを抱えている財が選好されてしまうことがある。つまり機能や価格の面での優秀さではなく，その製品が他の製品に比して大きなマーケットシェアを獲得した，あるいはその製品のユーザー数が将来もっとも大きくなると予想されたがゆえに，ある製品が『スタンダード』と認識されてしまうのである」（浅羽, 1995, p.6）。

第5章　デファクト・スタンダードの獲得

このような過程で成立するのが，事実上の標準，デファクト・スタンダード（de facto standard）である。つまりデファクト・スタンダードとはこのように，機関や団体の認証とは関係なく，市場競争の結果として生まれる標準製品あるいは製品規格の標準である。[11]　前述したように，市場全体の成長がクリティカル・ステージを超えると，インストールド・ベース，シェアの差が重視されるようになり，購入者の間に「勝ち馬に乗る」傾向が現れる。この「勝ち馬」がデファクト・スタンダードである。

以上のように，「ネットワーク外部性が強く働く産業では，製品それ自体の機能から生じる部分よりも，その製品がどれくらいのユーザーを獲得するかということの方が，その製品の価値を大きく左右する。そのため多くのユーザーを獲得し，あるいは獲得すると予想され，スタンダードであると認識される業界標準を確立することが，企業間の競争に非常に大きな影響を及ぼすのである」（浅羽，前掲書，p.9）。

4章で述べたように，他企業との競争において優位に立つための基本戦略にポーターの言う「差別化」がある。ただしこれは，ネットワーク外部性が無視できる程弱い製品市場を前提にしている。すなわちネットワーク外部性を考慮しなくてよい製品市場で企業が競争優位を獲得する1つの有効な方法は，自社製品を他社のそれから差別化する何らかの特性を形成し，それを他社に模倣されないようにするということである。

そこでは模倣されないことと，排他的にシェアを拡大することが戦略的原則である一方，市場シェアにおいてトップを狙う場合のそのスピード，トップに立つ時期は，もちろん「はやい」に越したことはないがそれほど重要ではない。最終的にシェアでトップに立てればよいのである。したがってそのようなネットワーク外部性を無視できる製品市場を対象とした経営戦略論では，「勝利」

---

[11]　これに対し，何らかの機関や団体が定めた公的標準をデジュリ・スタンダード（de jure standard）と言う。de factoはラテン語で「事実から来た」，de jureは「プロセスが正統な」という意味である。

にたどり着くまでの時間はあまり重視されてこなかった。[12]

しかしながら，ネットワーク外部性が強く働く製品市場では，前述したように製品の性能等に関し優位性を確立することよりも，むしろ早い段階でシェアを拡大し，大きなインストールド・ベースを形成することが戦略的に重要となる。そこではネットワーク外部性の弱い製品市場における戦略的原則とは全く異質の企業行動，具体的には「自社製品の技術を公開して，積極的に他社に模倣してもらい，他社と一緒に業界標準を作るために協力していくという企業行動」（浅羽，前掲書，pp.12-13）が合理性を持ちうる。[13]

そしてこの観点では，あえて差別化を抑制するということも必要となる。差別化の能力が高く，独自性の強すぎる製品を開発してしまうと，他社が模倣しづらくなり，デファクト・スタンダード化にはかえってマイナスとなりかねないのである。

（2）標準化プロセスと決定因

デファクト・スタンダードを改めて定義するならば，「市場競争の結果とし

---

[12] ネットワーク外部性の弱い製品市場を前提にした議論では，トップ・シェアを獲得するのに要する時間がそれほど重視されてこなかったどころか，4章で述べたように，ニッチ戦略をはじめとしてトップ・シェアを狙わずに高収益性を実現するための戦略の意義が強調されてきた。これは，このような市場ではシェアでトップを狙わず2位以下の企業として高収益をあげるという戦略的な目標が成り立ちうるからである。つまりネットワーク外部性の弱い製品市場では，リーダー，チャレンジャーのほかにフォロワー，ニッチャーというポジションが企業を存続成長させるうえで有効となりうる。ところが，これが強い製品市場では，前述したようにクリティカル・ステージ以降はバンドワゴン効果が働き，シェアで劣る企業は最終的に撤退に追い込まれるため，フォロワー，ニッチャーというポジションは基本的には成り立たない。

[13] 自社製品の技術公開は排他的市場支配の可能性を小さくするが，デファクト・スタンダードのポジション獲得には有利に作用する。浅羽（1995）はこの点について，「自社製品の技術を公開して他社に模倣を促せば，その企業は市場を排他的に支配するチャンスを放棄することになる。しかしそれと引き替えに，自社製品が業界標準になる可能性は増大する」（浅羽，1995, p.13）と述べている。

て生まれた事実上の標準」である。このように，業界標準が市場競争の結果として定まるのはどのような場合であろうか。ネットワーク外部性が強く働くというのがその最も重要かつ基本的な条件であるが，より厳密には次のように考察される。

ベーセン＝サローナー (1989) によれば，業界標準の決まり方は同じ業界でも一定ではなく，その時々によって変わる。すなわち，「時には，政府機関が統制プロセスを使って標準を指定することもある。あるいはコンセンサスを得るために，情報が交換され，技術が変更され，報酬（協力を得るための報酬）が支払われ，調整が行われて自発的標準が決まることもある。さらに標準設定が市場にゆだねられ，競争の結果としてデファクト・スタンダードが形成されることもある」(Besen & Saloner, 1989, p. 178, （ ）内の補足はベーセン＝サローナーによる)。

そして彼らによれば，このような業界標準の決定プロセスを規定する要因には，標準設定に関する私的インセンティブと，標準そのものに関する選好の2つがあるという。

標準設定に関する私的インセンティブとは，言い換えれば何らかの標準採用への関心である。厳密にはこれは，何らかの業界標準が採用される際にその決定プロセスに参加し貢献することに関する各企業のインセンティブ，損得の差と定義される。

企業は業界標準が決まることによって自社の競争優位性が低下することもある一方，早期に標準が確立されて市場が拡大することにより恩恵を受けることもある。このような標準設定による利得と損失の差すなわちインセンティブが大きいと評価される場合に，各企業は標準決定プロセスに参加し貢献した方がよいと考える (Besen & Saloner, *ibid.*, pp. 178-179)。

第2の要因，標準そのものに関する選好は，採用されるべき標準に関する選好が一致しているか否かという要因であり，特定の標準への関心（関与）と言い換えることもできる。選好が異なる場合には，各社は社会的利益が最大となる規格ではなく，自社の利益を最大にする規格の採用を目ざす (Besen &

Saloner, *ibid.*, pp. 179 − 180)。

そしてこのような2つの要因によって，製品の標準化プロセスは4つのケースに分かれる（図表5−1）。

図表5−1　標準化プロセスの4ケース

	標準化のインセンティブ	
	高い	低い
一致 選好する具体的標準	〈純粋調整〉 企業間の主体的調整 ↓ 自主的な業界標準	〈純粋公共財〉 政府等による設定 ↓ デジュリ・スタンダード
相違	〈コンフリクト〉 規格標準化の競争 ↓ デファクト・スタンダード	〈純粋私的財〉 標準が設定されない ↓ 複数規格の併存

（出所）Besen & Saloner, 1989, p. 184 を修正。

第1のケースは，標準決定参加への私的インセンティブつまり何らかの標準採用への関心が高く，かつ規格に関する選好が一致している場合で，「純粋調整」（pure coordination）のケースと名付けられている。標準の設定プロセスへの参加と貢献に関する利得が大きいと各企業に認識され，かつ各企業がある1つの規格を選好しているか，選好が無差別でどの規格でもよいと考えているケースであり，この場合は企業主体で1つの規格が業界標準と定められる。すなわち企業間調整により自主的業界標準が決定される（Besen & Saloner, *ibid.*, p. 180）。[14]

---

[14] このケースでは，「一方的に標準から離脱するインセンティブはないため，一度同意が形成されるとこれが自己強化（self-enforcing）されていく」（Besen & Saloner, 1989, p. 180）。

第2のケースは，標準の設定に貢献する私的インセンティブが低く，かつ規格に関する選好が一致している場合で，「純粋公共財」(pure public goods)のケースと呼ばれている。このケースでは，どの企業も何らかの標準が設定されることを望んでおり，標準に関する選好の相違も小さいが，自ら標準化を進めるということには関心がないため，企業側の討議や調整によって標準が定まらず，政府などの第三者機関によって標準が決められる(Besen & Saloner, *ibid.*, p. 181)。これはいわゆるデジュリ・スタンダードに該当する。[15]

第3のケースは，標準設定に関与する私的インセンティブが低く，選好が一致していない場合つまり特定の標準への関心が高い場合である。これには「純粋私的財」(pure private goods)のケースという名称が付けられている。このケースでは，支配的な企業がない場合は標準が確立されず，企業は各々の規格で製品を提供し続ける(Besen & Saloner, *ibid.*, p. 181)。[16] つまりこの場合は市場に複数の規格が併存することになる。

第4のケースは，標準決定プロセスに参加する私的インセンティブが高く，標準に関する選好が一致していない場合で，「コンフリクト」(conflict)のケースと名付けられている。デファクト・スタンダードが成立するのはこの場合である。すなわちこのケースでは，業界内に支配的企業がある場合は，少なくともこの企業はデファクト・スタンダードを確立しようと試みる。また業界内に支配的企業がない場合は複数の企業が自社規格を標準とするために競争し，その結果としてデファクト・スタンダードが成立する(Besen & Saloner, *ibid.*, pp.

---

[15] このケースでは，長さや重量等の度量衡，言語の統一化に関するのと同様に，標準化の必要性は認識されているが，自ら標準を確立しようとする企業はない。すなわち「どの企業も標準が形成されることを望んでおり，標準に関する選好の相違も小さいが，標準化を進めるインセンティブが大きい企業は存在しない」(Besen & Saloner, *ibid.*, p. 181)ので，企業主体の標準化が行われない。

[16] 選ばれる標準によって企業間の利益分配が大きく左右される場合，すなわち「標準化による利益がないわけではないが，選ばれる標準に利益分配が敏感に反応する」場合は，この純粋私的財のケースとなることが多い(Besen & Saloner, *ibid.*, p. 181)。

182 − 183)。⁽¹⁷⁾

第4節　デファクト・スタンダード化の戦略

(1) クローズド・ポリシーとオープン・ポリシー

　ネットワーク外部性の強い製品市場では,「たとえ技術面で他社の規格に劣っていても，自社の規格が標準になれば市場で『独り勝ち』ともいわれる圧倒的地位を築くことができる」(新宅, 2000, p. 85)。したがってこのような製品市場では，自社規格をデファクト・スタンダード化することが競争上極めて重要となる。

　それでは，自社製品をデファクト・スタンダード化するための戦略には，どのようなものがあるのだろうか。浅羽 (1995) は製品のフォーマット (規格) を開発し，これを業界標準にしようとする企業を「スポンサー」と呼び，その戦略ないし立場・方針を大きく2つ，クローズド・ポリシーとオープン・ポリシーに分けている。

　クローズド・ポリシーは,「自社単独で，なるべく早期に自社製品のマーケットシェアを大きくしようという戦略」(浅羽, 1995, p. 36) である。⁽¹⁸⁾　この立場をとる企業は，自社のマーケットシェアを拡大するために略奪的な価格の引き下げ (predatory pricing) を行う。またすでに一定のインストールド・ベースを保有している場合には，新製品の実際の発売時期よりもかなり前にその

---

(17) 支配的企業がある場合は,「支配的企業が元気のよいリーダー (cheerful leader) となり，他の企業に対し自社が選好する技術を採用するように強く働きかけるかもしれない」(Besen & Saloner, ibid., pp. 182−183) が，支配的企業がない場合は,「関心のあるパーティが皆，標準化プロセスにしきりに参加しようとする」(Besen & Saloner, ibid., p. 183)。

(18) クローズド・ポリシーを実際にとり，他社よりも大きなインストールド・ベースを形成することによって製品のデファクト・スタンダード化に成功した代表例として，浅羽はコンピュータ産業におけるIBMの事例をあげている (浅羽, 1995, p. 37)。

告知 (preannouncement) を行い,自社顧客の他社製品への流出を防ごうとする(浅羽,前掲書,p.37)。[19]

クローズド・ポリシーをとる強力なスポンサー企業1社が早期に大きなマーケットシェアを獲得すれば,その製品がデファクト・スタンダードとなる。この場合は,需要者は安心してその製品を購入できる一方,スポンサー企業は大きな収益を得ることになる。

しかし同等の力を持ち,同等に魅力的な製品規格を掲げる複数のスポンサー企業がそれぞれクローズド・ポリシーを採用し,自社の規格を業界標準にしようとした場合,しばらくの間,業界標準が定まらず,異なる規格の製品が市場に併存することになる。このようにどの規格の製品が標準となるかわからない状況では,需要者は買い控えをしてしまうため,市場の成長テンポが遅くなる(浅羽,前掲書,pp.39-41)。

他方,オープン・ポリシーとは,「自社製品のフォーマットを公開して,他社に同じ(ような)製品の供給を呼びかけ,自社製品と他社製品とのマーケットシェアの合計を大きくしようとする戦略である」(浅羽,前掲書,p.36,( )内の補足は浅羽による)。[20]

前述したように,自社製品に適合的な補完財の増大は自社製品の購入者を増やす。そのため,オープン・ポリシーをとるスポンサー企業は自社製品向けの補完財を増やすことを意図して,その規格を同業他社にだけでなく,往々にし

---

[19] 同様の指摘はファーレル=サローナー (1986) によってもなされている (Farrell & Saloner, 1986, pp. 942-943)。なお,依田 (1999b) はクローズド・ポリシーをとる企業の具体的なスタンダード化戦略として,1) 既得基盤(インストールド・ベース)を早期に構築して消費者の過剰慣性を利用する,2) 自社技術の補完財の品揃えと多様性を厚くする,3) 自社の新技術のプレアナウンスメントを行う,4) 長期的な低価格を約束する,の4つをあげている(依田,1999b, p.91)。このうち3)については,本文で紹介しているように,浅羽(前掲書)もクローズド・ポリシーのスタンダード化戦略として言及している。2)については,後に述べるように,浅羽(前掲書)はオープン・ポリシーをとる企業の戦略としてあげており,依田と浅羽で立場の相違がある。

て補完財を生産する他業界の企業にも公開する（浅羽，前掲書，p.50）。[21]

その他オープン・ポリシーをとる企業の具体的行動には，ライセンス・フィーの引き下げ，何らかの投資すなわち資源のコミットメントをともなう他社に対する説得，他社へのOEM供給等がある（浅羽，前掲書，pp.50−53）。[22]

（2）製品のライフサイクルとスタンダード化戦略

山田（1999）は自社製品のデファクト・スタンダード化戦略に関して，①製品のライフサイクル（開発期，導入期，成長期，成熟期），②規格競争の種類（世

---

[20] オープン・ポリシーは早期に大きなインストールド・ベースを形成するうえでは有利に働くが，スポンサー企業がこれをとった場合には，複数の企業が互換性のある製品を市場に供給することになり，規格内競争が発生する。したがって他の研究者のことばを借りるならば，この方針をとる企業は，「他方で互換性の維持のために協調を行い，もう一方で協調を行う企業間で競争を展開するという，複雑な状況に直面することになる」（田中，2001，p.94）。実際，据置型ビデオの規格競争では，日本ビクターや松下電器といったVHS陣営の企業は協調してソニーのベータ方式に対抗し，これを撤退に追い込んだが，その一方でこれらの企業の間では激しい「身内同士のたたき合い」が行われた（浅羽，2000，p.30）。すなわちVHS方式のインストールド・ベースを大きくすることでは協調しつつ，自社シェアを拡大するための熾烈な値引き合戦が陣営内で行われた。

[21] たとえば家庭用ゲーム機メーカーが新機種発売よりもかなり前に，独自の立場でソフト開発を行う，いわゆるサード・パーティに対し，アーキテクチャーの詳細を開示し，当該ゲーム機向けソフトの開発を働きかけるのはこの例である。

[22] オープン・ポリシーをとるスポンサー企業は自社陣営に参加する同業他社や補完財メーカーを増やすために，自社規格の優位性を主張するが，大概のスポンサー企業がこれを行うために，優位性の主張自体にはほとんど説得力がない。しかしスポンサー企業自身がその規格に対して何らかの投資，資源のコミットメントを行った場合には，そのような主張に信頼性が付与される。すなわち「資源のコミットメントを行った企業は，もし推進するフォーマットが業界標準にならなければ多大な損害を被る。ゆえに，フォーマット間競争を勝ち抜く自信がなければ，そのようなコミットメントは行われないであろう。また，コミットメントを行ったがゆえに，その企業は競争に勝ち抜こうと真剣にならざるをえないであろう」（浅羽，前掲書，p.52）という判断が，同業他社や補完財メーカー側でなされる。

代間規格競争か世代内規格競争か),③スタンダード化競争上の地位(リーダーかチャレンジャーか)という3つの観点から考察している。これに筆者なりの考察と修正を加えると,製品のデファクト・スタンダード化戦略はライフステージ別に次のようにまとめられる。

図表5-2 デファクト・スタンダード化の戦略

	世代間規格競争	世代内規格競争
開発期	①技術のトレンドに沿う ②規格に含みを持たせる ③競争／協調の選択 ④画期的製品の開発	
導入期	①圧倒的優位性を強調 ②略奪的な価格設定	①ファミリー企業をつくる ②補完品を早く普及させる ③キラーアプリケーションの発見
成長期		<リーダー> ①互換性維持でバージョンアップ ②「良い競争業者」を持つ <チャレンジャー> ①オープン・ポリシー ②リーダーと異なる市場の開拓 ③公的標準化
成熟期	<リーダー> ①規格の延命 ②互換性／革新性の選択 <チャレンジャー> ①新規格ニーズの充足	

(出所)山田,1999,p.57を修正。

①開発期の戦略

製品の開発期では第1に,技術のトレンドに乗った製品規格を策定し創出する必要がある。たとえば世の中にはアナログからデジタルへ,大きくて重いも

のから小さくて軽いものへ，接触から非接触へというような，大きな技術や製品特性の流れがある。他の条件が同等ならば，この流れに沿った規格が優位になりやすい。したがって，「規格の策定・選択にあたっては，この流れを踏まえ，技術の流れに沿った策定・選択をすべきである」(山田，1999, p.64)。

第2に，製品規格に「含み」，すなわち発展や拡張の余地を残す必要がある。山田（前掲書）はこの点について次のように述べている。「規格を決めるということは，その時点で技術革新を止めることになる。そのため，その後技術革新が進むと，規格が陳腐化してしまうリスクを背負っている。そのため，将来の技術を取り込めるような含みのある規格にしておくことが考えられる」(山田，前掲書，p.62)。[23]

製品を市場に投入する前の開発期には，競争路線か協調路線かの選択も行われなければならない。ここで競争路線とは，製品のコア技術を自社で充足し，自社単独でその製品規格のスタンダード化を図る戦略である。それに対し協調路線とは，他社と技術を共有し，連携して製品規格のスタンダード化を図る戦略である。[24]

前者すなわち競争路線の場合，デファクト・スタンダード化に成功すれば市場を単独支配できるが，後者すなわち協調路線の場合，これに成功しても同じ陣営の他企業と利得を分け合うことになる。ただし競合他社との力関係や資源の不足から後者を選ぶのが有利な場合もある（山田，前掲書，p.58）。

---

[23] 山田（1999）は以上の第1，第2の戦略を導入期の戦略として扱っているが，内容的にはむしろ規格開発に関する指摘であるので，ここでは開発期の戦略として取りあげた。

[24] クリスチャンセン（1998）によれば，製品開発における協調路線と競争路線の選択に大きな影響を及ぼす要因に，研究開発の見込費用がある。見込費用が大きい場合には，競争路線により製品規格を独自に開発し，独力でこれをデファクト・スタンダード化するインセンティブは低下する。そしてこのような見込費用は，各社の開発する製品規格に互換性がある場合とない場合とで異なり，後者の方が一般的には大きい(Kristiansen, 1998, p.532, pp.535-542)。

第5章　デファクト・スタンダードの獲得　◆―― 181

前述した浅羽（1995）の枠組では，前者はクローズド・ポリシー，後者はオープン・ポリシーにあたる。換言すれば定義上，競争路線では規格がクローズされ，協調路線では規格がオープンされることになる。

山田（前掲書）によれば，状況によって競争と協調を巧みに使い分ける必要があり，また「競争か協調かは，環境や製品特性によって自動的に与えられるものではなく，企業がその規格に関わるビジネスの目標をどこにおくかで決まってくる」（山田，前掲書，p.58）。

以上のことは，現行世代規格製品の開発に関しても，新世代規格製品の開発に関しても当てはまる。このほかに，新世代規格の製品を開発し市場投入する場合だけの留意点として，開発する製品を画期的なものにする必要があるということがあげられる。

逆に言えば，現行規格製品に比べて機能や性能が格段に優れたものが開発できた時にだけ，その企業は世代間競争を展開することが可能となる。なぜならば，現行規格のユーザーが新世代規格の製品に移行する際には，大きなスイッチング・コストが発生するため，少々優れているという程度では買い替えが進まないからである。[25]

②導入期の戦略

製品を市場に投入した直後の導入期には，世代間の規格競争と，世代内の規格競争が起こりうる。自社の製品規格が新世代のものである場合には，現行（旧世代）規格との間で世代間競争が起こる。現行規格と同世代である場合には，世代内の規格競争となる。

世代間競争では，現行規格製品からインストールド・ベースの全くない自社の新世代規格製品へのリプレースを促すために，現行規格製品にはない機能，現行規格製品よりも格段に優れた性能など，自社の新規格製品の圧倒的優位性

---

[25] この点について田中（2001）は，「技術進歩が小さく新製品の技術的優位性が小さい場合には，ユーザーは大きなスイッチング・コストを負担して新製品に切り替えるインセンティブを持たないであろう」（田中，2001，p.97）と述べている。

をアピールする必要がある。というのは前述したように，世代間競争では機能や性能が少しよいという程度では代替が進まないからである。場合によっては，前に紹介した浅羽（1995）が言及していたような略奪的な価格設定（predatory pricing），いわゆる浸透価格政策も必要となろう。

　世代内の製品規格競争に関しては，第1に，協調路線（オープン・ポリシー）をとる場合には，「試作機を貸し出したり，インターフェース仕様を公開したり，また技術供与やOEM供給も活用し，積極的にファミリー企業を引きつける努力が必要である」（山田，前掲書，p. 66）。[26]　第2に，協調路線と競争路線を問わず，コンピュータ業界等のようにソフトウェア等の補完財が早く普及することがハードの普及を促す業界では，ソフト等補完財の普及に努める必要がある。第3に，これも路線のいかんにかかわらず，キラーアプリケーションすなわちその製品でなくては実現できない用途，その製品で実現することが最も望ましい用途を発見しなければならない。というのは，「ユーザーは『技術』を買うのではなく，『用途』を買う」（山田，前掲書，p. 69）からである。

③成長期の戦略

　成長期は，製品が急速に市場に浸透し，これによって利益も増大するステージである一方，この段階では，デファクト・スタンダードのポジションを獲得できた企業とできなかった企業が明確になる。前者をリーダー，後者をチャレンジャーと呼ぶならば，この段階において両者がとりうる戦略は以下のように説明される。

　リーダーにとっては，第1に，互換性を維持しつつバージョンアップを図る戦略が重要となる。すなわち成長期においてリーダーは，「互換性を維持しながら技術革新を取り込む必要がある」（山田，前掲書，p. 73）。製品のバージョ

---

[26] ファミリー企業とは規格をめぐる競争において自陣営に参加している企業のことであり，広義に解釈すると互換製品メーカーと補完品メーカーの両方をさすが，ここでは主として互換製品メーカーをさしている。補完品（補完財）メーカーについてはこの後で言及する。

ンアップを絶えず進めないと，技術革新が進んでいくなかで，製品が陳腐化してしまい，次世代規格の製品に簡単にリプレースされる一方，互換性を無視した新技術の取り込みを行うと，それまでに獲得した顧客がライバル陣営に逃げてしまうからである。

　第2に，適度に弱い競争企業が同じ業界内にいた方が収益性が高くなる場合もあるので，これと共存し，これとともに市場を拡大していくという戦略が考えられる。このような企業は，自社にとって「よい競争業者」と呼ぶことができる（山田，前掲書，p.74）。

　チャレンジャーにとっては，第1に，リーダーが競争路線（クローズド・ポリシー）をとっている場合には，協調路線（オープン・ポリシー）によってこれに対抗するという戦略が考えられる。単独ではインストールド・ベースが小さくても，自陣営に加わる企業，ファミリー企業を増やせば，規格全体としてのインストールド・ベースはリーダーのそれよりも大きくなるということがある。そうなればデファクト・スタンダード奪取の可能性も出てくる。

　第2に，「先発者とは異なる市場・用途を開拓することによって，先発者の『ネットワーク外部性』の影響を回避できる」（山田，前掲書，p.83）。[27]　言い換えれば，バンドワゴン効果の働いていない全く新しい顧客をターゲットにすれば，当該製品の存続と成長を図ることができる。

　第3に，公的標準の獲得である。「技術革新の速い分野では，デファクトが先行し，デジュリが後追い的になるケースが多い。その場合，後から公的標準化された規格が先発企業の規格と異なると，競争の土俵が一度オールクリアされることがある」（山田，前掲書，p.85）。デジュリ・スタンダードの認定によ

---

[27]　たとえば，「ホビーからビジネスへ，国内からグローバルへ，というような市場の変化は，先発者が開拓した市場とは桁違いに大きい市場が主戦場となることを意味しており，先発者のネットワーク効果は競争上ほとんど意味をもたなくなる。また，新しい用途を開発し，その市場を拡大していくことによっても，逆転は可能になる」（山田，1999，p.83）。

って，デファクト・スタンダードの効力が全くなくなるということは稀にしても，デファクト・スタンダード対デジュリ・スタンダードという競争に持ち込むことには意義がある。すなわち単なるデファクト・スタンダード製品とそうでない製品の競争ということでは結果ははっきりしているが，デジュリの認定を受ければポジションに関する不利は弱まり，競争に勝つ可能性も出てくる。

④成熟期の戦略

　成熟期においては，製品が購入可能性のある買い手の大部分に行き渡り，需要は更新需要が中心となって売上の伸びは鈍化する。山田（前掲書）によれば，「この時期，リーダーにとっては，基本的には規格が延命することが得である。他方チャレンジャー企業は，当該規格の上市（市場投入）から長い時間がたっているために，新しい技術を利用した世代間競争をしかけることが有効である」（山田，前掲書，p.86, （　）内の補足は白石による）。

　より具体的には，成熟期においてリーダーは，次の2つのトレードオフ問題に直面する。

　第1に，現行の製品規格を延命させるか，次世代規格への転換を図るかという問題である。これについて山田（前掲書）は，プロダクト・ポートフォリオ・マネジメント（PPM）に依拠し，「現行規格のリーダー企業にとっては，現行規格が1日でも長く延命することが望ましい。成熟市場でのトップシェア商品（金のなる木）から最大のキャッシュフローがもたらされるというPPMの原則があるからである」（山田，前掲書，p.86, （　）内の補足は白石による）としている。

　しかし技術は確実に進歩するから，次世代規格への転換に遅れると，他社に次世代のデファクト・スタンダードをとられてしまう。したがって現行規格をいつまで延命させ，いつ規格の転換を図るかという判断が重要となる。

　第2に，現行製品規格の延命が不可能になった場合に，次世代規格に関して，現行規格との互換性と革新性のどちらを優先させるかということが問題となる。「一般に互換性を維持させれば，過去のユーザーをそのまま新規格に移行させやすいが，互換性維持のため，その時点で理想的な技術の組み合わせが選

べなかったり，最高の機能が実現できない場合が多い」(山田，前掲書，p.91)。[28]

　他方，チャレンジャーにとっては，新世代規格の製品による世代間競争が可能となるのがこの成熟期である。逆に言えば，リーダー企業がデファクト・スタンダードによって大きなインストールド・ベースを形成し，また強固なブランド・ロイヤルティを築いてしまっているこの段階では，製品選択の際に強い慣性が働くため，チャレンジャーがリーダーと同世代規格製品の標準化を図ってもシェアで逆転することは不可能に近い。特にデファクト・スタンダード製品の使用に関するナレッジや当該製品向けの補完品が顧客側に豊富に蓄積されている場合には，他社製品へのスイッチング・コストが大きいため，リプレースが起こることは極めて稀である。つまり顧客はデファクト・スタンダード製品にロックインされているのである。

　したがってチャレンジャーにとっては，新世代規格製品の市場投入が合理的選択となる。特にリーダーの現行規格製品が技術的に陳腐化し，ユーザー側にスイッチング・コストを負担してでも新世代規格の製品に買い替えたいというニーズが増大している場合には，世代間競争で優位に立つ可能性は比較的高いと言える。[29]

---

[28] 田中 (2001) は，デファクト・スタンダード製品のスポンサー企業が現行規格と互換性のない次世代規格の製品を市場投入することはリスクが大きすぎ，実際には難しいとしている。すなわち彼によれば，リーダーが次世代規格の製品を開発する場合には，「新製品は旧世代商品の周辺で蓄積されたソフトウェアや学習といった資産を使用することが可能でなければならない」(田中，2001，p.99)。そして次世代規格の製品が持つべきこのような性格を田中 (前掲書) は「バックワード互換性」(backward compatibility) と呼んでいる (田中，前掲書，p.99)。一方，シャピロ＝バリアン (1999) は，リーダーが「考えられる最高の製品を作り出して過去を清算してしまう」戦略，すなわち「革命」の戦略をとりうることを示唆している (Shapiro & Varian, 1999, pp.190-191；邦訳，pp.338-339)。

[29] 林 (1998) によれば，成熟期においては，インストールド・ベースを守らなければならないリーダーよりも，失うもののないチャレンジャーの方が思い切った行動に出られる (林，1998，p.53)。

(3) デルタ・モデルと連続的な「絆」の強化

ハックス＝ワイルド2世 (2001) は，デファクト・スタンダード獲得のための戦略を顧客との連続的な「絆」(bond) の強化として取りあげている。

彼らによれば，現実企業の競争戦略は「ベスト・プロダクト」「カスタマー・ソリューション」「システム・ロックイン」の3つを頂点（角）とする三角形の辺のどこかに位置づけられるという。たとえば基本的なスタンスはベスト・プロダクトであるが，部分的にカスタマー・ソリューションを志向する競争戦略は，両者を結ぶ辺のベスト・プロダクト寄りにプロットされる（図表5-3のA）。一方，ベスト・プロダクトとシステム・ロックインの中点に位置する戦略（図表5-3のB）は，両方に同様のウェイトを置く競争戦略である。そして彼らは，この枠組をデルタ・モデルと呼んでいる。

言い換えれば，3つの頂点「ベスト・プロダクト」「カスタマー・ソリューション」「システム・ロックイン」が競争戦略の純粋型ということになる。これらの相違は，競争優位を形成する方法のみならず，顧客とどのように絆を形成するかにあると考えるところに彼らの独自性がある。

このうちベスト・プロダクト戦略は，基本的にはポーターの言うコストリー

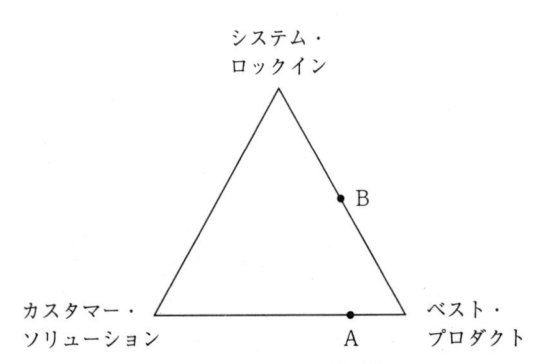

図表5-3　競争戦略のデルタ・モデル

(出所) Hax & Wilde II, 2001, p.59；邦訳, p.83を修正。

ダーシップと差別化をさす。具体的には,「企業は規模の経済や製品・プロセスの単純化,経験・学習効果につながる市場シェアの拡大を積極的に追求することにより,コスト面でのリーダーシップを握ることができる。また,顧客のために価値を付加して製品特性を高めることで,差別化を図ることが可能だ」(Hax & Wilde II, 2001, p. 60；邦訳,p. 82) というのが,この戦略の簡単な紹介である。そして,「ベスト・プロダクト戦略を選択した企業は,自社の製品・サービス固有の優位性を通じて,顧客とのあいだに絆を形成する」(Hax & Wilde II, ibid., p. 60；邦訳,p. 82) という。

カスタマー・ソリューション戦略は,顧客の抱えている問題を解決し,そのコスト削減または利益増大を図る戦略である。この戦略をとる企業は,「特定の顧客ニーズにターゲットを絞り,それに合わせてカスタマイズした幅広い品揃えの製品・サービスを提供する」(Hax & Wilde II, ibid., p. 60；邦訳,p. 83)。このような内容上,この戦略に対する最も適切な業績測定指標は特定顧客にどれ位食い込んでいるか,すなわちその顧客の支払い総額に占める自社向け支払いの比率ということになる。この戦略の場合,「顧客との絆は学習とカスタマイゼーションを通じて深まっていく」(Hax & Wilde II, ibid., p. 60；邦訳,p. 83)。

システム・ロックイン戦略は,顧客や補完品メーカーの囲い込みに重点を置いた戦略である。この戦略の成否は,顧客と有効に絆を結べるか否かにかかっており,あらゆる手段で顧客との関係強化が図られる。またこの戦略をとる企業は,「補完者を育成し,引きつけ,維持することに腐心する」(Hax & Wilde II, ibid., p. 61；邦訳,p. 84)。

彼らによれば,企業はこれらの3つを頂点とする三角形のどこかに位置する戦略を1つ選ぶのではなく,これらを段階的に組み合わせて,顧客との絆を連続的に強化していくこともできるという。このような連続的な絆強化の最終的な目標は業界標準を確立することにあるとされているので (Hax & Wilde II, ibid., p. 68；邦訳,p. 92),この強化プロセスはデファクト・スタンダード獲得のための戦略について述べたものとみなすこともできる。なお,この議論は以下で述べるように,製品のライフサイクルに沿って行われており,その点では

先に紹介した山田（1999）と似ていなくもない。

具体的には，第1段階ではベスト・プロダクト戦略によって顧客を引きつける製品を開発することが重要となる。低コスト低価格もしくは差別化を図り，顧客が求める機能や特徴を実現することによって，自社の製品規格をドミナント・デザインとすることが目ざされる（Hax & Wilde II, *ibid.*, p.70；邦訳, p.93）。

第2段階では，カスタマー・ソリューション戦略によって顧客側のスイッチング・コストを高め，顧客を囲い込むことが重要となる。そのために，たとえば追加的なサポートにより，その製品が使いやすく魅力的だと感じてもらい，他の製品へ心理的に乗り換えにくくするという方法がとられる。個別サービスや各種のカスタマーケア等によって，顧客との絆を強化することも重要となる（Hax & Wilde II, *ibid.*, pp.70－71；邦訳, pp.93－94）。

第3段階は，競合企業の撤退を図るフェーズである。具体的には，陳列スペースを自社製品で埋めること等による流通制約の構築，ブランド・ロイヤルティの形成，徹底したイノベーションと連続的な新モデルの発売，中核的な技術に関する特許の取得によって，これが目ざされる（Hax & Wilde II, *ibid.*, pp.72－73；邦訳, p.95）。

第4段階は，製品のデファクト・スタンダード化を実現し，このポジションを維持する段階である。ここではシステム・ロックイン戦略が有効となる。たとえば製品をオープン・アーキテクチャー化して，多くの補完品メーカーを引きつけるといった方法がとられる。自社と補完品メーカーの間，自社と顧客の間で建設的なフィードバックを継続することも重要である（Hax & Wilde II, *ibid.*, p.69, pp.73－74；邦訳, p.92, pp.96－97）。

このように彼らは，デファクト・スタンダードのポジション獲得と維持をもって，連続的絆強化の帰結としている。したがって，彼ら自身は明確には意識していないかもしれないが，この議論はネットワーク外部性の強い製品市場を前提にしていると考えなければならない。すなわちすべての製品市場においてデファクト・スタンダードが成立するわけではなく，これが成立するためには

ネットワーク外部性が強いという基本的条件の他に，本章の3節（2）で述べたような条件が揃っていなければならない。条件によって標準の決まり方は変わるし，標準が成立しにくい状況さえ存在するのである。このようなことから，彼らが提示しているのは，デファクト・スタンダード獲得のための戦略，あるいはデファクト・スタンダードが成立する業界における競争優位構築の方法とみるのが適切であろう。

第5節　デファクト・スタンダードの活用

　これまで述べてきたように，ネットワーク外部性の強い製品市場では，自社製品のデファクト・スタンダード化を目ざす企業にとっては，規格の詳細を公開し，補完品メーカーを増やすことも重要となる。

　しかしクスマノ＝セルビー（1995）によれば，デファクト・スタンダード化に成功した後は，補完品の生産をファミリー企業に任せるだけでは不十分であり，自らがこれを開発し生産することも当該企業は検討しなければならないという。というのは，製品ラインナップ的な観点，また技術的観点でデファクト・スタンダード製品をプラットフォーム化し，これを土台として補完品ビジネスを行うことにより，当該企業は収益を拡大することができるからである。

　そしてそのようなビジネスを展開するためには，以前より補完品を生産している場合には，これとスタンダード製品との技術的連携を深め，補完品が全くない場合，あるいは少ない場合には，新たな補完品の開発を進めることが必要となるという。

　一言で言えば，デファクト・スタンダード製品のスポンサー企業にとっては，「業界標準メーカーの立場を利用して新製品を発売し，製品同士を関連づける」（Cusumano & Selby, 1995, p.166；邦訳上巻, p.234）ことが重要であり，また有効なのである。なぜならば，デファクト・スタンダード製品のブランドはユーザーに浸透しており，それと同じブランドのついた補完品はユーザーにとって信頼性も親近感も高く，受け入れられやすいからである。

たとえばマイクロソフトが新発売するアプリケーションのほとんどが市場より好意的に評価され，リリース直後に一定割合以上のマーケットシェアを獲得する1つの理由は，同社のウィンドウズがOSのデファクト・スタンダードとなっており，「数百万人のユーザーが，パソコンを起動するたびにマイクロソフトの名前をみている」(Cusumano & Selby, *ibid.*, p. 162 ; 邦訳上巻, p. 229) からである。つまりマイクロソフトのような企業は新製品発売に関し，ある種のポジション優位性を持っていると言える。

また技術的知識の点でも，デファクト・スタンダード製品のメーカーは有利な立場にある。たとえばマイクロソフトの場合，確かに新しいOSの発売にあたっては，事前にアプリケーション・メーカーに対し詳細な製品情報を公開し，開発プログラマーに開発ツールを配布している。またどの企業の開発者から質問が送られてきても，それに答えるようにしている。

しかしデファクト・スタンダードOSであるウィンドウズを設計したのはマイクロソフトであり，「このシステムの複雑さと特徴は，同社の開発者がほかのだれよりも理解している」(Cusumano & Selby, *ibid.*, p. 168 ; 邦訳上巻, pp. 237-238)。同社の開発組織は，OS部門とアプリケーション部門に分かれているものの，両部門は長期にわたりマイク・メープルズという同じマネジャーによって統括されていた。そして，「メープルズとビル・ゲイツは，社員の異動と技術知識の共有を積極的にすすめていた」(Cusumano & Selby, *ibid.*, p. 168 ; 邦訳上巻, p. 238)。

このような頻繁な人事異動とナレッジの共有により，マイクロソフトにはいわゆるセクショナリズム的な雰囲気が全くと言ってよいほどなかった。そのためアプリケーション部門のプログラマーは，ウィンドウズに関していつでも直接OS部門のプログラマーに質問できた。同社のアプリケーション部門にとって，「おなじ廊下に面したオフィス，食堂のテーブル，隣のビル，おなじ開発チームに標準（デファクト・スタンダードOS）の設計者がいることは，なににもかえがたい強み」(Cusumano & Selby, *ibid.*, p. 168 ; 邦訳上巻, p. 238, ( ) 内の補足は白石による）だったのである。

さらにクスマノ=セルビーによれば、デファクト・スタンダード製品のスポンサー企業にとっては、当該製品と補完品とを組み合わせて販売することが一層の収益増大につながる。つまりデファクト・スタンダードを中核としたシステム商品をつくれば、組み込まれた補完品のシェアはデファクト・スタンダード製品のシェアに近づく。

たとえばマイクロソフトの場合、同社のアプリケーションソフトには1980年代後半においてロータス1・2・3、ボーランド・クワトロプロ、ハーバード・グラフィックスといった強力な競合製品があった。90年以降、これらからシェアを奪い、市場から撤退させることに成功した大きな理由は、90年に開始したウィンドウズ、ワード、エクセル、パワーポイントの連携とパソコンへの一括プリインストールである。つまり同社の協力メーカーがこれらをオールインワン化してパソコンに組み込んだことが、これらのアプリケーションのシェアを飛躍的に増大させたのである（Cusumano & Selby, *ibid.*, pp. 389–397；邦訳下巻, pp. 189–201）。[30]

マイクロソフトに新製品開発や宣伝広告に関して、優れた資源と能力があることについては疑いの余地がない。だからこそウィンドウズをデファクト・スタンダードOSとすることに成功したと言える。

しかし以上のことから、アプリケーションの成功については、ウィンドウズをプラットフォームとし、これとの連携を強化したうえで販売したことがその大きな理由であることがわかる。つまり同社のアプリケーションが競合製品に勝利できた大きな理由は、デファクト・スタンダードOSを保有しているという強みを販売において活用したことにある。

言い換えれば、マイクロソフトの高い収益性はかなりの程度、3章で述べたポジション優位によってもたらされている。技術力もさることながら、OSにおけるデファクト・スタンダード企業というポジションを活用することで、同

---

[30] 一方では、このような戦略をめぐり、独占禁止法抵触の疑いがあるとして訴訟が行われているのも事実である。

社は収益性を高く維持することに成功しているのである。[31]

このように企業は，製品のデファクト・スタンダード化に成功した後には，当該製品をプラットフォームとしてより高い収益性の実現と維持を図らなければならない。デファクト・スタンダードをめぐる戦略行動は，当該ポジション活用による長期的な高収益獲得をもって完結しなければならないのである。

[31] 有利なポジションを占めていても，それを活かせる企業と活かせない企業がある。マイクロソフトにはポジションを活かす組織能力があり，その組織能力が同社の高収益性を支える1つの重要な土台となっていると言える。

第6章
資源と能力の価値および蓄積

第1節　資源と能力重視の視座

(1) 資源と能力の固まりとしての企業

　プラハラード＝ハメル (1994) によれば，一部の戦略論研究者は，理論構築において暗黙の仮定をいくつか置いていた。その主要なものは，以下のようなものであるが，すべてが困難や限界に直面しているという (Prahalad & Hamel, 1994, pp. 10-11)。[1]

　たとえば，従来，研究者の間には，産業の構造は基本的には安定的であるという前提があったが，実際にはどの産業の構造も安定的とは言い難い。むしろ産業構造をはじめとして企業の環境は，基本的には変化するものである。環境は変化するというのが定常状態であり，それは異常でも例外的な事態でもない。しかもその変化は不連続で，劇的なことも多い。業界の慣例に従わない新興企業が，産業構造やその産業における競争パターンを一変させてしまうこともある。これらの点については，1章で述べた通りである。

　また一部の研究者は，現在ある産業を焦点にして戦略分析を行ってきた。しかし産業の変遷や生まれつつある産業への関心も大切である。企業のなかには，新しい産業を創出したり，新しい産業の方向を決める業界標準を創造する企業

---

[1]　全くの瑣末事ではあるが，1章の注(11)でも述べたように，Prahaladについては「プラハラード」ではなく「プラハラッド」と記されることも多い。

がある。どのような資源と能力を持っている企業が，そのようなことを行えるのかということも重要な問題である。

そして伝統的な戦略分析の焦点は事業の構成であり，一部の研究者とコンサルティング会社の努力によって普及した経営戦略は，事業ポートフォリオ戦略であった。つまり戦略分析において事業の内部を捨象し，事業を容易に売買可能であるかのように考える研究者と実務家が少なくなかったのである。

ハメル＝プラハラード（1994）が指摘する，このような一部の研究者に従来あった仮定をまとめると，「安定的な環境のもとで既存の産業構造を前提に活動する事業の固まり」という企業観が浮かび上がる。

しかしながら，企業は事業の固まりであるばかりでなく，資源と能力の固まりでもある。実際のところ，企業経営を根底で支えているのは当該企業が保有する資源および能力であり，企業の活動はこれらを展開・活用することにより成り立っているのである。特に資源アプローチまたは資源ベースビュー（RBV:Resource Based View），資源パースペクティブと呼ばれる視座に立脚する研究者達は，企業経営におけるこのような資源と能力の機能，およびその重要性を強調する。[2]

たとえばこの視座をとるコリス＝モンゴメリー（1998b）は，企業経営における資源の重要性について次のように述べている。「資源は，単一事業内および事業間で価値を創造するための究極の源泉である。したがって，価値ある資源を認識し（identify），構築し（build），配置する（deploy）ことは，企業戦略と事業戦略の両方において重要なのである」(Collis & Montgomery, 1998b, p. 9；邦訳，p. 16)。[3]

彼らによれば，「多くの資源は瞬時に蓄積することができないため，企業による戦略の選択は，現在保有する資源のストックと，新しい資源を獲得，蓄積できるスピードに制約される」(Collis & Montgomery, ibid., p. 27；邦訳，p. 44)。したがって，独自性が強く代替の難しい資源を土台にするということが，戦略が模倣されずに効力を保ち続けるための重要な条件となる。そういう意味で，「資源は戦略の本質であり，持続可能な競争優位のまさに核心なのである」

(Collis & Montgomery, ibid., p. 27；邦訳，p. 44)。

またワーナーフェルト (1995) によれば，企業によって資源賦与は異なり，企業は保有資源を変えるために時間と資金を費やさなければならないという事実は，経営戦略の研究において中心的な前提であり続ける必要があるという。そして彼は，スポーツを例にとって，第2レベルの戦略的ナレッジ (second body of knowledge) の重要性を指摘している。たとえば，どのようなスポーツにも，対戦相手が誰であるかということに影響されない基本レベルの戦略的ナレッジがある。しかし，ひとたび対戦相手がわかり，相手と自チームの戦略的

---

(2) 資源アプローチまたは資源ベースビュー (RBV: Resource Based View)，資源パースペクティブという視座は，事業構成の評価ではなく，資源と能力の機能を重視する立場で，それは企業を資源 (resource) と能力 (competence, capability) の固まりとして考える。そして保有する資源と能力の違いが企業間に競争優位性の相違を生むと主張する。コリス＝モンゴメリー (1998b) のことばを借りるならば，「資源ベース理論の前提は，『企業はそれぞれ資源の独自の束（組合せ）を所有しており，各企業は根本的に異なる』というものである」(Collis & Montgomery, 1998b, p. 27；邦訳，p. 44, ( ) 内の補足は訳者による)。また青島・加藤 (2003) は，このような資源アプローチの立場を端的に次のように説明している。「資源アプローチは，競争優位の源泉として，他社に真似されない自社独自の経営資源に注目する。そうした資源は，外部市場で簡単に調達できず，内部で時間をかけて蓄積しなければならない。だからこそ，企業独自の資源として優位性をもたらすという考え方である」(青島・加藤，2003，pp. 107 - 108)。高橋 (2005) のことばを借りるならば，「企業が保有しているユニークな資源によって，同じ市場環境でも異なる戦略を追求する可能性があり，それが競争優位の源泉になりうる」(高橋，2005，p. 137)。このことを重視して，「RBVは企業の資源側の立場から，資源の特性とその変化に結びつけて，競争優位の創造と維持と再生を説明しようとする」(高橋，前掲書，p. 137) のである。資源アプローチ以外の戦略論においても，企業を資源と能力の固まりとしてみることの意義はこれまで言及されてきたが，企業内の資源がどのような相互作用を持ち，どのように競争優位を形成するかについては，ほとんど議論されてこなかった。資源アプローチは，持続的競争優位を創出する資源間関係を探究することによって，企業成長に関する豊富な示唆を提供しうる (Black & Boal, 1994, p. 133)。

(3) 2節で述べるように，コリス＝モンゴメリー (1998b) の言う資源は広義の資源で，これには企業が保有する能力 (ケイパビリティ) も含まれる。

資源の相違に関するナレッジ，すなわち第2レベルの戦略的ナレッジが得られると，より有効な戦略を策定できるようになる。たとえば自軍の平均身長は相手チームの平均身長よりも高いから，これを活用しようというような戦略が策定される（Wernerfelt, 1995, pp. 172 – 173）。[4]

ワーナーフェルトによれば，「これまでの戦略分析を見ればわかるように，戦略的な経営の多くの局面は，企業の異質性を抜きにして考えられうる」し，「組織プロセスと組織デザインに関する最近の研究のほとんどは，このような立場に立脚している」（Wernerfelt, *ibid.*, p. 173）。すなわちこのような議論は往々にして，企業やその競争相手が持つ資源とは無関係に行われている。同じことは，競争における目標達成の方法論に洞察を与えた多くのゲーム理論的分析にも言える。しかし前述したように，保有資源の相違を考慮することによって，より厳密な戦略分析が可能となり，またより有効な戦略の策定が行えるようになる。

一方，輿那原（2001）によれば，企業戦略は事業活動を通じて価値を創り出すという企業目的を達成できているかどうかという観点で評価されねばならず，価値創造につながるような戦略こそ「優れた企業戦略」と呼べる。しかし現実にはそのような戦略は，必ずしも多くないという。彼によれば，これは戦略策定者の間に，「企業が保有する『経営資源』，競争優位の獲得をめざして従事する『事業』，戦略実行の主体となる『組織』という企業戦略の主要な要素すべてではなく，その中の1つにのみ焦点を合わせる傾向がみられるからである」（輿那原, 2001, p.75）。

そのような傾向を示す典型的な現象は，自社の強みとなっている経営資源の集中的活用およびこれへの集中投資ばかり考える，あるいは赤字事業の清算や

---

[4] スポーツとビジネスの最大の相違は，ビジネスにおいては選択した市場において，いかなる場合も，最強の相手と競争しなければならないということである。2位以下が生き残れない市場においては，次善の戦略しか策定できない企業は撤退を余儀なくされる（Wernerfelt, 1995, p.173）。

中核事業への資源の重点配分といった事業ポートフォリオの再構築のみに専念する，また組織のスリム化やフラット化にひたすら躍起になる，というものである。しかしながら，「企業全体としての価値を創造し，優位性を獲得する戦略を構築するには，資源，事業，組織という3要素に注目するだけでは不十分であり，それらが多元的に適合していることが絶対条件となる。そのような適合状態をつくりだすように戦略の内容が工夫されているかどうか，それが戦略的成功の最も基本的な問いといってよい」（輿那原，前掲書，p.75）。

このような視点は，後に述べるようにコリス＝モンゴメリー（1998a）によっても示されている。すなわち彼らによれば，事業，組織，資源それぞれの強みももちろん重要であるが，これら3者の間にある関係性に，より大きな注意が払われなければならない（Collis & Montgomery, 1998a, p.72）。

それでは，事業，組織，資源という戦略要素間の多元的適合を導くには，どうすればよいのだろうか。このような問題意識を持ちつつ，従来の経営戦略論の研究を概観すると，この問題が意外なことにこれまでほとんど議論されてこなかったことに気づく。しかし，「そうした多元的適合を導くカギになるものを解き明かすことができれば，優れた企業戦略に共通する論理がみえてくるのではないか」（輿那原，前掲書，pp.75-76）という問題意識を持つことも重要なのである。[5]　この問題については，7節で詳しく言及する。

（2）資源とドメインおよびポジショニング

2章の最後でも述べたように，ブラック＝ボール（1994）は従来の経営戦略論のうちドメインに関する戦略論とポジショニングの理論を取りあげ，それら

---

[5] 輿那原（2001）とやや異なりグラント（1991）は，事業に競争優位と高い収益性をもたらす資源と能力の関係を考察するのが資源アプローチの重要テーマであるとしている。すなわち彼は，「資源ベースアプローチによる戦略策定の第1の課題は，長期にわたり収益を最大化することである。この目的のために，資源と組織能力の間にある関係が調べられなければならない」（Grant, 1991, p.119）と述べている。

に関して陥りやすい誤解を示している。

具体的には,彼らによれば,ドメインの戦略論とポジショニング理論は,実務家および研究者に多くの有意義な示唆を与えているものの,これらの理論の基本的メッセージを「成功しているのは魅力的なセグメントを選んだからだ」というように考えてしまうのは不適切であるとしている。セグメントの成長がそこに属する企業の成功によって導かれるという側面もあり,この立場はトートロジーなのである。またこのような立場をとると,企業のなかには優位な立場を維持できる企業もあれば,それができない企業もあるという問題に対応できなくなる (Black & Boal, 1994, p. 131)。

したがってドメイン定義およびポジショニングの後には,戦略行動として競争戦略の策定・実行および資源と能力の蓄積・展開が当然続くと考えるべきである。言い換えれば,これらのうちいずれか1つの局面を取りあげた場合には,各論的考察に有効であっても経営戦略の総合的な理論体系を構築することはできない。そしてこのことは資源アプローチ,資源と能力に関する研究についても言えるのである。

中橋 (2001) はこの点について,資源と能力の理論はドメイン理論とポジショニング理論の限界を克服する形で成立すると考える立場が一部にあるが,そうなのではなく,これらは相互補完的であると主張している (中橋, 2001, p. 13)。

彼によれば,資源アプローチ,資源パースペクティブの特徴は,「それ(企業)が属する産業の市場構造特性よりも,その企業独自の経営資源のほうが重要である」(中橋, 前掲書, p. 14) と認識する点にある。このような認識は,産業組織論の実証研究から登場したものであるとする立場もある。[6] しかしながら彼は,この認識は別の流れをくむ資源パースペクティブによって生まれたものだとし,「資源ベース視角の研究は経営戦略論における経営資源研究のなかの1つの発展段階をなすもの」であると位置づけている (中橋, 前掲書, p. 14)。[7]

そして中橋 (前掲書) によれば,「市場ポジショニング視角と資源ベース視

角のそれぞれが研究対象とする問題は，経営戦略論の誕生の当初から，SWOT分析の問題として取り上げられてきたものである。すなわち，経営戦略は企業と環境とを結びつけるものであるから，戦略決定のためには，自社の経営資源と外部環境の分析が必要である」(中橋，前掲書，p.14)。[8]

しかしドメインやポジショニングに関する理論が登場する以前のSWOT分析は，SWとなりそうな自社の経営資源，およびOTに関連しそうな環境条件を経験的に，あるいは観察に基づいて列挙するだけで，理論的考察を欠いていた。「これに対して，戦略策定にあたって考慮すべき環境条件を分析するための基礎理論となるのが市場ポジショニング視角であり，考慮すべき自社の経営資源を分析するための基礎理論となるのが資源ベース視角なのである」(中橋，前掲書，p.14)。換言すれば，SWOT分析の合理性向上を直接の目的としてドメインやポジショニング，資源と能力の理論が登場し発展したわけではないが，これらの理論の問題意識がSWOT分析の目的と共通していたために，SWOT

---

[6] このような見解を示している代表的な研究にはRumelt (1987) がある。具体的にはそこでは，「産業内での企業の長期的な利益率のバラツキは，産業内の平均利益率の産業ごとのバラツキよりもはるかに大きいという実証研究」が存在することにより，「余剰の（平均以上の）利益率が，その産業の成員であることよりも企業に固有の要因から生じてくることが明らかになる」(Rumelt, 1987, p.141；邦訳, pp.170-171,（　）内の補足はルメルトによる）と述べられている。すなわちそのような実証研究より，「高利益の源泉が，ある共同体の成員よりも企業の保有する経営資源にある」(Rumelt, ibid., p.141；邦訳, p.171) という認識が生まれる。そしてこの認識に依拠するならば，「利益の概念としてはレント（企業家能力から生じる地代）を用いるのが適当である」(Rumelt, ibid., p.141；邦訳, p.171,（　）内の補足は白石による）という。

[7] 資源アプローチをペンローズ (Edith T. Penrose) 理論の復活であると位置づける立場もある（福島，2001, p.101, およびSaloner, Shepard & Podolny, 2001, p.53；邦訳, p.68)。

[8] 中橋 (2001) は「ポジショニング」ということばをドメイン定義も含む広義の概念で使っている。なお，SWOT分析とは自社の強み (strengths)，弱み (weaknesses)，当該環境における機会たとえば有望分野や参入可能な他業界 (opportunities)，潜在的脅威 (threats) に関する分析をさす。

分析に理論的フレームワークを与えることになった。そしてそのようなSWOT分析の理論的フレームワークという観点でみると，これらの理論が相互補完的であるということがよくわかるというのである。

　この点について，中橋（前掲書）は，さらに次のように説明している。「市場ポジショニング視角と資源ベース視角をこのように捉えると，両者は次のように補完的なものである。すなわち企業は，市場ポジショニング視角に基づいて，検討対象の市場が自社の事業を位置づけるのに適した魅力的な構造特性をもつかどうかを分析できるし，他方，資源ベース視角に基づいて，その魅力的な市場において自社が競争優位を獲得できるかどうかを自社の経営資源の分析を通じて判断することができる」(中橋，前掲書，pp. 14-15)。

第2節　資源の分類

　1章でも述べたように，エイベル (1993) によれば，資源とは「重要な顧客満足活動のために活用可能ななんらかの手段のことである。資源は資金，人間，物理的有形物（土地や設備）の形態をとる」(Abell, 1993, p. 117；邦訳，p. 143, (　)内の補足はエイベルによる)。それに対し，コンピタンスは人間を離れては存在しない「実行能力ないしノウハウ」(Abell, *ibid.*, p. 118；邦訳，p. 144) である。

　コンピタンスは人間に付随しているから，従業員が退職するとその人のコンピタンスは企業から離れる。ただし個々のメンバーに独立して存在するコンピタンス以外に，企業には複数のメンバーにまたがって存在する組織的なコンピタンス，企業としての能力もある。

　エイベルによれば，コンピタンスは実行能力やスキル等によって多元的に構成されている。たとえば，「数学に関して素晴らしい能力を持つ個人がその能力を発揮するとき，さまざまな才能，スキル，以前の経験を動員している。企業の能力というのは，一般に実行能力と特定のスキルと経験との集合体である」(Abell, *ibid.*, p. 118；邦訳，p. 144, 強調はエイベルによる)。

　そしてエイベルは，企業としての能力の独自性と中核性について言及してい

る。彼によれば、「独自能力(distinctive competence)は当該企業を競争相手から区別するような能力のことである。独自能力は特定の組織に固有のものである。中核能力(core competence)は企業の成功の鍵となる能力のことである」(Abell, ibid., p. 118；邦訳, p. 144)。[9]

資源の分類は、ホール(1992)によっても行われている。彼によれば、企業の持続的な競争優位性は、その企業が保持する無形資源の獲得能力と密接に関連している。そして資源は、資産(assets)と技能(skill)に分類される(Hall, 1992, p. 136)。

資産は一般的には、人や組織によって所有される物をさす。したがって無形資源に含まれる資産つまり無形資産とは、人や組織によって保有される無形物であり、その主な例は特許、トレードマーク、著作権などの知的所有権である。また取引上の秘密、データベースなどもこれに該当する。

一方、技能とは企業の収益獲得過程で活用されたり発現する技術と能力のことである。無形資源のうち無形技能は、たとえば言語化できないような従業員のノウハウをさすが、これには合成されて組織文化となりうる各人の態度も含まれる。

ただしホールによれば、これらとは別に企業には企業としての能力がある。後に言及するように、資源すなわち資産と技能の戦略的価値は、この企業能力をどの程度差別化するかに規定されるという。

さらにホールは資源の分類概念として、属人的(people dependent)か非属人的(people independent)かという基準も示している(Hall, ibid., p. 139)。前者は個々人に属し、各々に内包されている資源で、たとえば無形資源の場合、著

---

[9] 後に言及するように、ハメル=プラハラード(1994)の立場では、コア・コンピタンス(中核能力)に独自性の概念が含まれている。すなわち彼らによれば、コア・コンピタンスは顧客に高い付加価値を提供し、独自性が強く、新製品市場への参入の基礎を形づくるものでなければならない(Hamel & Prahalad, 1994, pp. 204−206；邦訳, pp. 260−264)。

作権やノウハウがこれにあたる。後者は個人に内包されず,組織によって保有される資源で,同じく無形資源に関して言えば,契約やライセンスがその例である。

　以上のエイベル(1993),ホール(1992)の研究においては,資源と能力が区別されつつも,両者の関係は必ずしも明示的ではない。両者とも資源(資産)と異なる概念として個々人の持つ能力(技能)があげられているし,さらに企業にはこれを超える企業としての能力,企業能力(組織能力)があるとしている。しかし資源と能力がいかなる関係にあるのかは,明確には語られていない。

　この関係にはっきりと言及しているのは,7節で取りあげるグラント(1991)である。すなわちそこでは,能力は資源を活用するものと位置づけられている。彼によれば,資源には財務的資源,物理的資源,人的資源,技術的資源,評判(reputation),組織的資源の6カテゴリーがある。このなかには可視的で貸借対照表に載るような資源,いわゆる有形資源もあるし,不可視で金銭的価値評価が困難な無形資源もある(Grant, 1991, p.119)。

　そして企業にはこれらの資源を活用する組織能力がある。すなわち,「企業の組織能力とは,資源を総体として動かす能力である」(Grant, *ibid.*, p.120)。先にも述べたように,資源を活用するのが能力(特に組織能力)という位置づけがなされているのである。[10]

　一方,コリス=モンゴメリー(1998b)によれば,能力は資源のなかに含まれる。すなわち彼らによれば,「資源は3つの大きなカテゴリーに分類される。有形資産,無形資産,そして組織のケイパビリティである」(Collis & Montgomery, 1998b, p.27；邦訳,p.45)。

　より具体的には,有形資産(tangible asset)は価値が評価しやすく,バランスシートに記載される資源で,これには不動産,生産設備,原材料などが含まれる。これらは差別化が難しいため,競争優位の源泉になることは少ない(Collis & Montgomery, *ibid.*, pp.27-28；邦訳,p.45)。

　無形資産(intangible asset)とは,会社の評判,ブランドネーム,文化,技術的知識,特許や商標,蓄積された学習や経験である。これらは使用により減

耗しないという特徴を有している。それどころか，うまく利用すれば，利用するほど成長しうる。無形資産は多くの場合，競争優位（もしくは競争劣位）および企業価値に重大な影響を及ぼす（Collis & Montgomery, ibid., p. 28；邦訳, p. 45）。

そして組織のケイパビリティ（organizational capabilities）は，製品開発等の速さ・顧客対応のよさ・品質の高さを規定する組織ルーティンや一連の能力である。これは企業活動の効率性を規定し，うまく磨き上げられたケイパビリティは競争優位の源泉となる。たとえば日本の自動車メーカーにとって競争優位の基盤となっているのは，このような磨き上げられたケイパビリティ，リーン生産方式や短期間で製品開発を行う組織能力なのである（Collis & Montgomery, ibid., p. 28；邦訳, pp. 45−46）。

先に取りあげたグラント（1991）は，資源を活用する上位レベルに能力を位置づけていた。それに対し，ここで紹介したコリス＝モンゴメリー（1998b）は，資源は有形資産，無形資産，組織の能力（ケイパビリティ）からなるとし，これらが同列的に扱われている。ただし競争優位の源泉として組織能力は非常

⑽ 組織の能力「組織能力」は，組織構成要素が持つ能力の単純総和ではない。組織の構成要素は，組織において他の要素と「関連性」を持つ。したがって組織は構成要素の算術的総和ではなく，「算術的総和をこえた独自の体系的特質と産出物」（岡本, 1982, p.40）を持っているのであり，またそのようなことから組織は要素の総和ではなく「体系」としてみられなければならない（Barnard, 1938, p. 78；邦訳, p. 80）。たとえば組織の代表的な構成要素はヒトであるが，いろいろな能力を有するヒトがメンバーとして組織に集まり協働プロセスを形成したとき，個々のメンバーが独立して存在していたときにはなかった能力が組織に生まれる。すなわち企業の組織は協働体系をなし，そこにはメンバー間の相互作用があるから，組織能力は個々のメンバーの能力を単に配列したものではなく，能力が有機的に合成された体系として成立している。メンバー各人が持つ個人的能力のほかに，これを超える能力が組織には存在するのである。さらに組織が保有する能力には，組織能力を活用する能力，「メタ能力」もある。たとえば多角化を有効に進めるために，組織能力を複数の事業に展開するのはメタ能力の機能である。また個々のメンバーの能力伸張と組織的な能力の形成を促進するのもメタ能力の役割である。

に重要だというのである。グラントの「資源」はコリス＝モンゴメリーの「資産」に近く，後者の「資源」は前者の枠組では資源と能力を包摂する「メタ資源」的な存在となる。

　バーニー（2002）の用語法は，能力を資源に含めて考えている点では，コリス＝モンゴメリー（1998b）に近い。すなわち彼によれば，「一般に企業の経営資源（firm resources）とは，すべての資産，ケイパビリティ（能力），コンピタンス，組織内のプロセス，企業の特性，情報，ナレッジなど，企業のコントロール下にあって，企業の効率と効果を改善するような戦略を構想したり実行したりすることを可能にするものである」（Barney, 2002, p. 155；邦訳上巻，p. 243,（　）内の補足は両方とも訳者による）。ここでは，経営資源となりうるものは非常に広く捉えられているものの，これらのうち戦略的に価値のあるものだけが経営資源と考えられている。

　より具体的には，バーニーは過去の研究を踏まえたうえで，経営資源を財務資本，物的資本，人的資本，組織資本に分類している（Barney, *ibid.*, p. 156；邦訳上巻，pp. 243-244）。財務資本とは，戦略を構想し実行するうえで企業が利用できる様々な資金で，その源泉には企業家自身，出資者（投資家），債権者，銀行などがある。そして物的資本とは，企業内で用いられる物理的技術，企業が所有する工場や設備，企業の地理的な位置，原材料へのアクセスなどをさす。技術を物的資本としているところに違和感がないでもないが，「物」に関連する経営資源は，手段や方法等の無形物であっても物的資本に含めるのである。一方，人的資本とは個々のマネジャーと従業員に蓄積された訓練や経験，彼らが保有する判断力，知性，人間関係，洞察力などである。最後に組織資本は，企業内部の公式な報告ルートを含む組織構造，公式と非公式の計画・管理・調整のシステム，企業内部のグループ（集団）間の非公式な関係，自社と他企業との関係などからなる。

　前にも触れたようにバーニーによれば，これらのうち戦略的に価値のあるものが「経営資源」なのである。そしてこの経営資源の本質はケイパビリティ，コア・コンピタンスで，これらは結局のところは同義であるが，コア・コンピ

タンスについては多角化戦略との関連でのみ使用するのが適当だという (Barney, *ibid.*, pp. 156－157；邦訳上巻, p. 245)。

小川 (2003) はこのバーニー (2002) の分類概念に依拠して資源を区分したうえで, 資源とケイパビリティの関係について考察している。すなわち彼はバーニー (2002) を引用しつつ, 資源を物理的資本, 人的資本, 組織的資本に分けて考えた。

具体的には, 物理的資本は, 物理的な技術, 工場や設備, 地理的条件などからなる。人的資本は, 典型的には経験や知性をさす。そして組織的資本に該当するのは, 形式化した組織のシステムや組織構造などである。

ここまではバーニー (2002) と同じであるが, ケイパビリティ (能力) については特別な位置づけがなされている。具体的には, 「これらのさまざまな資源を相互に結びつけて, 製品やサービスを有効に産出していく力が実行力であるケイパビリティである」 (小川, 2003, pp. 14－15) という。言い換えれば, ケイパビリティは資源に包摂されるのではなく, 「事業概念と業務プロセス, 組織そして資源とを結びつけるものであり, ビジネス・システムの根幹となっている」 (小川, 前掲書, p. 15) というのが彼の見方である。

端的に言えば, ここでは資源とケイパビリティは明確に区別され, 前者を結合して有効にアウトプットを生み出すものが後者であると定義されている。資源の分類についてはバーニー (2002) を踏襲しているが, 資源と能力の関係については, 両者を同義としたバーニー (2002) とは全く異なる考え方を示しているのである。むしろこれについてはグラント (1991) の立場に近い。

そしてケイパビリティはこのように製品やサービスを有効に産出する組織の能力一般という含意を有するのに対し, コア・コンピタンスは特に技術的な能力をさすという。具体的には, 「ハメルやプラハラッドのいうコア・コンピタンス (core competence) は, 製品やサービスを創出する技術的な能力を指している。このため, それはケイパビリティに含まれた概念といえる」 (小川, 前掲書, p. 15) としている。

以上で紹介した研究の多くでは, 資源, 資産がある種の「ストック」と考え

られている。これに対しディーリック＝クール（1989）は，資産には資産ストックと資産フローがあり，前者は後者の適切な蓄積により形成されるとした（Dierickx & Cool, 1989, p.1506）。

彼らによれば資産フローは，資産のうち市場取引が可能であったり，コストをかけることにより短期的に増やすことができるものをさす。有形資産にこのような性質を持つものが多いが，無形資産にも特許や顧客の商品認知などフロー的性格を有するものがある。つまりこれらは，研究開発費や宣伝広告費の増大によって短期間のうちに増大可能なのである。

それに対し，資産ストックは市場取引になじまず，短期的に増大させることは難しい。たとえば前述したように，顧客に単に商品名を広く認知させるということなら宣伝広告費を増やせば可能である。しかし指名買い，継続購買を促すようなブランド・ロイヤルティを形成するには，宣伝広告のみならず幅広い活動と努力が必要であり，時間的にも長時間を要する。したがって商品認知は資産フローであるが，ブランド・ロイヤルティは資産ストックであるとみなせる。

このうち企業にとって戦略的に重要なのは，市場取引になじまない資産ストックの方であるという。したがって，「戦略策定の重要な側面は，必要とされている資源とスキル（ブランド・ロイヤルティ，技術的知識）を蓄積するという観点で，戦略的支出（広告費，研究開発費，その他）に関する適切な選択を行うことである」（Dierickx & Cool, *ibid.*, pp.1506－1507, （ ）内の補足はディーリック＝クールによる）というのが彼らの出した1つの結論である。

ブラック＝ボール（1994）の立場では，企業の資源は資産を中心とする資源要素によって構成される。そして資産は，市場で取引可能か否か，資産フローか資産ストックかによって分類される。資産フローは企業が即時に入手できる資産で，資産ストックは資産フローから長時間かかって形成される資産である。

したがって，企業の資産には取引可能な資産フロー，取引不可能な資産フロー，取引可能な資産ストック，取引不可能な資産ストックという4種の資産が

存在することになる (Black & Boal, 1994, pp. 133-134)。考え方は，先に紹介したディーリック＝クール (1989) と似ていなくもないが，フローかストックかということと，市場取引可能か不可能かということを厳密に区別し，これらを別の分類基準としているところに彼らの特徴がある。

他方，資源は内包された資源 (contained resource) かシステム資源 (system resource) かという基準によっても区別できるという (Black & Boal, ibid., pp. 134-135)。これは組織において，資源がどのような形態で存在し成り立っているかという存立形態に関わる基準である。

内包された資源とは，境界が明確な資源要素の単純ネットワーク (simple network) をさす。ここで単純というのは資源要素の結びつきがわかりやすく，複製しやすいという意味である。内包された資源はその境界が定義されると，金銭的に評価されうる。このタイプの資源はそのままで市場取引が可能か，市場取引可能な代替物に置き換えられるか，あるいは市場取引可能な部分に分解されるかのいずれかである。

システム資源は，資源要素の複雑で有機的なネットワークによって形成される資源で，明確な境界を持たない。システム資源の1セットを見極めるということはできないため，このような資源をどのように金銭的に評価するのかという問題が発生する。総体としてのこのような資源も，これを構成する資源要素も，多くの場合取引は不可能であるし，取引可能な物に置き換えることも難しい。特に前者についてはその傾向が強い。

第3節　資源と競争優位性

(1) 資源評価の一般的枠組

資源と企業の競争優位性には，どのような関係があるのだろうか。資源アプローチでは，企業の競争優位構築に関する資源の重要性が指摘されているものの，すべての資源が競争優位に貢献すると考えられているわけではない。

ホール (1992) は前述したように，資源を資産と技能に分けて考えた。彼に

よれば，資源の戦略的価値は組織に能力差別性（capability differentials）をもたらすか否かに規定される。そして資産と技能は，もたらす能力差別性のタイプは異なるものの，両方とも企業の持続的競争優位に貢献しうる。ただしその継承性には違いがある。特に企業買収時における無形資源の継承可能性には，それが資産であるか技能であるかで明確な差異があるという。具体的には，買収が行われた際に，被買収企業の無形資産たとえば特許は引き続き買収企業によって利用されうるが，ノウハウ，文化といった無形技能が継承されるかどうかは不確かである（Hall, 1992, p.136）。

7節で述べるように，グラント（1991）の立場では，競争優位の持続性は，資源と能力の耐久性（durability），他企業からみたそれらの透明性（transparency），移転可能性（transferability），複製可能性（replicability）に規定される（Grant, 1991, pp. 124-127）。これは比較的初期における資源アプローチ研究者の代表的立場であると言ってよい。ただし近年はこれらに加え，資源の戦略的価値を規定する要因として模倣困難性あるいは代替不可能性を重視する研究者が多い。[11]

たとえばそのような近年の研究者の考え方が，中橋（2001）に見て取れる。具体的には，彼は経営資源の戦略的価値という問題を，持続的競争優位の源泉となる経営資源が持つべき属性の特定化と，それらの属性を持つ経営資源の特定化に分けて考える必要があるとしたうえで，主として前者の問題を取りあげ，次のように考察している。

すなわち彼によれば，持続的競争優位の源泉となる経営資源の属性は，以下の5つに整理されるという。

①有価値性。これは前提条件とも言うべき属性であり，その資源が，当該事業を遂行するうえで他社に比べて優れたものであり，自社に高利益率をもたらす（つまり価値のある）ことを求めるものである。

②模倣困難性。この属性は，その資源が，（a）他社が市場を通じて簡単に

---

[11] グラント（1991）に模倣困難性，代替不可能性の発想が全くなかったというわけではない。彼の枠組では透明性と複製可能性が比較的これに近い。

は入手できないほど希少であり,しかも(b)他社が自ら創りだすのも難しいということを意味する。

③耐久性。これは,その資源が時間の経過につれて自然に減耗しないという性質をさす。

④専有可能性。この性質は,競争優位の源泉となりうる資源が企業という組織そのものに帰属しており,したがって,企業のなかの特定の個人が退社するようなことがあっても,その競争優位が簡単には失われないことを求めるものである。(12)

⑤非代替可能性。その資源が他社にとって模倣困難なものである場合,他社はそれとは別の資源を用いて,当該企業の製品やサービスと同等あるいはそれ以上の価値をもつものを創りだそうとするであろう。この属性はそのような方法をとるのが難しいことを意味する。

(中橋,2001,p.15)

中橋(前掲書)によれば,このような5つの属性を持つ資源として,土地・生産設備等のモノ,員数で捉えたヒト,資金つまりカネ等の有形資源よりも,営業力,技術力,研究開発力,経営管理能力,熟練技術者の技能,生産のノウハウ,自社のブランド,知名度等の無形資源の方がより重要であることは,比較的古くより認識されていた。資源アプローチの研究成果の1つは,さらに戦略的資源を追究した結果,資源と能力を区別し,持続的な競争優位の源泉として「組織能力」,ハメル=プラハラードが言うところのコア・コンピタンスを識別したところにある(中橋,前掲書,p.16)。

---

(12) 前述したように,ホール(1992)は資源を属人的(people dependent)なものと非属人的(people independent)なものに分けて考えた(Hall, 1992, p.139)。しかし中橋(2001)と異なりホール(1992)では,属人的か非属人的かということは資源の戦略的価値に影響しない。前に述べた通り,ホールは資源の戦略的価値は組織にどの程度の能力差別性をもたらすかで決まるとしているからである(Hall, *ibid.*, p.144)。

彼によれば，組織能力は「単に資源を集めて一緒にしただけでは生まれない。また，資源を能力に転換する主体的な担い手は組織成員であるが，個々の組織成員の知識や技能や行動そのものが価値を生み出すのではない。多くの組織成員の行動が共通目的の達成のために適切に調整されたときにはじめて，その協働行動は価値を生み出す力となる」(中橋，前掲書，p. 16)。[13]

　バーニー (2002) は，中橋 (前掲書) にみられる近年の資源アプローチ研究の立場を基本的には踏襲しながらも，持続的競争優位に対する資源の貢献という観点で，資源の模倣コスト (模倣困難性) の高さを特に重視している。

　彼によれば，事業への利用価値があり，かつ希少な経営資源は，その企業に競争優位をもたらす。ただしその模倣コストが低いならば，当該資源による競争優位は一時的にしか成り立たない。つまり競争優位を持続的にするのは，資源の模倣コストの大きさなのである。

　この点について，バーニー (2002) は次のように述べている。「時間の経過とともに，競合企業が競争に必要な経営資源を模倣するにつれ，先行企業が得たいかなる競争優位も雲散霧消してしまう。(中略) もしも，その経営資源かケイパビリティが，価値があり，希少性があり，さらに模倣コストも大きい場合，これらを用いることは持続的競争優位と標準を上回る経済的パフォーマンスを生み出す」(Barney, 2002, pp. 173-174；邦訳上巻，p. 273)。したがって企業にとって強みとなり，持続可能で固有な能力基盤 (sustainable distinctive competencies) とは，価値があり，かつ希少性があり，さらに模倣コストも大

---

[13] 中橋 (2001) はこのように，組織メンバーを「資源を能力に転換する主体的な担い手」と表現しているが，これを能力は資源の昇華により生まれると解釈するのは不適当である。むしろ組織メンバーは資源の能力を最大に引き出すべく活用しつつ，自己の能力を高める存在とみるべきだろう。すなわち生産設備には生産能力，倉庫には保管能力といったように，ヒトを含めてどのような資源にも能力が備わっているが，ヒト (組織メンバー) にだけは他の資源の能力を活用したり，主体的に自己の能力を蓄積しこれを高度化する「メタ能力」があると言える。なお，前節で述べたように，組織能力やコア・コンピタンス，ケイパビリティを資源に含めて考える立場もある。

きい経営資源，ケイパビリティなのである（Barney, *ibid.*, p. 174；邦訳上巻，pp. 273–274）。[14]

前に紹介した中橋（2001）が指摘していたように，無形資源に比べて物理的資源等の有形資源は，戦略的資源とはなりにくいとこれまで考えられてきたが，その理由はこのような模倣コストが小さいことによる。小川（2003）のことばを借りるならば，「優れた高性能な設備のような物的資源は，資金調達能力さえあれば同様なものを購入したり，製作することができる。このため，単純に高性能な設備を保有しているだけでは，競争優位な能力を保有することにはならない」（小川，2003，p. 15）のである。一方，「その設備を活用して熟練技能者が高精度な製品や，機械技術だけでは不可能な加工を実現し，他社では模倣できない加工能力が顧客に評価されれば，優位な競争力を持つことができる」

---

[14] バーニー（2002）によれば，基本的な競争戦略である差別化，コストリーダーシップの持続性も，これらを遂行する源泉やケイパビリティの希少性と模倣困難性に左右されるという。すなわちコスト優位の源泉が業界内のどこにでもあり，大多数の企業にとって容易に入手可能であるならば，その源泉に基づく低コスト戦略は当該企業に持続的競争優位をもたらさない。加えてコスト優位戦略が持続性を持つためには，その源泉が希少であるだけでは不十分であり，それが模倣困難でもなければならない。つまり彼によれば，「たとえコスト優位の源泉が希少であっても，それが持続的競争優位の源泉になるのは，模倣コストが大きい場合である」（Barney, 2002, p. 253；邦訳中巻，p. 94）。同様に，「経済価値を生み出し，かつ希少な製品差別化の源泉が持続的競争優位をもたらすためには，その源泉がさらに模倣困難でなければならない」（Barney, *ibid.*, p. 281；邦訳中巻，p. 139）。さらには代表的なドメイン戦略である多角化戦略の持続性も，その源泉の模倣困難性に依存するという。本書の2章で述べたように，多角化の代表的な源泉には「範囲の経済」があるが，バーニーによれば「多角化によって実現される，ある範囲の経済が希少であっても，その範囲の経済が模倣困難でなければ持続的競争優位の源泉とはなり得ない」（Barney, *ibid.*, p. 436；邦訳下巻，p. 106）。後に述べるように，資源アプローチではコア・コンピタンス（ケイパビリティ）は多角化の重要な土台とみなされるが，コア・コンピタンスは多くの場合無形であり，その直接的模倣は難しい。したがって事業間でのコア・コンピタンスの共有共用は，模倣されにくい多角化の源泉ということになる（Barney, *ibid.*, p. 436；邦訳下巻，p. 107）。

(小川,前掲書, p.15)。

ただし後に取りあげる遠山 (2003) が指摘しているように,そのような加工能力(無形資源)を持った人材が外部から簡単にスカウトできるならば,そのような技能も持続的競争優位の形成には機能しない。要するに,有形資源よりも無形資源の方が一般的には持続的競争優位への貢献が大きく,そういう意味で戦略的価値が高いものの,無形資源だからといって戦略的資源であるとは必ずしも言えないのである。むしろ資源の戦略性は,希少性,模倣困難性や代替不可能性,次に述べる有機的なネットワーク性(システム的性質)等に規定されると考えた方がよい。

(2) 資源間の相互作用と資源のネットワーク性

ブラック＝ボール (1994) は,資源の評価に関するVRIOのフレームワークに疑問を投げかけている。すなわち企業の資源は,価値(Value),希少性(Rareness),再創出の難しさあるいは模倣の困難さ (Inimitability),どの程度その資源を有効活用できるように組織が方向付けられているか (Organizational Orientation) というVRIOのフレームワークで特性を記述できるという立場が,資源アプローチの研究者の間にはある。先に取りあげたグラント (1991),中橋 (2001),バーニー (2002) はその典型である。[15]

このフレームワークは他の資源と無関係に機能する,いわばスタンド・アロン的な資源の評価には一定の有効性を持っている。しかしブラック＝ボール (1994) によれば,この枠組は資源が組織においてどのように形成・配置されるのか,VRIOの間にどのような関連性があるのかについて言及していないし,また他の資源との関係において機能し,価値が生ずる資源の存在も考慮してい

---

[15] 実際,バーニーはVRIOのフレームワークが資源アプローチ戦略論における資源評価に実質的内容を与え,これにより「ある企業の経営資源やケイパビリティが強みなのか弱みなのかを判断することができるようになる」(Barney, *ibid.*, p.160;邦訳上巻, pp.273-274) と指摘している。

ないという。

　すなわちグラント（1991），中橋（2001），バーニー（2002）に代表されるVRIOのフレームワークは，独立して存在し機能する資源には有効であるが，資源間に相互作用があるという場合には，他資源との補完性等の概念も価値の評価において必要になってくる。単体としては希少性，代替困難性，模倣コストなどの基準で戦略的資源でなくても，他資源と併存することによって戦略性を発揮する，逆に言うと，その資源単独では戦略性を持たないがその資源が欠けると戦略的な資源ネットワークが機能しないということもありうるのである。

　資源の評価方法には，資源の投資財としての価値をみるような方法もある。しかしブラック＝ボール（1994）によれば，このような投資財としての評価，あるいは貸借対照表上の金額から資源を評価するような方法は，企業には実物資源のほかに取引不可能な「X資産」があるということを忘れているという。そのようなX資産の例は，組織的な慣行（organizational routines），経営方針，文化などである（Black & Boal, 1994, p.133）。

　そして彼らは前節で述べたように，資源を内包された資源（contained resource）とシステム資源（system resource）に分けたうえで，企業の持続的競争優位の形成に対する貢献と重要性という観点で資源をみる視角を提示した。

　彼らによれば，内包された資源とは境界がはっきりしていて，かつ構造すなわち資源要素（resource factor）間の関係が単純な資源である。そしてこれが持続的競争優位につながる可能性があるのは，次の2つの場合である。第1に，その企業の内包された資源が競合企業から見過ごされているか，あるいは当該企業によって隠蔽されている場合である。内包された資源は一度はっきりと認識され，その内容が解明されると，取引によって入手可能となるか，取引によって入手可能な物に置き換えることができるようになるので，その価値は低減する。第2に，内包された資源が，持続的競争優位を支えている複雑な資源ネットワークの1構成要素であるという場合である（Black & Boal, *ibid.*, pp.133 – 134）。

一方，システム資源は境界がはっきりせず，また構造（要素間関係）が複雑で有機的な資源である。このような資源のなかには，その企業の競争優位形成に貢献するもの，戦略的な重要性を持つものが多い。システム資源は自己創出的に再形成される一方，戦略的に重要なシステム資源の本質が明らかになるのは，そのような資源が偶然破壊されたときである（Black & Boal, *ibid.*, p. 135）。

　ところで資源を構成する資源要素のネットワークには，ローカルネットワークと構造的ネットワーク（structural network）がある。ローカルネットワークとは，ある特定資源を構成する要素間の相互関係をさす。構造的ネットワークは，ある資源を構成する要素が他のネットワークや他の資源の要素と持つ相互関係を意味する。

　換言すれば，ローカルネットワークは資源内部の資源要素間の関係であり，構造的ネットワークはローカルネットワークが持つ外部との関係，資源の境界を越えた資源要素間の関係をさす。内包された資源は要素の単なる配列か，単純かつローカルなネットワークとして存在するのに対し，システム資源の本質は要素の複雑で有機的なネットワークであり，またこれは他の資源と構造的ネットワーク関係を持つこともある。

　中間管理職の削減がその企業のコンピタンスに重大な悪影響を及ぼしたという事例もあるが，このような事態を招いたのはシステム資源としての人的資源，およびそれが持つ構造的ネットワークという視点がその企業になかったためである。中間管理職同士のローカルネットワーク以外に，中間管理職の各人それぞれに社外との人的ネットワークがあったため，その削減は単なる人的能力の削減以上の影響をもたらしたのである（Black & Boal, *ibid.*, p. 136）。

　一部の研究者は，様々な資源要素や資源の間にある相互拡大，相互縮小の関係を明らかにする必要があると指摘したが，そのような関係がどのような形をとるのかは探究しなかった。ブラック＝ボール（1994）によれば，ある資源（要素）の増大や発展が，他の資源（要素）の増大・発展によって起こり，かつその関係が相互作用的あるいは双方向的であるとき，そこには資源の補完関係（compensatory relationship）がある。これに対し，ある資源の存在は他の資

源を増大・発展させるが，その逆は成立しない場合には資源の強化関係 (enhancing relationship) がある。他方，ある資源の存在が他の資源の価値を低めるときには，資源の抑制関係 (suppressing relationship) がある (Black & Boal, *ibid.*, pp. 138 - 139)。

このようなことから，資源特にシステム資源の価値は個別に決まるわけではなく，他の資源との関係において決まることになる。すなわち，「ある資源の価値は，他にどのような資源が当該企業に保有され管理されているかに依存する」(Black & Boal, *ibid.*, p. 139)。

前述したように，システム資源の本質は資源要素の複雑で有機的なネットワークである。すなわち「戦略的なシステム資源は，取引可能な資源要素ストック，要素フロー，取引不可能な要素ストック，要素フローから構成される複雑なネットワークである。ただし複雑さは競合企業を混乱させるためには望ましいが，他方で当該企業が資源を創出し管理することを難しくする」(Black & Boal, *ibid.*, p. 139)。

彼らによれば，資源の価値について評価する場合，取引可能性，獲得形態（フローかストックか），ネットワーク形態，代替可能性，影響関係（補完，強化，抑制）の5次元を導入することが有益である。そして，「持続的競争優位は，資源にこのような5次元の特別な組み合わせがあるとき，その結果として生まれる」(Black & Boal, *ibid.*, pp. 140 - 141) という。

厳しい見方をすれば，このようなブラック＝ボール (1994) の研究は資源間の相互関係に関する考察が単純すぎ，そのダイナミクスを明らかにするまでには至らず，結局は資源の分類論に終わっているのではないかという疑問も生じないわけではない。[16] しかしながら，取引可能性，獲得形態，ネットワーク形態，代替可能性，影響関係の5次元を提示することにより，資源の戦略的価値という概念を操作的に，価値評価を客観的にしている点で，彼らの研究は

---

[16] そのような資源間の相互関係とダイナミクスについては，次節で取りあげるマルキデス＝ウィリアムソン (1994) でより明確に言及されている。

高く評価されるべきだろう。

　ところで資源を代替困難,模倣困難にする要因は,他企業からみた不可視性だけではない。むしろブラック＝ボール（1994）の言う有機的なネットワーク性を備えたシステム的な資源が代替困難,模倣困難なのである。つまり不可視であっても,代替と模倣が困難でない資源は持続的競争優位の形成に貢献しない。

　この点について遠山（2003）は,次のように述べている。「たとえば,有形の高品質の部品や製品,特異なアプリケーションシステムなどの資産,製造技法や特許,スキルや経験を備えた工具,企業や製品のイメージやブランド,信用,組織文化など無形の目に見えない資産などを模倣困難性や代替（困難）性を生み出す資源として認識することが多い。しかし,これらの個々の資源レベルでは,『価値があり,稀少性』があるだけにすぎず,一時的に競争優位を実現しえても,『模倣困難性,代替困難性』がないために持続的競争優位を実現することは困難なのである」（遠山,2003, p.26,（　）内の補足は白石による）。[17]

第4節　多角化と戦略的資産

（1）関連多角化の資産的優位性

　2章でも言及したように,マルキデス＝ウィリアムソン（1994）は,関連多角化とコア・コンピタンスの観点から,資源の戦略的意義について考察している。この研究以前に多くの研究者により長年にわたって関連多角化に関する研究が行われてきたものの,彼らによれば従来の研究には以下の2つの限界があったという（Markides & Williamson, 1994, pp.149－150）。

　第1に,事業間の関連性を測る方法が,産業と市場レベルだけで関連性をみていたため,不完全であったということである。事業の関連性は「戦略的資産」,すなわち短期的に低コストで入手することができない資産で,企業にコスト優位あるいは差別化優位をもたらす資産の類似性からも測定される必要がある。

　第2に,関連性の利益に関する考え方が一面的だったということである。研

究者はそれまで，関連性の利益を範囲の経済性など静態的経済効果だけで捉える傾向があり，関連多角化の資産形成等に関する優位性を無視してきた。すなわち関連多角化企業はそのような戦略をとっていない競合企業よりも，素早く低コストで戦略的資産のストックを拡張し，新しい戦略的資産を形成できるという側面をこれまで見逃してきた。

彼らによれば，戦略的資産に注目すると，関連多角化には次に記す4種類の潜在的優位性があるという。

---

(17) ナレッジに関して言えば，不可視なナレッジ，いわゆる暗黙知が必ずしも模倣困難で，持続的競争優位の源泉になるとは限らない。形式知よりも暗黙知の方が模倣困難性は高いものの，これが極めて高く戦略的価値が大きいのは組織内にネットワーク的に生息する「組織的暗黙知」である。遠山（2003）のことばを借りるならば，「知識やノウハウ，知識や経験をもつ人材自体をスカウトしたり，リバースエンジニアリングをして製品やシステムの特性を解明し，特許部分を避けつつ模倣したり，代替物を作成することは，若干の時間とコストを費やせば容易に可能である。また無形の目に見えない知識やノウハウ，スキルや経験自体もデータベースやマニュアルのような形で形式化できるのであれば，容易に入手可能な性格をもっている。このように見てくると，模倣困難性を生み出しているものは，単純な個々の資源レベルでの総和ではない」（遠山，2003，pp.26-27）。ただし遠山（前掲書）は暗黙知を持続的競争優位の源泉として軽視しているのではなく，「不可視的資源（無形資産）イコール戦略的資源」という見方，資源の不可視性を過度に重視する考え方と距離を置いていると考えた方がよいだろう。そのような立場は，次のことばに端的に現れている。「基本的に形式知は，一定のルールに従っていることから誰にでも容易に模倣ができ，持続的競争優位の源泉にならない。また暗黙知は，単純に目に見えず形式化が困難であることから模倣が困難であり，単純に持続的競争優位の源泉になるとはいえない。たとえば高度なスキル（個人的暗黙知）を持つからといっても，前述したようにそのスキルを持つ人材をスカウトすれば容易に移転可能になる」（遠山，前掲書，pp.27-28，（　）内の補足は遠山による）。結局のところナレッジに関して言えば，他社にとって模倣困難なのは，「場」と関係性，より具体的には現実あるいは仮想のコミュニティにおける相互影響関係から生成され，組織内で共有されるようになった組織的暗黙知と，その生成・共有の能力であると考えられる。組織的暗黙知そのものと，組織的暗黙知の形成プロセスやこのプロセスを調整し統制する能力は模倣困難性が高く，持続的競争優位の源泉となる大きな可能性を秘めているのである。

a．同じ戦略的資産たとえば流通網を複数のSBU（戦略事業単位）で共同利用できる（いわゆる範囲の経済）。
b．あるSBUで戦略的資産を構築・維持する過程で形成されたコア・コンピタンスを，別の既存SBUが保有する戦略的資産の質的改善に利用できる。
c．ある事業で形成されたコア・コンピタンスを，新事業において低コストで新しい戦略的資産を創造することに利用できる。
d．新事業で構築された戦略的資産や学習された技能が，既存事業の戦略的資産の質を改善する。

(Markides & Williamson, *ibid.*, p.150)

これらは関連多角化における，a．資産償却（asset amortization）上の優位性，b．資産改善（asset improvement）上の優位性，c．資産創造（asset creation）上の優位性，d．資産自己増殖（asset fission）の優位性と名付けられている。そしてこれら4つの優位性，特にb，c，dの3つの優位性をもたらす資産形成プロセスとコア・コンピタンスの事業間関連性を重視し，戦略的資産が拡大されるプロセスの類似性，新しい戦略的資産が形成されるプロセスの類似性が関連多角化の競争優位源泉として重要であるとしている（Markides & Williamson, *ibid.*, p.150）。

従来，事業の関連性を測る代表的な尺度は標準産業分類（SIC）だった。しかし伝統的な尺度では関連多角化であっても，それが持続的な競争優位にはつながらないこともあるというのが彼らの立場である。戦略的に重要な資産に関し，事業間で改善，創造，自己増殖の優位性を実現することが，関連多角化を成功させるための鍵と考えているのである。[18]

そして彼らは，「関連性を測る際には，SBUレベルで資産が関連しているかどうかということと併せて，SBUレベルで関連している資産が競争優位の潜在的源泉であるかどうかを考慮に入れる必要がある」（Markides & Williamson, *ibid.*, p.151）とした後，資産が戦略的に大きな価値を持つ，すなわち持続的競争優位に貢献する条件として，市場取引による入手の困難さと，模倣・代替の

不完全性をあげている。この条件については，前述した海外の多くの研究者および中橋（2001），遠山（2003）の立場と基本的には同じである。戦略的に大きな価値を持つ資産とは，企業に持続的競争優位をもたらす資産であり，それは一般的に市場取引による入手が困難で，模倣・代替が不完全にしか行えないという性質を備えているというのが，彼ら共通の立場なのである。

より具体的には，企業はある資産を事業横断的に用いることによって，範囲の経済性を追求できる。しかし事業横断的に用いたその資産が，競合企業にとってそれ程高くはないコストで市場取引により入手可能な場合もある。この場合は，当該企業は資産の事業横断的利用で短期的な競争優位は構築できても，長期的に競争優位を維持することはできない。

一例をあげるならば，標準産業分類でみて関連している複数の事業を保有する企業は，扱っている商品の性質や形状に類似性があるので，輸送網を自前で構築し，複数の商品をこれで輸送するというような戦略をとることができる。このような標準産業分類でみた関連多角化企業が輸送網を事業横断的に用いるという戦略，言い換えれば輸送網という資産に関し範囲の経済性を追求する戦略は，競合企業が社外の輸送サービスを低コストで利用できる場合には，持続的競争優位の形成につながらない。

マルキデス＝ウィリアムソンによれば，競争優位の土台となるような資産を保有する企業は，業界平均以上の収益を獲得しうる（Markides & Williamson, *ibid.*, p. 152）。このような余剰収益を生み出す資産が明確になると，いくつかの方法によって同様の競争優位を構築することが競合企業には可能となる。そ

---

[18] 同様の立場をとっている代表的研究には，ロビンス＝ヴィアスマ（1995）がある。すなわち彼らによれば，多角化における関連性はケイパビリティやノウハウの見地から概念化し直すことが重要であるし，また関連性をみる場合の観点として商品や市場，設備等の有形資産よりも，このようなケイパビリティやノウハウ，暗黙知などの無形資産が重要であることを発見したのは資源アプローチの１つの大きな成果である。他方でこのような不可視性の強い資産への注目は実証研究を困難にしているという（Robins & Wiersema, 1995, p. 292）。

の代表的なものは，当該資産を市場取引により入手する，模倣しつつ内部で形成する，当該資産を同様の顧客便益を生み出す別の資産で代替するという方法である。

だからこそ，前にも述べたように，資産が戦略的に大きな価値を持つ条件として，市場取引の困難さ，模倣・代替の不完全性が指摘されるのである。すなわち持続的競争優位の基盤となる資産（戦略的資産）は，市場取引により入手できず，不完全にしか模倣できない資産，不完全にしか代替できない資産である。

先に言及したように，資産（資源）が企業に持続的競争優位をもたらすためには，それが模倣困難でなければならないことは，他の研究者によっても指摘されている。たとえば前節で述べたように，バーニー（2002）によれば，事業への利用価値があり，希少な経営資源は有効な戦略の土台となるものの，競合企業が直接的複製か代替によってこの戦略遂行に必要な経営資源そのもの，もしくはその同等物を入手することができる場合には，その資源による競争優位は持続しない。「時間の経過とともに，競合企業が競争に必要な経営資源を模倣するにつれ，先行企業が得たいかなる競争優位も雲散霧消してしまう」(Barney, 2002, pp.173－174；邦訳上巻, p.273) のである。

マルキデス＝ウィリアムソンの立場では，これと同様に，容易に取引しうる資産も持続的な競争優位の基盤とはならない。また合併や提携により即座に低コストで入手できる資産も，短期的な競争優位の形成に貢献するだけである。市場取引で入手できず，不完全にしか模倣・代替できないということが，資産が戦略的に大きな価値を持つための条件，持続的な競争優位の基盤となる条件なのである。そしてこのような資産の最も重要な源泉は，内部的な蓄積である。

内部蓄積は，保有資産の維持にも重要な役割を果たす。つまり当初あったブランドや技術的なノウハウのような資産も，その後の内部的な蓄積により増強されないと，競争優位の源泉としての効力を失っていく。

合併や提携で資産を追加しても，その資産が自社の市場に適合しているとは

限らない。それに対し，内部的な蓄積は，市場特殊的（market-specific）資産を形成することができる。そして戦略的資産の初期的ストックがどのようなものであれ，「企業の長期的な競争優位は，市場特殊的な要求に戦略的資産を絶えず適合させ，既存市場あるいは新市場で利益を獲得できる戦略的資産を創造する能力があるか否かに大きくかかっている」(Markides & Williamson, ibid., p. 152)。

もしこのような資産蓄積のプロセスが単純構造的で，低費用で構築したりスピードアップさせられるならば，資産面で初期的に優位にあった企業がその優位を維持することは難しい。このことは，マルキデス＝ウィリアムソン（1994）よりも先に，ディーリック＝クール（1989）により示唆されている（Dierickx & Cool, 1989, p. 1507）。

もっとも彼らによれば，資産面でのリーダーを追いかける際には，実際には以下のような障害があるという（Dierickx & Cool, ibid., pp. 1507-1509）。第1に，時間制約の不経済（time compression diseconomies）で，同じ資産を蓄積する際に，時間の制約があるとより高いコストがかかるというものである。第2に，資産の大保有効率性（asset mass efficiencies）で，同じ量の資産を追加する際に，資産保有量の大きい企業ほど低コストで追加できるという障害（効果）である。第3に，資産の相互結合性（interconnectedness of asset stocks）で，ある資産を蓄積する際に，それと補完的な関係にある資産を欠いていると，蓄積のコストが大きくなるという障害である。第4に，蓄積因果関係のあいまいさ（causal ambiguity）で，資産の蓄積に特殊な要素，特殊なプロセスが必要であるが，それが不明確であるという障害である。

（2）コンピタンスと戦略的資産

企業が従来と異なる事業領域に参入した場合，程度の差はあれ当初は前項で述べたような資産蓄積の障害に直面する。しかし企業，特に多角化企業のなかには，資産創造に関する優れたコンピタンス，すなわち顧客価値を創出するための市場特殊資産を素早く形成できるようなコンピタンスを保有している企業

もある。そのようなコンピタンスは，これらの障害の克服に機能すると考えられる。

　この点について，マルキデス＝ウィリアムソン（1994）は次のように述べている。「ある市場に新規参入した多角化企業は，遅れて参入したことによるハンディキャップに当初直面することになる。しかし保有するコア・コンピタンスを展開することにより，障害を克服することができる。事業間に横たわるコア・コンピタンスを適切に展開することにより，そのようなコンピタンスのない競合企業よりも低費用で素早く，価値のある取引不可能な市場特殊資産を他のもので代替したり，模倣したり，創造することが可能である。たとえて言うならば，保有している根（root stock）により木を安く早く育てられるのである」(Markides & Williamson, 1994, p. 153)。

　このような戦略的資産の蓄積と創造において，コンピタンスはどのような機能を担うのであろうか。マルキデス＝ウィリアムソンはこの点について，「コンピタンスは戦略的資産の蓄積プロセスにおける潜在的触媒（potential catalysts）である」(Markides & Williamson, ibid., p. 153) と述べている。また「コンピタンスは，合併や提携で入手したSBUの戦略的資産を統合したり，自社の市場に適合的にするプロセスにおいても触媒の作用を果たす」(Markides & Williamson, ibid., p. 153) という。

　ただし，既存ビジネスあるいは新ビジネスにおいて資産蓄積の触媒の役割を果たすコンピタンスがすべて，SBUの競争優位性向上に貢献するとは限らない。ディーラー網構築に関する本田技研のコンピタンスは，芝刈り機という新製品のディーラー網を低コストで構築する際に役立った。しかし競合他社が外部流通網と効率的な契約を交わせたとしたら，ディーラー網構築のコンピタンスが芝刈り機事業の競争優位構築に及ぼす貢献は小さかったことになる(Markides & Williamson, ibid., p. 154)。つまり資産と同様に，コンピタンスが戦略的に大きな価値を持つためには，自社に持続的な競争優位をもたらさねばならず，そのためには他社にとって入手や代替・模倣が困難でなければならないのである。

結論としてマルキデス＝ウィリアムソンは、持続的競争優位を形成するために企業内の事業間でコンピタンスを移転する際には、次の2つの条件を充足する必要があるだろうとしている（Markides & Williamson, ibid., p.155）。

第1に、社外からコンピタンスを導入することが難しいため、社内で移転するのが効果的であるということである。すなわち簡単に外部から入手できるようなコンピタンスならば、事業横断的にそれを活用しても、当該企業には持続的な競争優位をもたらさない。

第2に、コンピタンスが、蓄積すると時間がかかるかあるいは費用が高くなる市場特殊資産を創造する触媒となることができるということである。このようなコンピタンスを保有している企業は前述した資産蓄積の障害を克服できるため、業界全体で多角化戦略が一般化している状況では強固で持続的な競争優位を形成できる。つまりそのようなコンピタンスがあれば、業界全体の頂点に立つことさえ不可能ではないし、少なくとも多角化戦略をとる企業同士の競争においては長期的に優位に立てるのである。

第5節　コア・コンピタンスと資源のレバレッジ

（1）企業とコア・コンピタンス

5章までで述べてきたように、企業間競争はドメインを設定したうえで、ポジションと収益を規定する競争上の関係をめぐって争われるものである。これに対し、ハメル＝プラハラード（1994）は、「企業間の競争は市場でのポジションや関係をめぐる争いであると同様に、企業力の習得をめぐる競争でもある」としている（Hamel & Prahalad, 1994, p.203；邦訳, p.259）。そして企業力すなわち企業の能力ないしコンピタンスとは、「個別のスキルや技術を指すのではなくて、むしろそれらを束ねたものである」（Hamel & Prahalad, ibid., p.202；邦訳, p.258）と定義されている。

2章で述べたように、ドメインは企業の重要なアイデンティティとみることができるが、ハメル＝プラハラードは、未来に向かって企業を成長させるため

には，企業の中心的アイデンティティをドメインではなく，能力，特にその企業の事業活動を根底で支えている能力，あるいは顧客に高い付加価値を提供しうるその企業にとっての中核的な能力である「コア・コンピタンス」とする必要があると説いている。たとえばアップルコンピュータの「ユーザフレンドリー化」，ソニーの「ポケットサイズ化」，モトローラの「コードレス化」は，そのような企業の中核的能力，コア・コンピタンスの典型例であるという (Hamel & Prahalad, ibid., p. 83；邦訳, p. 108)。

厳密には，ハメル＝プラハラードの言うコア・コンピタンスとは，どのような能力を言うのだろうか。彼らは企業の能力をコア・コンピタンスとみなせる条件として，次の3つをあげている (Hamel & Prahalad, ibid., pp. 204 − 206；邦訳, pp. 260 − 264)。

第1に，コア・コンピタンスは，顧客に認知される価値を他の何よりも高めなければならない。換言すれば，その能力があるから企業は極めて高い付加価値を顧客に提供できるというものでなければならない。

第2に，コアの企業力として認められるためには，他社にはあまりみられないユニークな能力，独自性の強い能力である必要がある。逆に言えば，どの企業にもみられる能力，業界のどこにでもあるような能力はコア・コンピタンスとはみなせない。その企業ならではの能力というものでなければならない。[19]

第3に，その企業力に基づき，新製品や新サービスの具体的なイメージが描けなければならない。言い換えれば，コア・コンピタンスの1つの重要な機能は，新製品・新市場への参入の基礎を形成するということである。

そして彼らによれば，「未来のための競争に勝利するには，ビジネスチャンスの限界を広げる力が必要である。そのためには，経営トップは会社を個々の事業部の集まりというよりも，企業力の集まりと考える必要がある。事業部は

---

[19] 2節で述べたように，エイベル (1993) はコンピタンスの中核性と独自性を区別している (Abell, 1993, p. 118；邦訳, p. 144)。

概して特定の商品と市場との組合せで考えられるが,コア・コンピタンスはもっと広い意味の顧客にとっての付加価値を意味している」(Hamel & Prahalad, ibid., p. 83；邦訳, pp. 107 – 108)。そして市場は成熟するが,コア・コンピタンスは市場を超えて伸びるから,企業は持続的成長を目ざすならば,自社をコア・コンピタンスで定義する方がよいという。換言すれば,「特定の製品と市場のセットで自社を定義してしまう企業は,自社の運命を市場の運命に縛りつけてしまうことになる」(Hamel & Prahalad, ibid., p. 83；邦訳, p. 108)。[20]

また彼らによれば,企業が未来に向けて成長するためには,経営資源の動員と効率的利用,それを促すための野心的目標が必要である。企業の成長力を規定する大きな要因は,経営資源そのものではなく,このように資源を効率的に動員し利用する能力とナレッジである。すなわち,「スタート時点での経営資源は未来の業界のリーダーを予測するのにはあまり参考にならない。山のように資金に恵まれ,優れた人材をふんだんに抱えていても,その優位性自体を失ってしまうこともある。同様に,経営資源の点では大ハンディキャップを負っていても,それを乗り越えて産業の主導権を握るまでに昇りつめることもある」(Hamel & Prahalad, ibid., p. 128；邦訳, pp. 166 – 167)。

換言すれば,発足当初から資源が豊富にあるに越したことはないが,資源が限られていても,これを活用する優れた能力があれば,企業は高い収益をあげることができる。そしてそのような能力により長期的に高収益を維持できれば,その収益によって資源を充実させることもできるのである。

さらには資源の動員・利用と蓄積は密接に関連しており,これを利用せずに放置しておいたり,利用を特定の狭い目的だけに限定していると,蓄積が進ま

---

[20] 最終製品を過度に重視することの危険性について,ハメル=プラハラードは次のように述べている。「最終製品しか目に入らない企業には,将来の成長の推進力となる新しいコア・コンピタンスに適切な投資を行うことはできないだろう。明日の成長は今日どれだけ企業力を築くことができるかにかかっている。新しいコア・コンピタンスへの投資が,実は明日の製品を収穫するための種まきになる」(Hamel & Prahalad, 1994, p. 222；邦訳, p. 284)。

ないということもある。資源の蓄積には活用しながら増やしたり価値を高めるという側面があり，有効利用や柔軟な活用がなされないとこれが陳腐化したり，消失したりしかねない。資源を増強するためには，少量の資源をやりくりし，最大の効果を引き出すべくこれを活用するということ，ある使用目的に向いた資源をその目的での使用にとどめず必要かつ可能ならば別の目的に応用するということ，そしてこれらを通じてその能力や用途を開発し広げるということも重要なのである。

　このようなやりくりの能力があれば，最初に賦与された資源は少なくとも，やりくりして活用する過程で資源は蓄積していく。したがって，「未来にたどり着くスピードは，経営資源そのものよりも経営資源をやりくりする知恵の関数で導き出される」(Hamel & Prahalad, *ibid.*, p. 128；邦訳, p. 167) ことになる。この経営資源をやりくりする知恵や能力がコンピタンスの重要な内容であり，そのような本質を持つコンピタンスのうち前述した3つの特性を備えたものがコア・コンピタンスなのである。

(2) コア・コンピタンスの獲得

　このようなコア・コンピタンスはどのように獲得されるのだろうか。前節で紹介したマルキデス＝ウィリアムソン (1994) によれば，コンピタンスの取引機構として市場は非効率であり，売買することも難しい。そのような市場取引で取得されるコンピタンスもなくはないが，それは戦略的価値の小さいコンピタンスである (Markides & Williamson, 1994, p. 153)。

　後に述べるように，企業のマネジャーや従業員は職務遂行の過程で，日々何らかの経験をしている。そういう意味で企業は経験の貯水池である。そのような経験から，企業のメンバーはナレッジや能力を蓄積する。

　ただし，このようにラーニング・バイ・ドゥーイングを通じて一事業部門で発展していく独自的なコンピタンスは，他の事業における資産蓄積の触媒になる可能性を秘めてはいるものの，その事業部門に閉じこめられ続ける可能性もある。そのためマルキデス＝ウィリアムソンは，コンピタンスを移転し事業横

断的に利用するには，内部的な導管（conduits）を設ける必要があるとしている。たとえば複数の事業部門からメンバーが出て結成される，いわゆるタスク・フォースはそのような役割を果たすという（Markides & Williamson, ibid., pp. 153-154）。コンピタンスは個々のメンバー，個々のSBUにおいて形成されるのであり，それを企業としてのコンピタンスにするためには，意識的に組織的共有を図らなければならないのである。

このように，事業活動にはナレッジや能力を蓄積するプロセスという側面があり，個々の組織メンバーに蓄積されたそのようなナレッジや能力が組織的に共有されることにより，企業のコンピタンスになると考えられる。そのうち，その企業にとって中核的なものがコア・コンピタンスなのである。

一方，マグラス＝マクミラン＝ヴェンカタラマン（1995）によれば，コンピタンスとは確実かつ継続的に目標を達成するか目標以上の成果をあげる（meet or exceed objectives）能力であり，その中核をなすのは資源を結合する能力である。そしてこれは新事業への進出の際に形成され，その後，当該企業にとって競争優位の基盤となる。

より具体的には彼女らによれば，企業で新しいコンピタンスが形成されるのは，主として新事業への進出，すなわち新しい製品・市場・技術を現在のレパートリーに加えるプロセスにおいてである。このような新事業への進出は，新しい資源の獲得と結合，既存の資源の再配置を必要とする。企業は保有するコンピタンスによりこれらを行う（McGrath, MacMillan & Venkataraman, 1995, pp. 252-253）。

一方では，競合企業の築いた参入障壁やこれによる様々な妨害のために，新事業への進出は一般的には相当の困難をともなう。企業はこのような障害を克服する過程で，コンピタンスを増強する（McGrath, et al., ibid., p. 254）。新事業への参入における資源結合と障害克服のプロセスでコンピタンスが蓄積される一方，コンピタンスの裏づけのない新事業参入は資源結合が適切になされないために失敗するし，また新事業参入においてコンピタンスが蓄積されないとその参入は当該企業に競争優位をもたらさないのである。

そしてコンピタンスの増強に積極的な役割を果たすのは，学習や気づき（comprehension），相互信頼に裏打ちされた協働（deftness）つまりチームワークである。換言すれば，気づきと信頼感のある協働が，コンピタンス蓄積の先行要因（antecedents）なのである（McGrath, et al., *ibid.*, pp. 255 – 256）。

同様に，バーニー（2002）によれば，企業にとってコア・コンピタンスを蓄積する最大の機会は，多角化であるという。彼の立場では，コア・コンピタンスは多角化の土台となる一方，多角化がコア・コンピタンスの蓄積を促す。

この点について，彼は次のように述べている。「企業が多角化戦略を何度か繰り返す際に，複数の事業を成功に導いた経営資源やケイパビリティは，その企業のコア・コンピタンスである。コア・コンピタンスとは，企業がこれまでの事業で培った技術，経営知識や経験・知恵などを新たな多角化事業に移転し，適用することで形成される」（Barney, 2002, p. 417；邦訳下巻, p. 79）。[21]

（3）資源のレバレッジ

ハメル＝プラハラード（1994）は，前述したように資源を活用する能力とナレッジの重要性を指摘した後，企業は最大の効果を引き出すべく経営資源を活用しつつ，資源の増殖を図らなければならないとしている。このように最大限

---

[21] バーニー（2002）は，ケイパビリティ（コア・コンピタンス）が多角化の土台となる一方，多角化がケイパビリティの蓄積を促すという関係をより具体的には次のように説明している。「既存事業における経営資源やケイパビリティを活用して多角化を進めようとする企業は，これらを持たない企業が新規に事業を始める場合に比べ，よりコスト優位に立つか，より多くの売上を得るか，もしくはその両方であろう。この企業が既存事業での経営資源やケイパビリティを新事業で活用できるような組織体制を整えられる限り，既存事業での標準を上回る利益とともに，新規事業においても『標準を上回る利益』を得ることになろう。もちろん，この既存の経営資源に基づいて新規事業を始めた企業も，新規事業の遂行過程で新たな経営資源やケイパビリティを内部開発し蓄積する可能性は大いにある。こうした新たな開発によって，この企業がさらにまた次の新事業へと移転していく経営資源やケイパビリティを蓄積する」（Barney, 2002, pp. 416 – 417；邦訳下巻, p. 79）。

有効に活用しつつ資源を増殖することを彼らは，資源のレバレッジ（leverage）と名付けたうえで，その要点として，「（1）カギとなる戦略上の目標に経営資源を効率的に集中すること，（2）より効率よく経営資源を集積すること，（3）高い価値の創造をめざしてある経営資源を別の経営資源で補完すること，（4）可能な限り資源を保守すること，それに（5）経営資源をできるだけ短時間に回収すること」(Hamel & Prahalad, 1994, p.160；邦訳, p.203) をあげている。

より具体的には，第1に，企業は経営資源をコア・コンピタンスに集中投下することで投資の成果を大きくできるし，また集中投下は資源の蓄積・補完・保守を容易にする。換言すれば，「焦点を集中させると経営資源が希薄になるのを防ぐことができる」(Hamel & Prahalad, *ibid.*, p.162；邦訳, p.205) が，分散させると投資効果が低くなり蓄積・補完・保守にもマイナスに作用する。[22]

第2に，資源の活用過程である事業活動を改善することにより，資源の浪費が少なくなり，より効率的に資源を集積することが可能となる。別の言い方をすれば，事業活動を合理的にすることにより投入資源を無駄なく活用して産出を最大化する努力が必要なのである。そして企業は日々蓄積している経験から事業活動の改善につながるナレッジを掘り起こさなければならない。実際，毎日従業員は顧客と接触し，市場についての情報を入手し，新しい問題解決策を探っているということを考えると，企業は経験の貯水池とみなすことができる。ただし企業には，経験を積むたびにそれらを生かせる企業と，生かせない企業

---

[22] コア・コンピタンスへの資源の集中投下は，コアでないコンピタンスの外部調達を促す。したがって，コア・コンピタンス重視とアウトソーシングの流れは表裏一体をなすと考えられる。言い換えれば，コア・コンピタンスの育成という観点で行われるのが本来のアウトソーシングである。これを単に内部の能力・資源が不足しているからという理由で行うと，短期的な利益は得られても，持続的な競争優位の基盤強化といった長期的利益は得られない。外部の能力と資源を有効に活用できなければ，今日の激しく変化する環境のもとで事業開発はできないが，優れたコア・コンピタンス，ケイパビリティを保有せずに外部の能力・資源を活用することばかり考えている企業のビジネス・システム，ビジネス・モデルは短期間に模倣されやすく，アウトソーシングが持続的競争優位の形成につながることは少ない（小川, 2003, p.18）。

がある。「積み重ねられていく経験から改善と刷新のアイデアを掘り起こしていく能力は，経営資源のレバレッジには不可欠である」(Hamel & Prahalad, *ibid.*, p. 165；邦訳, p. 209)。

　第3に，「資源のレバレッジは，異なる経営資源を合わせて価値を倍増させることができるかどうかにもかかっている」(Hamel & Prahalad, *ibid.*, p. 168；邦訳, p. 213)。すなわち複数の経営資源を補完，ブレンド（調合）させることで，企業はより高い価値を持つ資源を入手しうる。

　第4に，企業は資源増殖のために現在ある資源，資源を活用するスキルや能力を保存する必要がある。ただしこれは資源，スキルや能力を使わずにおくという意味ではない。前にも触れたように積極的に活用し，その有効性と熟練度を高めること，またその可能性を広げることが，これらの保存につながる。すなわちスキルと能力に関して言えば，「今あるスキルや能力をたびたび再利用すればするほど，経営資源のレバレッジの効果も大きくなる」(Hamel & Prahalad, *ibid.*, p. 171；邦訳, p. 217)。

　第5に，経営資源を事業に投下してから収益の形で回収するまでの時間が，資源増殖の効率を左右する。端的に言えば，「迅速に回収できると経営資源は倍増する」(Hamel & Prahalad, *ibid.*, p. 174；邦訳, p. 221)。資源投入量が同じでも，回収期間が他社に比べて短い企業は，レバレッジの効果が大きくなる。したがって，資源投下の成果を早く回収することが企業にとって重要となる。

(4) コア・コンピタンス軽視の危険性

　コア・コンピタンスの機能を理解しその重要性を認識すること，自己のコア・コンピタンスを保持し育成する意義を認識することは，企業が存続し成長するうえで極めて大切である。というのはこれらの認識の欠如は，自己のコンピタンスを危険にさらすような意思決定，存続と成長の基盤を脆弱にしてしまうような経営行動を招くからである。そして実際，往々にしてこのことにより企業の長期的な存続性と成長性は低下する。言い換えれば，コア・コンピタンスの軽視は，未来に向かって成長する企業の能力や可能性を色々な形で奪う。

たとえばコンピタンスの重要性を認識していないと，これに配慮することなく，分社化や事業部制導入などによる事業分割を安易に行って，コア・コンピタンスを破壊することになる。この点について，ハメル＝プラハラードは，「会社がどんどん小さな事業単位に分割されていくのに従って（最近はこれが流行だが），企業力も細かく砕かれて弱まっていくだろう。事業単位を細かく分けると，複数の事業部にわたる取り組みが難しくなったり，学習の積み重ねのスピードが遅くなるかもしれない」(Hamel & Prahalad, *ibid.*, p. 222；邦訳, p. 284, （ ）内の補足はハメル＝プラハラードによる）と，警告を発している。

またコア・コンピタンスの形成と高度化には長大な時間と努力が必要なため，その意義が本当に理解されていないと，管理者は無思慮にコア・コンピタンスやコア商品のアウトソーシングを行ってしまう。すなわち，「コア・コンピタンスを展望しないと，コアとなる商品をどんどん外部の供給に頼るようになることに鈍感な企業になってしまう。ブランドのマーケットシェアしか目に入らない管理職には，自社の能力構築のために投資するよりも，競争相手の企業力を借りた方が得策と思えるかもしれない」(Hamel & Prahalad, *ibid.*, p. 222；邦訳, p. 284)。つまり，ある種のコンピタンスは内部で形成しなくとも，外部から調達することもできる。しかしこれは，「企業力を高めるには危険な近道であることが多い」(Hamel & Prahalad, *ibid.*, p. 222；邦訳, p. 284)。

前にも言及したように，コア・コンピタンスは，企業が他の業界や市場へ新規参入する際の基盤となる。コア・コンピタンスを軽視している企業は往々にして，コア・コンピタンスにこの機能があることに気づかない。そのために，他の市場で形成したコア・コンピタンスをもって，自社の市場に新規参入してくる他企業を見て驚く。コア・コンピタンス軽視の企業は，「競争相手が既存の市場で築いたコア・コンピタンスを別の市場への参入に使うことは，あまり予想していない」(Hamel & Prahalad, *ibid.*, p. 222；邦訳, p. 285)のである。

換言すれば，多角化は投資ポートフォリオの最適化により生ずるものとみなされがちだが，資源アプローチに立てばこの見方は一面的である。このような資源アプローチの立場を青島・加藤 (2003) は，次のように説明している。

「多角化は，投資ポートフォリオの最適化の結果ではない。各事業は，中核技術を共有するという点で，相互に密接に関係している。多角化とは，そうした中核の技術なり組織能力を展開した結果である。事業の選択が先にあるのではない。中核能力の蓄積が先にくる。事業はあくまで能力を応用した結果である」（青島・加藤，2003, pp.90-91）。

　端的に言えば，コア・コンピタンスの重要性を認識し，これを有効活用しようとする企業だけが，これを土台として多角化を成功裏に進めることができる。コア・コンピタンスを有効活用するという意識と努力が多角化をもたらし，そして多角化がさらなるコア・コンピタンスの蓄積を促すのである。

　さらにコア・コンピタンスを軽視している企業は，事業を切り捨てる際にコンピタンスも捨てることになるということに意識が及ばない。したがって採算だけで事業の存続可否を判断し，コンピタンスに関する長期的視点や他の事業への影響を念頭に置かずに，収益のあがらない事業を清算したり放出する。すなわちコンピタンスの重要性が理解できていない企業は，「不採算事業を捨てたときに価値あるスキルも知らず知らずのうちに手放している」（Hamel & Prahalad, ibid., pp.222-224；邦訳，p.285）ということに，思い至らない。

第6節　資源と能力の柔軟性および汎用性

　前節ではコア・コンピタンスの積極的機能，企業の存続・成長基盤としての肯定的側面について述べたが，レオナード・バートン（1992）はコア・ケイパビリティ（コア・コンピタンス）の逆機能を指摘している。

　彼女はナレッジ・ベースビューに立脚し，企業のコア・ケイパビリティを競争優位の基盤となるナレッジのセットと考えた。具体的にはこれは，第1に従業員のナレッジとスキル，第2にそれらが埋め込まれた技術システム，第3にナレッジを創造しコントロールするマネジメント・システム，第4にナレッジおよびナレッジ創造プロセスに内在する価値観と規範からなる（Leonard-Barton, 1992, p.113）。

これらは相互作用を持ち，事業活動における様々な行為の蓄積，および過去の成功に基づく信念を反映したナレッジ・システムをなす。したがってコア・ケイパビリティはいわば企業活動の遺産とみなせる。そしてそれはユニークであれば競合他社に容易に模倣されない（Leonard-Barton, *ibid.*, p. 114）。

このようなコア・ケイパビリティには，多くの研究者が指摘しているように，新製品開発や新市場参入の基盤となるといった積極的側面（up side）がある。しかしある状況で使用価値の高かったコア・ケイパビリティが，別の状況でそうなるとは限らない。能力はある用途に関して伸張し，使用価値が高まると，別の用途には使いにくくなることがある。別の言い方をすれば，特殊性が増すと色々な用途に使うということが困難になり，汎用性が低下するのである。

このようなことから，コア・ケイパビリティも用途が特殊性を増すと，往々にしてそれは組織にとって中核的能力ではなく中核的硬直性（core rigidities）になってしまう。たとえば古くから蓄積されてきたナレッジやスキル，技術システム，マネジメント・システム，価値観や規範も，新しい製品開発プロジェクトにおいては中核的硬直性として機能することが少なくない。

ある産業においてリーダーとなった企業が別の産業でそうなるとは限らない1つの理由は，この中核的硬直性にある。たとえばコンピュータ産業でリーダーであったヒューレット・パッカードがソフトウェア産業で苦戦したのは，コンピュータ産業で機能したコア・ケイパビリティがソフトウェア開発においては中核的硬直性，コア・リジディティとなってしまったためである（Leonard-Barton, *ibid.*, pp. 118 – 119）。

一方，ゲマワット＝デルソル（1998）によれば，資源は必ずしも特殊な用途を持つ必要はない。すなわち企業に関する特殊性と用途の特殊性は異なる。企業ごとに資源が特殊（独自）であることと，資源の用途が特殊であることは明確に区別されなければならないのである。そして自社に特有な資源を持つことは持続的競争優位を構築するうえで重要であるが，必ずしもその資源が特殊な用途を持つ必要はないし，むしろ資源の柔軟性が高いことの価値を認識した方がよいという。

彼らによれば，資源は企業と用途の両方に関する柔軟性・特殊性により，大きく4つに分類される。すなわち企業と用途に関し柔軟な資源，企業に柔軟だが用途が特殊な資源，企業に特殊だが用途が柔軟な資源，企業と用途に関し特殊な資源である（Ghemawat & del Sol, 1998, pp. 30-31）。

　特殊な資源というのは，特定の使用目的に方向付けられている資源であるが，見方を変えれば環境状態（state of the world）の一部分で非常に大きな価値を持つ資源である。一方，柔軟な資源は特定状態における価値は特殊資源より小さいものの，幅広い環境状態で大きな価値を持つ資源である。そして企業はそのような柔軟な資源の価値を認識する必要があるという（Ghemawat & del Sol, ibid., p. 38）。

　このように企業は単に資源と能力を蓄積するのではなく，柔軟性の高い資源と能力を蓄積し，また保有している資源と能力の柔軟性を維持する必要がある。資源と能力が柔軟であれば，それが中核的硬直性になるリスクが小さくなるからである。またこれらに高い柔軟性があれば，汎用性が高く，幅広い環境状態で価値を持つことになる。

　たとえば工場に関して言えば，様々な環境で生産の効率性を維持するためには，少なくとも一定比率の工具を多能工化しておくことが重要となる。すなわち工場では，色々な作業を行うナレッジやスキルを持った工具，様々な問題や異常事態に対応できるケイパビリティを備えた工具を育成することが，柔軟性・汎用性の高い資源と能力を蓄積することにつながる。[23]

　1章で述べたように今日，企業環境は不連続的に変化する。このため，環境が変化した後，次にどのような資源と能力が必要になるのかは事前にわからないことが多い。そのような状況で必要なのは，このような柔軟性と汎用性が高い資源・能力なのである。

---

[23] 現場のチームワークによって常に改善を行い，製品を最適化するために部品や設備をそのつど特殊設計するような「統合型ものづくりシステム」においては，工具の多能工化が特に重要となる（藤本，2004, p. 315）。

第7節　資源アプローチによる戦略策定

(1) 戦略策定と資源および能力

　グラント (1991) によれば，1990年以前の経営戦略論では戦略と外部環境の適合性が重視され，それとは対照的に，「戦略とその企業の資源およびスキルの関係が軽視されていた」(Grant, 1991, p. 114)。しかしながら，戦略策定においてはむしろ保有している資源と能力を考慮することが重要であるという。

　グラントによれば，資源と能力に基礎を置いた場合，企業の戦略策定は5段階の活動により構成されることになる。すなわち自社が持つ資源基盤の分析，組織能力の評価，資源および組織能力が有する収益獲得力の分析，戦略の設計，そして保有する資源と能力の蓄積および高度化である (図表6－1)。

　資源と能力に基礎を置く戦略策定の第1段階は，資源基盤の分析，すなわち自社が保有する資源の把握である。2節でも紹介したように彼によれば，資源には財務的資源，物理的資源，人的資源，技術的資源，評判 (reputation)，組織的資源の6カテゴリーがある。そしてこのなかには，貸借対照表に載るような有形資源もあれば，金銭的評価が難しくこれに載せられない無形資源もある。保有資源により高い収益性を確保するために，有形資源のみならずこのような無形資源も念頭において，「資源利用の経済性を高める機会としてどのようなものがあるか」，「保有資源を集中的に使って利益率を高くする可能性としてどのようなものがあるか」を考えなければならない (Grant, *ibid.*, p. 119)。

　第2段階は，組織能力の見極めと評価である。「企業の組織能力とは，資源を総体として動かす能力である」(Grant, *ibid.*, p. 120)。企業はこれにより製品を開発，生産，販売し，顧客価値を創造する。5節で述べたように，ハメル＝プラハラード (1994) はこのような組織能力のうち，その企業にとって中核的で，独自性の強いものをコア・コンピタンスと呼んだ。この段階における本質的職務は，「競合他社が有する組織能力と比較して，自社の組織能力を評価することである」(Grant, *ibid.*, p. 121)。戦略は競合者と比べて強みである組織能

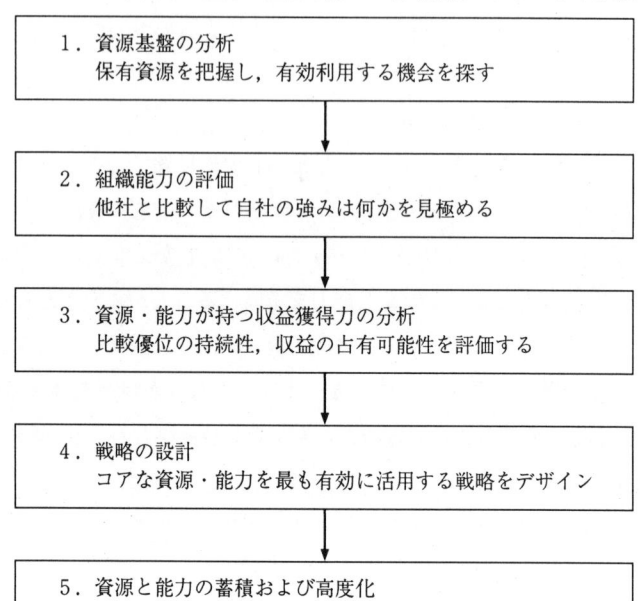

図表6−1　資源と能力に基礎を置いた戦略策定：グラントの枠組

```
┌─────────────────────────────────────┐
│ 1．資源基盤の分析                    │
│    保有資源を把握し，有効利用する機会を探す │
└─────────────────────────────────────┘
                  ↓
┌─────────────────────────────────────┐
│ 2．組織能力の評価                    │
│    他社と比較して自社の強みは何かを見極める │
└─────────────────────────────────────┘
                  ↓
┌─────────────────────────────────────┐
│ 3．資源・能力が持つ収益獲得力の分析       │
│    比較優位の持続性，収益の占有可能性を評価する │
└─────────────────────────────────────┘
                  ↓
┌─────────────────────────────────────┐
│ 4．戦略の設計                        │
│    コアな資源・能力を最も有効に活用する戦略をデザイン │
└─────────────────────────────────────┘
                  ↓
┌─────────────────────────────────────┐
│ 5．資源と能力の蓄積および高度化          │
│    資源ギャップを埋め，能力を高め，絶えず両者を蓄積 │
└─────────────────────────────────────┘
```

（出所）Grant, 1991, p. 114を参考に筆者作成。

力を活かすようなものであるとき，有効性が高くなる。

　第3段階として，資源と能力の潜在的収益獲得力が評価されなければならない。そして，「企業の資源と能力から生じる収益は，2つの要因の影響を受ける。1つは資源および能力が有する比較優位の持続性で，もう1つは資源と能力から得られる収益を専有できる度合である」(Grant, *ibid.*, p. 123)。

　グラントの立場では，資源と組織能力が有する比較優位の持続性は，それらの耐久性（durability），他企業からみた透明性（transparency），移転可能性（transferability），複製可能性（replicability）に規定される (Grant, *ibid.*, pp. 124−127)。すなわち資源と組織能力が陳腐化したり消失しやすいと，それらの比較優位性，他社と比べての相対的優位性が低下しやすい。また資源と能力が単純で，透明性が高いと他社に早期に模倣され優位性が失われやすいが，多

様な資源の複雑なパターンおよびそれを活用する組織能力は模倣されにくく，優位性が持続しやすい。そして資源あるいは能力の企業間移転が容易であると，それらの比較優位性は失われやすいが，地理的な移動ができない，あるいは企業特殊性がある（firm-specific）資源と能力は移転されにくく，優位が持続的になる。さらにスキルやナレッジの相互作用であるような能力，高度に複雑な組織的業務やシステムを土台とする能力，能力と資源の間にあるダイナミクスは複製されにくく，優位が持続しやすい。

　第3段階では，資源と能力から得られる収益の専有可能性も評価される必要がある。たとえば関連特許の一部が他社に握られている場合には，収益のすべてが自社にもたらされるとは限らないし，個人に属する技能の場合，その個人が他社に移れば技能もそれから生ずる利益も移転する。したがって資源と能力によってもたらされる収益のうち，どれ位が自社に帰属することになるかが，評価されなければならない。

　第4段階は，戦略の設計である。企業にとって最も重要な資源および能力は，耐久性があり，見極めたり理解することが難しく，移転しにくく，容易に複製できないという性質を備え，かつ所有権が自社に属していて収益を専有できる資源・能力である。このような資源と能力は戦略の策定と遂行において中心的な役割を果たす。「戦略策定の本質は，このようなコアな資源および能力を最も有効に活用する戦略をデザインするということである」(Grant, *ibid.*, p.129)。

　第5段階は，資源ギャップの充足と能力の高度化，両者の絶え間ない蓄積である。すなわち，「経営戦略の資源ベースアプローチは現在保有している資源を展開することだけでなく，その企業の資源基盤を発展させることにも関連した枠組である」(Grant, *ibid.*, p.131)。能力に関しても同様のことが言える。そして能力は繰り返しの活用によって熟達度が高まり，より完全となる。すなわち特定戦略の遂行に実際に活用されることで能力は発展するし，また特に製品の範囲を拡大する基礎として機能するような組織能力は関連多角化戦略を成功裏に進める過程で発展する。

以上のようなグラント（1991）の研究は，資源アプローチのパイオニア的研究と位置づけられる。そしてここには，その後の資源アプローチで顕著となる2つの特徴がすでに現れている。それは，資源と能力の活用と並行したそれらの蓄積・高度化の重視（1章で述べたデュアル・ストラテジーの立場），戦略基盤としての無形資源の重視である。

逆に言えば，グラント（1991）の研究は，資源アプローチにおける資源と能力の蓄積・高度化を重視する流れと，無形資源重視の流れをつくる1つの契機となった研究であると言える。

ただしここでは，資源アプローチにおける戦略策定のフレームワークは示されているものの，この視座に立った場合，経営戦略の本質はどのように説明されるのかということには，ほとんど言及されていない。資源アプローチの立場からこのような経営戦略の本質に迫ったのが，次項で取りあげるコリス＝モンゴメリー（1998a）の研究である。

（2）資源・事業・組織の連携

コリス＝モンゴメリー（1998a）によれば，従来の経営戦略論は，持続的競争優位を構築するうえで，有利なドメインとポジションすなわち「事業」の強み，有効な業務オペレーションすなわち「組織」がつくり出す強みが重要であると説いてきた。これに対し，持続的競争優位を構築するためには「資源」と能力の戦略的な活用・蓄積が重要であるとするのが，資源アプローチの立場である。

コリス＝モンゴメリーは，これら事業，組織，資源それぞれの強みももちろん重要であるが，これら3者の間にある関係性に，より大きな注意が払われなければならないと主張する。彼らによれば，6年間にわたり50企業を調査した結果，次のようなことがわかったという。「企業のなかにはコア・コンピタンスに意識を集中するものもあれば，事業ポートフォリオの再編成を行う企業もあるし，学習する組織の構築を試みる企業もある。各々の事例において経営者が焦点をあてているのは戦略の個別要素，すなわち資源，事業，組織である。

そこには，統合された全体にこれらを組み込む洞察（insight）が欠けている」(Collis & Montgomery, 1998a, p.72）。

企業は資源，事業，組織の単なる寄せ集めではない。有効な経営戦略は，3者を有機的に統合する洞察から生まれるし，優れた企業の優位性はこの洞察を有していることにある。すなわち，「卓越した経営戦略は個々の企業構成要素をランダムに集めたものではなく，注意深く組み立てられたこれらのシステムをなす。より有効な考え方は，そのようなシステムとしての経営戦略が能動的に，資源開発に関する経営者の意思決定，参入する事業，これを実際に運営する組織を方向付けるということである」(Collis & Montgomery, ibid., p.72）。本章1節で紹介した輿那原（2001）のことばを再び借りるならば，「企業全体としての価値を創造し，優位性を獲得する戦略を構築するには，資源，事業，組織という3要素に注目するだけでは不十分であり，それらが多元的に適合していることが絶対条件となる」のである（輿那原，2001, p.75）。

経営戦略が優れている企業では，資源，組織，事業の間に別図（図表6-2）のような連携関係が形成されている。すなわち保有資源が事業において重要な役割を果たすことにより，言い換えれば保有資源が事業においてその価値を実現することにより，競争優位が形成されている。また組織が保有資源を有効活用する能力を有していることにより，資源活用の効果的な調整と資源間シナジーの創出が実現している。そして組織が事業に適合的な評価システムと評価能力を持ち，それにより戦略的な事業統制が行われている。

従来の経営戦略論で重視されてきたのは，トライアングルの3つの「辺」を強化することである。すなわちこれまでは，資源，事業，組織の強みが企業に持続的競争優位をもたらすと考えられてきた。「より高質の資源，魅力ある産業における有利なポジション，効率的な経営組織」が持続的競争優位を導くとされてきたのである（Collis & Montgomery, ibid., p.72）。

しかし同様あるいはそれ以上に重視されなければならないのは，3つの「角」である。「保有資源が事業の成功に重要な役割を果たすとき，結果として競争優位がもたらされる。また組織が資源を事業において有効活用できるとき，シ

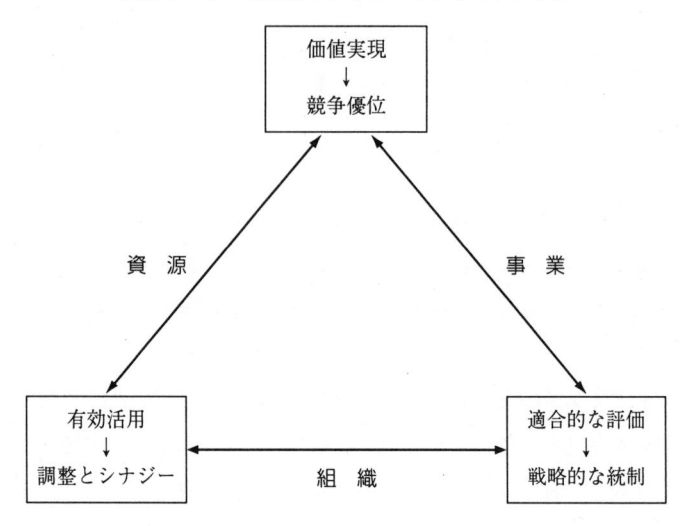

図表6-2 戦略的ファクターのトライアングル

```
              価値実現
                ↓
              競争優位
            ↗        ↖
         資源          事業
        ↙                ↘
  有効活用    ←組 織→    適合的な評価
    ↓                        ↓
  調整とシナジー            戦略的な統制
```

(出所) Collis & Montgomery, 1998a, p. 72を参考に筆者作成。

ナジーが得られ調整が達成される。そして（組織の有する）評価・報酬のシステムと事業との適合が戦略的な統制を生む」（Collis & Montgomery, *ibid.*, p. 72, （ ）内の補足は白石による)。

ただし企業は資源，事業，組織という3つの戦略要素を全く自由に形成したり，選択できるわけではない。このうち事業と組織は，保有している資源の性質によりかなりの影響を受けるという。すなわち保有する経営資源が，汎用性と特殊性という観点で概念化される資源の連続体系（continuum）においてどこに位置するかということが，その企業の事業範囲や組織デザインに強い影響を及ぼす。

具体的には，「特殊性の強い資源を有する企業は汎用性の高い資源を有する企業よりも，事業範囲は狭くなる。また資源が汎用的であるほど，企業は共有よりも移転によって効率的に資源を展開できる。そして保有資源の特殊性が強いほど，コントロールシステムを財務的統制中心ではなく一般業務の統制中心にすることの有効性が高まる。さらに保有資源が汎用的で，また共有する必要

が小さいほど，オフィス規模（間接部門）は小さくなる」(Collis & Montgomery, ibid., p. 73, ( ) 内の補足は白石による)。

50社に対する調査の結果，コリス＝モンゴメリーは次のような知見を得たとしている。「ほとんどの経営者が資源，事業，組織の連携関係を適切に構築していると思い込んでいる一方，実際にはそうなっていない。このような誤解によって，企業は類似性のある製品を土台とする事業経営に向かい，個々の事業の競争優位に貢献する資源の類似性は軽視されることになる。これは多くの企業に共通して見られる，そして高くつく過ち (costly mistake) である」(Collis & Montgomery, ibid., p. 73)。[24]

どの企業も異なる位置から出発し，異なるコンテキスト，異なる保有資源で経営を行っているから，ある企業で光り輝いた戦略が別の企業でもそうなるとは限らない。したがって，唯一最適の戦略というのはあり得ない。「その代わりに戦略策定のロジックとなるのは，経営戦略と，その企業が保有する資源および機会を内部的に整合させるということである」(Collis & Montgomery, ibid., p. 81)。

卓越した経営戦略は，保有資源の連続体系に沿って策定される。換言すれば，保有資源が連続体系のどこに位置するかによって有効な経営戦略は変わってくるから，そういう意味では成功にたどり着くには色々な道があることになる。

しかしながら，成功している企業には共通性がある。それは，「長年にわたって資源に意識的な投資を行い，保有資源の価値が最も高くなる事業に関する理解を深め，戦略を現実のものとする組織を入念につくり上げてきた」(Collis & Montgomery, ibid., p. 83) ということである。

---

[24] この指摘については，2章5節および本章4節で紹介したマルキデス＝ウィリアムソン (1994) の立場と相通ずるところがある。つまり彼らは事業の類似性を製品や市場の類似性ではなく，戦略的資産の類似性，さらには戦略的資産を形成するプロセスの類似性でみた方が，関連多角化はうまく行くと主張したのである。

引用文献
REFERENCE

Abell, Derek F. (1980) "Defining the Business: The Starting Point of Strategic Planning", Prentice-Hall, Englewood Cliffs, New Jersey(石井淳蔵訳『事業の定義:戦略計画の出発点』千倉書房,1984).

Abell, Derek F. (1993) "Managing with Dual Strategies", Free Press, New York(小林一・二瓶喜博訳『デュアル・ストラテジー:混迷の時代を生き抜く戦略』白桃書房,1995).

Abernathy, William J. and Kenneth Wayne (1974) 'Limits of the Learning Curve', *Harvard Business Review*, Vol. 52, September-October, pp. 109−119.

Alpert, Frank H. and Michael A. Kamins (1994) 'Pioneer Brand Advantage and Consumer Behavior: A Conceptual Framework and Propositional Inventory', *Journal of the Academy of Marketing Science*, Vol. 22, Summer, pp. 244−253.

Ansoff, H. Igor (1957) 'Strategies for Diversification', *Harvard Business Review*, Vol. 35, September-October, pp. 113−124.

Ansoff, H. Igor (1965) "Corporate Strategy", McGraw-Hill, New York(広田寿亮訳『企業戦略論』産業能率短期大学出版部,1969).

Anthony, Robert N. (1965) "Planning and Control Systems: A Framework for Analysis", Harvard University Press, Cambridge, Massachusetts(高橋吉之助訳『経営管理システムの基礎』ダイヤモンド社,1973).

青島矢一・加藤俊彦(2003)『競争戦略論』東洋経済新報社.

浅羽茂(1995)『競争と協力の戦略:業界標準をめぐる企業行動』有斐閣.

浅羽茂(2000)「ネットワーク外部性と競争戦略」,新宅純二郎・許斐義信・柴田高編『デファクト・スタンダードの本質:技術覇権競争の新展開』有斐閣,pp. 25−40.

Barnard, Chester I. (1938) "The Functions of the Executive", Harvard University Press, Cambridge, Massachusetts(山本安次郎・田杉競・飯野春樹訳『新訳・経営者の役割』ダイヤモンド社,1969).

Barney, Jay (2002) "Gaining and Sustaining Competitive Advantage" 2nd ed., Prentice‐Hall, Upper Saddle River, New Jersey(岡田正大訳『企業戦略論:競争優位の構築

と持続』上巻・中巻・下巻, ダイヤモンド社, 2003).
Beer, Stafford (1981) "Brain of the Firm: The Managerial Cybernetics of Organization" 2nd ed., Wiley, New York (宮沢光一監訳, 関谷章・梅沢豊・稲川和男・青井倫一・美添泰人・平館道子・川嶋辰彦・新家健精・廣松毅訳『企業組織の頭脳：経営のサイバネティクス』啓明社, 1987).
Besanko, David, David Dranove, Mark Shanley and Scott Schaefer (2004) "Economics of Strategy" 3rd ed., John Wiley & Sons, New York.
Besen, Stanley M. and Garth Saloner (1989) 'The Economics of Telecommunications Standards', Robert W. Crandall and Kenneth Flamm(eds.) "Changing the Rules: Technological Change, International Competition, and Regulation in Communications", The Brookings Institution, Washington D. C., pp. 177 − 220.
Black, Janice A. and Kimberly Boal (1994) 'Strategic Resources: Traits, Configurations and Paths to Sustainable Competitive Advantage', *Strategic Management Journal*, Vol. 15, Summer Special Issue, pp. 131 − 148.
Buzzell, Robert D. and Bradley T. Gale (1987) "The PIMS Principles: Linking Strategy to Performance", Free Press, New York (和田充夫・八七戦略研究会訳『新PIMSの戦略原則：業績に結びつく戦略要素の解明』ダイヤモンド社, 1988).
Capon, Noel, James M. Hulbert, John U. Farley and L. Elizabeth Martin (1988) 'Corporate Diversity and Economic Performance: The Impact of Market Specialization', *Strategic Management Journal*, Vol. 9, No. 1, pp. 61 − 74.
Carpenter, Gregory S. and Donald R. Lehmann (1985) 'A Model of Marketing Mix, Brand Switching, and Competition', *Journal of Marketing Research*, Vol. 22, pp. 318 − 329.
Carpenter, Gregory S. and Kent Nakamoto (1989) 'Consumer Preference Formation and Pioneering Advantage', *Journal of Marketing Research*, Vol. 26, pp. 285 − 298.
Chandler, Alfred D., Jr. (1962) "Strategy and Structure", MIT Press, Massachusetts (三菱経済研究所訳『経営戦略と組織：米国企業の事業部制成立史』実業之日本社, 1967).
Clausewitz, Carl von (1832) "Vom Kriege", Die hintergelassenen Werke des Generals Carl von Clausewitz (篠田英雄訳『戦争論』上巻・中巻・下巻, 岩波書店, 1968).
Coase, Ronald H. (1937) 'The Nature of the Firm', *Economica*, Vol. 4, pp. 386 − 405 (宮沢健一・後藤晃・藤垣芳文訳「企業の本質」, 宮沢健一・後藤晃・藤垣芳文訳『企業・市場・法』東洋経済新報社, 1992, pp. 39 − 64).
Collis, David J. and Cynthia A. Montgomery (1998a) 'Creating Corporate Advantage',

Harvard Business Review, Vol. 76, May-June, pp. 71 − 83.

Collis, David J. and Cynthia A. Montgomery (1998b) "Corporate Strategy: A Resource-Based Approach", McGraw-Hill, New York（根来龍之・蛭田啓・久保亮一訳『資源ベースの経営戦略論』東洋経済新報社, 2004）.

Cusumano, Michael A. and Richard W. Selby (1995) "Microsoft Secrets: How the World's Most Powerful Software Company Creates Technology, Shapes Markets, and Manages People", Free Press, New York（山岡洋一訳『マイクロソフト・シークレット：勝ち続ける驚異の経営』上巻・下巻, 日本経済新聞社, 1996）.

Daft, Richard L. (1997) "Management" 4th ed., Dryden Press, Chicago.

de Kluyver, Cornelis A. and John A. Pearce II (2003) "Strategy: A View from the Top", Pearson Education, Upper Saddle River, New Jersey（大柳正子訳『戦略とは何か：ストラテジック・マネジメントの実践』東洋経済新報社）.

Dierickx, Ingemar and Karel Cool (1989) 'Asset Stock Accumulation and Sustainability of Competitive Advantage', *Management Science*, Vol. 35, No. 12, pp. 1504 − 1511.

Drucker, Peter F. (1974) "Management: Tasks, Responsibilities, Practices", Harper & Row, New York（野田一夫・村上恒夫監訳, 風間禎三郎・久野桂・佐々木実智男・上田惇生訳『マネジメント：課題・責任・実践』上巻・下巻, ダイヤモンド社, 1974）.

Eisenhardt, Kathleen M. (2001) 'Strategy as Strategic Decision Making', Michael A. Cusumano and Constantinos C. Markides(eds.) "Strategic Thinking for the Next Economy", Jossey-Bass, San Francisco, pp. 85 − 102（グロービス・マネジメント・インスティテュート訳「戦略的意思決定」, 同訳『MITスローン・スクール戦略論』東洋経済新報社, 2003, pp. 62 − 79）.

Farrell, Joseph and Garth Saloner (1986) 'Installed Base and Compatibility: Innovation, Product Preannouncements, and Predation', *American Economic Review*, Vol. 76, No. 5, pp. 940 − 955.

藤本隆宏（2004）『日本のもの造り哲学』日本経済新聞社.

福島英史（2001）「企業成長と資源ベース・ビュー：適応から革新へ」,『北海道大学経済学研究』51巻1号, pp. 95 − 110.

Fuller, Joseph B., James O'conor and Richard Rawlinson (1993) 'Tailored Logistics: Next Advantage', *Harvard Business Review*, Vol. 71, May-June, pp. 87 − 98.

Ghemawat, Pankaj (1986) 'Sustainable Advantage', *Harvard Business Review*, Vol. 64, September-October, pp. 53 − 58.

Ghemawat, Pankaj (2001) "Strategy and the Business Landscape: Core Concepts", Prentice-Hall, Upper Saddle River, New Jersey (大柳正子訳『競争戦略論講義』東洋経済新報社, 2002).

Ghemawat, Pankaj and Patricio del Sol (1998) 'Commitment versus Flexibility', *California Management Review*, Vol. 40, No. 4, pp. 26 – 42.

Grant, Robert M. (1991) 'The Resource-Based Theory of Competitive Advantage: Implications for Strategy Formulation', *California Management Review*, Vol. 33, No. 3, pp. 114 – 135.

Greer, Douglas F. (1992) "Industrial Organization and Public Policy" 3rd ed., Macmillan, New York.

Hall, Richard (1992) 'The Strategic Analysis of Intangible Resources', *Strategic Management Journal*, Vol. 13, No. 2, pp. 135 – 144.

Hall, William K. (1980) 'Survival Strategies in a Hostile Environment', *Harvard Business Review*, Vol. 58, September-October, pp. 75 – 85.

Hamel, Gary and C. K. Prahalad (1994) "Competing for the Future", Harvard Business School Press, Boston, Massachusetts (一條和生訳『コア・コンピタンス経営：大競争時代を勝ち抜く戦略』日本経済新聞社, 1995).

Hax, Arnoldo C. and Dean L. Wilde II (2001) 'The Delta Model: Adaptive Management for a Changing World', Michael A. Cusumano and Constantinos C. Markides(eds.) "Strategic Thinking for the Next Economy", Jossey-Bass, San Francisco, pp. 57 – 83 (グロービス・マネジメント・インスティテュート訳「デルタ・モデル：激動の時代を勝ち抜くための適応型マネジメント」, 同訳『MITスローン・スクール戦略論』東洋経済新報社, 2003, pp. 80 – 106).

林紘一郎 (1998)『ネットワーキング－情報社会の経済学－』NTT出版.

林紘一郎 (2000)「独り勝ち現象とネットワーク外部性－相互依存性と独占禁止を考える視点－」, 新宅純二郎・許斐義信・柴田高編『デファクト・スタンダードの本質：技術覇権競争の新展開』有斐閣, pp. 167 – 186.

Henderson, Bruce D. (1979) "On Corporate Strategy", Abt Books, Cambridge, Massachusetts (土岐坤訳『経営戦略の核心』ダイヤモンド社, 1981).

Hill, Charles W. L. (1988) 'Differentiation Versus Low Cost or Differentiation and Low Cost', *Academy of Management Review*, Vol. 13, No. 3, pp. 401 – 412.

平田透 (2002)「イノベーションとマーケティング戦略」, 野中郁次郎編著『イノベーションとベンチャー企業』(現代経営学講座10) 八千代出版, pp. 171 – 202.

Hofer, Charles W. and Dan Schendel (1978) "Strategy Formulation: Analytical Concepts", West Publishing, St. Paul, Minnesota（奥村昭博・榊原清則・野中郁次郎訳『戦略策定：その理論と手法』千倉書房，1981）．
依田高典（1999a）「ネットワーク外部性の経済理論（前）」，『経済セミナー』537号（10月号），日本評論社，pp. 78－86．
依田高典（1999b）「ネットワーク外部性の経済理論（後）」，『経済セミナー』538号（11月号），日本評論社，pp. 90－98．
石井淳蔵（1985）「競争対応の行動」，石井淳蔵・奥村昭博・加護野忠男・野中郁次郎『経営戦略論』有斐閣，pp. 100－111．
伊丹敬之（1984）『新・経営戦略の論理：見えざる資産のダイナミズム』日本経済新聞社．
伊丹敬之（1985a）「製品構造の決定」，青木昌彦・伊丹敬之『企業の経済学』岩波書店，pp. 61－83．
伊丹敬之（1985b）「業務構造の決定」，青木昌彦・伊丹敬之『企業の経済学』岩波書店，pp. 85－107．
伊藤良二・須藤実和（2004）「コア事業と成長戦略」，組織学会編『組織科学』37巻3号，白桃書房，pp. 11－20．
Jacobson, Gary and John Hillkirk (1986) "Xerox: American Samurai", Macmillan, New York.
加護野忠男（1980）『経営組織の環境適応』白桃書房．
加護野忠男（1985a）「経営戦略とは何か」，石井淳蔵・奥村昭博・加護野忠男・野中郁次郎『経営戦略論』有斐閣，pp. 1－15．
加護野忠男（1985b）「戦略経営計画のための組織」，石井淳蔵・奥村昭博・加護野忠男・野中郁次郎『経営戦略論』有斐閣，pp. 166－177．
加護野忠男（2004）「コア事業をもつ多角化戦略」，組織学会編『組織科学』37巻3号，白桃書房，pp. 4－10．
金井一頼（1997a）「経営戦略とは」，大滝精一・金井一頼・山田英夫・岩田智『経営戦略：創造性と社会性の追求』有斐閣，pp. 1－26．
金井一頼（1997b）「ドメインの定義」，大滝精一・金井一頼・山田英夫・岩田智『経営戦略：創造性と社会性の追求』有斐閣，pp. 29－52．
Katz, Michael L. and Carl Shapiro (1985) 'Network Externalities, Competition, and Compatibility', *American Economic Review*, Vol. 75, No. 3, pp. 424－440.
Kim, W. Chan and Renee Mauborgne (2005) "Blue Ocean Strategy: How to Create

Uncontested Market Space and Make the Competition Irrelevant", Boston, Massachusetts（有賀裕子訳『ブルー・オーシャン戦略：競争のない世界を創造する』ランダムハウス講談社, 2005）.

Klemperer, Paul (1987) 'Market with Consumer Switching Costs', *Quarterly Journal of Economics*, Vol. 102, No. 2, pp. 375 − 394.

小林幸一郎（1981）「組織現象の社会学的分析について」,『東洋大学社会学部紀要』18号, pp. 45 − 64.

Kotler, Philip (1980) "Principles of Marketing", Prentice-Hall, Englewood Cliffs, New Jersey.

Kotler, Philip (1984) "Marketing Management: Analysis, Planning, and Control" 5th ed., Prentice-Hall, Englewood Cliffs, New Jersey.

Kotler, Philip (1999) "Kotler on Marketing: How to Create, Win, and Dominate Markets", Free Press, New York（木村達也訳『コトラーの戦略的マーケティング：いかに市場を創造し, 攻略し, 支配するか』ダイヤモンド社, 2000）.

Kristiansen, Eirik G. (1998) 'R & D in the Presence of Network Externalities: Timing and Compatibility', *Rand Journal of Economics*, Vol. 29, No. 3, pp. 531 − 547.

Leibenstein, Harvey (1950) 'Bandwagon, Snob, and Veblen Effects in the Theory of Consumers' Demand', *Quarterly Journal of Economics*, Vol. 64, No. 2, pp. 183 − 207.

Leonard-Barton, Dorothy (1992) 'Core Capabilities and Core Rigidities: A Paradox in Managing New Product Development', *Strategic Management Journal*, Vol. 13, Summer Special Issue, pp. 111 − 125.

Levitt, Theodore (1960) 'Marketing Myopia', *Harvard Business Review*, Vol. 38, July-August, pp. 45 − 56（土岐坤訳「マーケティング近視眼」,『Diamondハーバード・ビジネス』1982年3 − 4月号, pp. 11 − 32）.

Levitt, Theodore (1965) 'Exploit the Product Life Cycle', *Harvard Business Review*, Vol. 43, November-December, pp. 81 − 94.

Markides, Constantinos C. and Peter J. Williamson (1994) 'Related Diversification, Core Competences and Corporate Performance', *Strategic Management Journal*, Vol. 15, Summer Special Issue, pp. 149 − 165.

McGahan, Anita M. and Michael E. Porter (1997) 'How Much Does Industry Matter, Really？', *Strategic Management Journal*, Vol. 18, Summer Special Issue, pp. 15 − 30.

McGrath, Rita G., Ivan C. MacMillan and S. Venkataraman (1995) 'Defining and

Developing Competence: A Strategic Process Paradigm', *Strategic Management Journal*, Vol. 16, No. 4, pp. 251 – 275.

Mintzberg, Henry (1978) 'Patterns in Strategy Formulation', *Management Science*, Vol. 24, No. 9, pp. 934 – 948.

森本三男 (1977)『経営組織論』放送大学教育振興会.

Murray, Alan I. (1988) 'A Contingency View of Porter's Generic Strategies', *Academy of Management Review*, Vol. 13, No. 3, pp. 390 – 400.

中橋國蔵 (2001)「競争戦略論の発展」, 中橋國蔵・當間克雄編著『経営戦略のフロンティア』東京経済情報出版, pp. 3 – 21.

西川吉光 (1989)『国際政治と軍事力:現代軍事戦略論』北樹出版.

野中郁次郎 (1985)「ドメインの定義」, 石井淳蔵・奥村昭博・加護野忠男・野中郁次郎『経営戦略論』有斐閣, pp. 17 – 45.

小川正博 (2003)「ケイパビリティによる事業開発」, 小川正博編著『中小企業のイノベーションⅡ・事業創造のビジネスシステム』中央経済社, pp. 1 – 30.

岡本康雄 (1982)『経営学入門 (上)』日本経済新聞社.

奥村昭博 (1989)『経営戦略』日本経済新聞社.

Penrose, Edith T. (1959) "The Theory of the Growth of the Firm" revised ed., John Wiley, New York.

Porter, Michael E. (1980) "Competitive Strategy", Free Press, New York (土岐坤・中辻萬治・服部照夫訳『競争の戦略』ダイヤモンド社, 1982).

Porter, Michael E. (1985) "Competitive Advantage: Creating and Sustaining Superior Performance", Free Press, New York (土岐坤・中辻萬治・小野寺武夫訳『競争優位の戦略-いかに高業績を持続させるか-』ダイヤモンド社, 1985).

Porter, Michael E. (1991) 'Towards a Dynamic Theory of Strategy', *Strategic Management Journal*, Vol. 12, Winter Special Issue, pp. 95 – 117.

Porter, Michael E. (1996) 'What is Strategy ? ', *Harvard Business Review*, Vol. 74, November-December, pp. 61 – 78.

Prahalad, C. K. and Gary Hamel (1994) 'Strategy as a Field of Study: Why Search for a New Paradigm? ', *Strategic Management Journal*, Vol. 15, Summer Special Issue, pp. 5 – 16.

Robertson, David and Karl Ulrich (1998) 'Planning for Product Platforms', *Sloan Management Review*, Vol. 39, No. 4, pp. 19 – 31.

Robins, James and Margarethe F. Wiersema (1995) 'A Resource-based Approach to the

Multi-business Firm: Empirical Analysis of Portfolio Interrelationships and Corporate Financial Performance', *Strategic Management Journal*, Vol. 16, No. 4, pp. 277 – 299.

Robinson, Richard B., Jr. and John A. Pearce II (1988) 'Planned Patterns of Strategic Behavior and Their Relationship to Business-Unit Performance', *Strategic Management Journal*, Vol. 9, No. 1, pp. 43 – 60.

Robinson, William T. and Claes Fornell (1985) 'Sources of Market Pioneer Advantages in Consumer Goods Industries', *Journal of Marketing Research*, Vol. 22, pp. 305 – 317.

Rogers, Everett M. (1962) "Diffusion of Innovations", Free Press, New York.

Rohlfs, Jeffrey (1974) 'A Theory of Interdependent Demand for a Communications Service', *Bell Journal of Economics and Management Science*, Vol. 5, No. 1, pp. 16 – 37.

Rumelt, Richard P. (1974) "Strategy, Structure, and Economic Performanse", Harvard Business School, Division of Research, Boston, Massachusetts（鳥羽欽一郎・山田正喜子・川辺信雄・熊沢孝訳『多角化戦略と経済成果』東洋経済新報社，1977）.

Rumelt, Richard P. (1987) 'Theory, Strategy, and Entrepreneurship', David J. Teece (ed.) "The Competitive Challenge: Strategies for Industrial Innovation and Renewal", Ballinger Publishing, Cambridge, Massachusetts, pp. 137 – 158（「理論と戦略と企業家精神」，石井淳蔵・奥村昭博・金井壽宏・角田隆太郎・野中郁次郎訳『競争への挑戦：革新と再生の戦略』ダイヤモンド社，1988，pp. 165 – 192）.

榊原清則（1992）『企業ドメインの戦略論』中央公論社.

Saloner, Garth, Andrea Shepard and Joel Podolny (2001) "Strategic Management", John Wiley & Sons, New York（石倉洋子訳『戦略経営論』東洋経済新報社，2002）.

Schmalensee, Richard (1982) 'Product Differentiation Advantages of Pioneering Brands', *American Economic Review*, Vol. 72, pp. 349 – 365.

Schwenk, Charles R. (1988) "The Essence of Strategic Decision Making", D. C. Heath and Company, Lexington, Massachusetts（山倉健嗣訳『戦略決定の本質』文眞堂，1998）.

Shapiro, Carl and Hal R. Varian (1999) "Information Rules: A Strategic Guide to the Network Economy", Harvard Business School Press, Boston, Massachusetts（千本倖夫監訳・宮本喜一訳『ネットワーク経済の法則：アトム型産業からビット型産業へ変革期を生き抜く72の指針』IDGジャパン，1999）.

嶋口充輝（1986）『統合マーケティング：豊饒時代の市場志向経営』日本経済新聞社.

新宅純二郎（2000）「先端技術産業における競争戦略－デファクト・スタンダード競争の背景とその見直し－」，新宅純二郎・許斐義信・柴田高編『デファクト・スタンダードの本質：技術覇権競争の新展開』有斐閣，pp. 73 – 95.

白石弘幸（2003）『組織ナレッジと情報：メタナレッジによるダイナミクス』千倉書房.

Simon, Herbert A. (1977) "The New Science of Management Decision" revised ed., Prentice-Hall, Englewood Cliffs, New Jersey（稲葉元吉・倉井武夫訳『意思決定の科学』産業能率大学出版部，1979）.

孫武（不詳）『孫子』（町田三郎訳『孫子』中央公論新社，2001）.

高橋伸夫（2003）『経営の再生：戦略の時代・組織の時代』（新版）有斐閣.

高橋伸夫（2005）『＜育てる経営＞の戦略：ポスト成果主義への道』講談社.

田中悟（2001）「ネットワーク型標準の形成と効果」，土井教之編著『技術標準と競争：企業戦略と公共政策』日本経済評論社，pp. 83 – 114.

Thompson, James D. (1967) "Organizations in Action", McGraw-Hill, New York（高宮晋監訳，鎌田伸一・新田義則・二宮豊志訳『オーガニゼーション・イン・アクション』同文舘出版，1987）.

遠山暁（2003）「ポストITストラテジー：資源・知識ベース戦略の可能性」，遠山暁編著『ポストITストラテジー：eビジネスからビジネスへ』（遠山暁・原田保監修『資源ベース経営戦略論』第1巻）日科技連，pp. 1 – 31.

土屋守章（1984）『企業と戦略：事業展開の論理』リクルート.

上野恭裕（1997）『多角化企業の競争優位性の研究』（大阪府立大学経済研究叢書86）大阪府立大学経済学部.

von Krogh, Georg and Michael A. Cusumano (2001) 'Three Strategies for Managing Fast Growth', Michael A. Cusumano and Constantinos C. Markides(eds.) "Strategic Thinking for the Next Economy", Jossey-Bass, San Francisco, pp. 269 – 290（グロービス・マネジメント・インスティテュート訳「急成長のための3つの戦略」，同訳『MITスローン・スクール戦略論』東洋経済新報社，2003, pp. 157 – 178）.

Wernerfelt, Birger (1995) 'The Resource-based View of the Firm: Ten Years After', *Strategic Management Journal*, Vol. 16, No. 3, pp. 171 – 174.

Whitney, Daniel E. (1988) 'Manufacturing Design', *Harvard Business Review*, Vol. 66, July-August, pp. 83 – 91.

Williamson, Oliver E., Michael L. Wachter and Jeffrey E. Harris (1975) 'Understanding the Employment Relation: The Analysis of Idiosyncratic Exchange', *Bell Journal of*

Economics, Vol. 6, pp. 250 – 278.
Williamson, Peter J. (2001) 'Strategy as Options on the Future', Michael A. Cusumano and Constantinos C. Markides(eds.) "Strategic Thinking for the Next Economy", Jossey-Bass, San Francisco, pp. 157 – 178（グロービス・マネジメント・インスティテュート訳「将来のための戦略オプション」，同訳『MITスローン・スクール戦略論』東洋経済新報社，2003, pp. 225 – 246）.
Wind, Yoram J. (1982) "Product Policy: Concepts, Methods and Strategy", Addison-Wesley, Reading, Massachusetts.
Wiseman, Charles (1988) "Strategic Information Systems", Irwin, Homewood, Illinois（土屋守章・辻新六訳『戦略的情報システム：競争戦略の武器としての情報技術』ダイヤモンド社，1989）.
山田英夫（1997）「戦略の策定」，大滝精一・金井一賴・山田英夫・岩田智著『経営戦略：創造性と社会性の追求』有斐閣，pp. 53 – 88.
山田英夫（1999）『デファクト・スタンダードの経営戦略』中央公論社．
輿那原建（2001）「資源ベースの企業戦略：資源－事業－組織の多元的適合」，中橋國蔵・當間克雄編著『経営戦略のフロンティア』東京経済情報出版，pp. 75 – 89.
吉原英樹・佐久間昭光・伊丹敬之・加護野忠男（1981）『日本企業の多角化戦略』日本経済新聞社．

索 引

INDEX

<ア>

アウトソーシング･･････････････231
一括プリインストール･････････191
一般環境･･････････････････････4
移動障壁････････････････････112
インストールド・ベースの定義･･････166
SWOT分析･･･････････････････199
SBU･･･････････････････････71
X資産･･････････････････････213
オープン・ポリシー･････････177, 181
オールインワン化･････････････191
オペレーション･････････････21, 23

<カ>

外部性･･････････････････････163
拡散型の関連性･･･････････････67
学習････････････････････････35
――効果･･･････････････････46
革新戦略････････････････････156
確立された勝者･･････････････104
囲い込み･･･････････････････129
カスタマー・ソリューション･･･････186
価値連鎖･･･････････････････138
金のなる木･････････････････98
環境のサプライズ･････････････9
環境の定義･････････････････4
環境の不連続的変化･･･････････8
環境のメタ変化････････････10, 31
環境変化の速度･･････････････9
環境変化の変化･･･････････10, 32

管理用益････････････････････50
関連率･･････････････････････61
企業能力････････････････････201
企業力･････････････････････223
技術のトレンド･･･････････････179
機能の成長･････････････････157
技能の定義･････････････････201
規模の経済性の定義･･･････････45
基本競争戦略･･･････････････132
業界標準･･･････････････････173
競争指向･･･････････････････125
競争戦略の実行価値･･････････154
競争戦略の定義･････････････152
競争戦略の目的･････････････152
競争の形態････････････････14
競争のための戦略･･･････････131
競争の舞台････････････････151
競争のルール･････････････15, 16
競争優位の現れ････････････152
競争優位の持続性･･････151, 155, 208
競争優位の定義･･････････6, 85, 151
競争路線･･･････････････････180
協調路線･･･････････････････180
共同配送方式･･･････････････139
キラーアプリケーション･････････182
クリティカル・ステージ･････････167
クローズド・ポリシー･･････176, 181
グローバルな成長････････････157
経営戦略の策定･･････････････8
経営戦略の定義･････････････3
経験曲線･･･････････････････46

ケイパビリティの位置づけ……………205
経路資産………………………………74
ゲームのルール………………………14
現場の戦略化…………………………23
現場のナレッジ………………………21
コア・ケイパビリティ………………232
──の逆機能…………………………232
コア・コンピタンスの軽視…………230
コア・コンピタンスの定義…………224
コア・スキル…………………………70
コア・リジディティ…………………233
コア事業………………………………67
高級品戦略……………………………128
工程革新戦略…………………………156
後方統合………………………………57
顧客基盤………………………………166
顧客資産………………………………74
コスト集中戦略………………………144
コスト推進要因………………………138
コスト優位……………………………136
コストリーダーシップの定義………136
コンピタンス蓄積の先行要因………228
コンピタンスの移転…………………223
コンピタンスの機能…………………222
コンピタンスの重要性………………231
コンピタンスの定義………34, 200, 227
コンフリクト…………………………175

〈サ〉

財務資本………………………………204
財務的資源の配分……………………99
差別化（戦略スラスト）……………155
差別化集中戦略………………………144
差別化属性……………………………149
差別化の定義…………………………140
参入障壁………………………………112
時間制約の不経済……………………221

事業の関連性……………………61, 71
シグナル価値…………………………142
シグナル基準…………………………142
ジグレス………………………………148
資源アプローチ……………194, 198, 238
資源基盤………………………………237
資源ギャップの充足…………………237
資源と能力の柔軟性…………………234
資源と能力の内部蓄積………………29
資源の強化関係………………………215
資源のコミットメント………………178
資源の戦略的価値………………208, 215
資源の代替不可能性…………………208
資源の定義…………………………34, 200
資源の不分割性………………………48
資源の補完関係………………………214
資源の模倣コスト……………………210
資源の模倣困難性……………………208
資源の抑制関係………………………215
資源のレバレッジ……………………229
資源パースペクティブ…………194, 198
資源ベースビュー……………………194
資源要素……………………………206, 213
──のネットワーク…………………214
資産改善上の優位性………………72, 218
資産自己増殖上の優位性…………73, 218
資産償却上の優位性…………………218
資産ストック…………………………206
資産創造上の優位性………………73, 218
資産蓄積………………………………221
──の触媒……………………………222
資産の相互結合性……………………221
資産の大保有効率性…………………221
資産の定義……………………………201
資産の内部蓄積………………………220
資産フロー……………………………206
事実上の標準…………………………171

索引

自主的業界標準 …………………… 174
市場開発 ……………………………… 59
市場浸透 ……………………………… 59
市場知識資産 ………………………… 74
市場特殊（的）資産 ………………… 221
システム・ロックイン ……………… 186
システム資源 ………………………… 207
システム商品 ………………… 159, 191
持続的価値創造企業 ………………… 69
持続的競争優位の形成 …… 6, 212, 223
持続的競争優位の構築 ……………… 72
持続的競争優位への貢献 … 208, 212, 218
持続力のある競争優位 ……………… 131
シナジー効果の定義 ………………… 51
資本集約度 …………………………… 116
集中の定義 …………………………… 143
柔軟な資源 …………………………… 234
集約型の関連性 ……………………… 66
集約的関連性 ………………………… 61
需要の規模の経済性 ………………… 163
需要の交差価格弾力性 ……………… 136
純粋公共財 …………………………… 175
純粋私的財 …………………………… 175
純粋調整 ……………………………… 174
使用価値 ……………………………… 142
使用基準 ……………………………… 142
勝者の総取り市場 …………………… 168
人的資本 ……………………………… 204
垂直チェーン ………………………… 57
垂直統合戦略の定義 ………………… 56
垂直統合度 …………………………… 118
垂直率 ………………………………… 61
スイッチング・コスト
　………………… 87, 164, 181, 185
スキルの定義 ………………………… 70
ステータス …………………………… 91
スピルオーバー効果 ………………… 80

スピンオフ …………………………… 158
成長戦略 ……………………………… 157
成長ベクトル ………………………… 59
製品開発 ……………………………… 59
――のための提携 …………………… 159
製品革新戦略 ………………………… 156
製品拡張のための提携 ……………… 159
製品統合のための提携 ……………… 158
製品の成長 …………………………… 157
製品の標準化プロセス ……………… 174
製品流通のための提携 ……………… 159
世代間の規格競争 …………………… 181
世代内の規格競争 …………………… 181
専業戦略の定義 ……………………… 53
先行的購入者 ………………………… 167
全社戦略の機能 ……………………… 82
戦術 ……………………………… 21, 23
先発者優位 …………………………… 87
前方統合 ……………………………… 57
専門化率 ……………………………… 61
専門企業 ……………………………… 57
戦略オプション ………… 18, 29, 30, 33
戦略グループ ………………………… 111
戦略形成機能 ………………………… 18
戦略策定の意義 ……………………… 11
戦略策定の重要性 …………………… 17
戦略策定の必要性 …………………… 7
戦略策定の本質 ……………… 134, 237
戦略指向 ……………………………… 150
戦略スラスト ………………………… 154
戦略体系 ……………………………… 11
戦略的資源 …………………… 209, 212
戦略的資産 …………………………… 216
戦略的ナレッジ ……………………… 195
戦略的波及効果 ……………………… 79
戦略能力低下 ………………………… 19
戦略の語源 …………………………… 1

相対的知覚品質……………………115
創発性………………………………20
組織資本……………………………204
組織能力………………202, 209, 235
――の高低…………………………120
組織のケイパビリティ……………203

<タ>

多角化（ベクトル）………………60
多角化戦略の定義…………………53
タスク環境…………………………4
蓄積因果関係のあいまいさ………221
秩序ある競争………………………125
中核的硬直性………………………233
中核能力……………………………201
低価格戦略…………………………127
提携…………………………………158
低コスト化…………………………156
デジュリ・スタンダード……175, 183
デファクト・スタンダード………171
デュアル・ストラテジー……15, 30, 238
デルタ・モデル……………………186
投入物資産…………………………74
独自能力……………………………201
特殊な資源…………………………234
特定環境……………………………4
ドメイン戦略………………………53
ドメイン定義の意義………………37
ドメインの深耕可能性……………42
取引コスト…………………………58

<ナ>

内製・外注の決定…………………57
内部資本市場………………………55
内包された資源………………207, 213
ナレッジ・システム………………233
ナレッジ蓄積………………………50

ナレッジの共有……………………190
ニッチ戦略…………………………130
２番手戦略…………………………127
ネットワーク外部性の定義……160, 162
能力の位置づけ……………………202
能力の蓄積…………………………34

<ハ>

花形…………………………………98
ハブ・アンド・スポーク方式……139
パラダイムの革新…………………24
バリュー……………………………109
――・イノベーション……………151
範囲の経済性の定義………………47
バンドワゴン効果の定義……162, 167
PIMS研究…………………………114
PPM理論……………………………98
ファミリー企業……………………182
VRIO…………………………………212
フォーカスの定義…………………143
含みのある規格……………………180
物的資本……………………………204
プラットフォーム化………………189
ブルー・オーシャン戦略…………151
プロセス資産………………………74
ベスト・プロダクト………………186
変化速度の変化……………………8
変化の不連続性……………………8
変化パターンの変化………………8
補完財の増大………………………177
補完財の多様性……………………164
補完財メーカー……………………169
補完品ビジネス……………………189
ポジション優位……82, 86, 93, 115, 191

<マ>

マーケット・チャレンジャー……94

マーケット・ニッチャー …………94	
マーケット・フォロワー …………94	
マーケット・リーダー …………94	
負け犬 ……………………………98	
未来の勝者 ……………………104	
無形資源………201, 209, 212, 235, 238	
無形資産……………………………202	
メタレベルの戦略 ………………31	
模倣と同質化の戦略………………127	
問題児 ……………………………98	

<ヤ>

有形資源 …………202, 209, 212, 235
有形資産……………………………202
よい競争業者………………………183

<ラ>

連鎖的関連性 ………………………61

<ワ>

枠組的な戦略体系 …………………20

《著者紹介》
白石弘幸（しらいし・ひろゆき）
　1961年　札幌市に生まれる
　　　　　東京大学経済学部，同大学院経済学研究科を経て
　1992年　信州大学専任講師
　1996年　金沢大学助教授
　2004年　金沢大学教授
　専　攻　経営組織論・経営戦略論・経営情報論
　主　著　『アップ・トゥ・デイト経営学』（創成社）
　　　　　『秘書の機能』（学文社）
　　　　　『企業・経済の知識』（早稲田教育出版）
　　　　　『組織ナレッジと情報：メタナレッジによるダイナミクス』（千倉書房）

（検印省略）

2005年9月20日　初版発行
2008年10月20日　二刷発行

略称 − 経営探究

経営戦略の探究
―ポジション・資源・能力の統合理論―

　　　　著　者　白石弘幸
　　　　発行者　塚田慶次

発行所　東京都豊島区池袋3-14-4　株式会社 創成社

　　　電　話 03（3971）6552　　F A X 03（3971）6919
　　　出版部 03（3982）9280　　振　替 00150-9-191261
　　　http://www.books-sosei.com

定価はカバーに表示してあります。

©2005 Hiroyuki Shiraishi　　組版：でーた工房　印刷：エービスシステムズ
ISBN978-4-7944-2216-3 C3034　製本：小泉製本
Printed in Japan　　　　　　　落丁・乱丁本はお取り替えいたします。

―――――― 経 営 選 書 ――――――

経 営 戦 略 の 探 究 ―ポジション・資源・能力の統合理論―	白 石 弘 幸 著	2,700円
アップ・トゥ・デイト経営学	白 石 弘 幸 著	1,456円
ビジネスクリエーターと企業価値	亀 川 雅 人 編著	2,400円
情 報 セ キ ュ リ テ ィ プ ロ ―情報技術の光と影のマネジメント―	河 合 博 子 著	2,700円
転 職 と キ ャ リ ア の 研 究 ―組織間キャリア発達の観点から―	山 本 寛 著	3,000円
昇 進 の 研 究 ―キャリア・プラトー現象の観点から―	山 本 寛 著	3,200円
実 践 C S R 経 営 ―新世紀への中堅・中小企業, 勝ち残り戦略―	日本CSR協議会 編	2,200円
起 業 モ デ ル ―アントレプレナーの学習―	越 出 均 著	2,100円
経 営 学 の 視 点 ―社会科学としての経営学入門―	裴 富 吉 著	2,500円
経 営 と 情 報	志 村 正 竹 田 仁 著 幡 鎌 博	2,200円
広 告 と 情 報	横 内 清 光 著	2,600円
デ ジ タ ル 映 像 論 ―世紀を超えて―	高 島 秀 之 著	2,400円
うわさとくちコミマーケティング	二 瓶 喜 博 著	2,500円
モチベーション理論の新展開 ―スポーツ科学からのアプローチ―	G. C. Roberts 中 島 宣 行 監訳	3,600円
人 的 資 源 管 理 論	鈴 木 好 和 著	2,200円
経 営 情 報 シ ス テ ム 論	立 川 丈 夫 著	2,700円
新 ・ 経 営 行 動 科 学 事 典	高 宮 晋 監修 小 林 末 男 責任編集	6,602円
経 営 学 概 論 ―アメリカ経営学と日本の経営―	大 津 誠 著	2,200円
近 代 経 営 の 基 礎 ―企業経済学序説―	三 浦 隆 之 著	4,200円
広 告 の 理 論 と 戦 略	清 水 公 一 著	3,800円
共生マーケティング戦略論	清 水 公 一 著	4,150円

(本体価格)

―――――― 創 成 社 ――――――